U0903764

富士康内幕

陈润 著

中国制造，最终幸福了谁？

找准富士康事件背后的本质，挖掘中国企业困扰的根源！

湖南文艺出版社
HUNAN LITERATURE AND ART PUBLISHING HOUSE
博集天卷

图书在版编目（CIP）数据

富士康内幕 / 陈润著. —长沙：湖南文艺出版社，2010.11

ISBN 978-7-5404-4653-6

Ⅰ. ①富… Ⅱ. ①陈… Ⅲ. ①高技术企业—企业管理—研究—台湾省 Ⅳ. ① F279.244.4

中国版本图书馆 CIP 数据核字（2010）第 192252 号

上架建议：企业管理

富士康内幕

作　　者：陈　润
出 版 人：刘清华
责任编辑：朱　莹
特约编辑：于向勇　黄鸿涯
版式设计：付　莉
封面设计：久品轩工作室
出版发行：湖南文艺出版社
（长沙市雨花区东二环一段 508 号　邮编：410014）
网　　址：www.hnwy.net
印　　刷：北京鹏润伟业印刷有限公司
经　　销：新华书店
开　　本：720×1040　1/16
字　　数：230 千字
印　　张：15
版　　次：2010 年 11 月第 1 版
印　　次：2010 年 11 月第 1 次印刷
书　　号：ISBN 978-7-5404-4653-6
定　　价：29.80 元

↘ 序言

做先行者不做殉道者

富士康是一个沉重的话题，它并不只是一长串被报道的死亡名单和80万生产线工人苍白的青春。它代表的是一段谁都不愿触及，却又都无法回避的伤痛，因为它背后隐藏的问题，并非仅关乎某家企业或某一种保障机制，而是如一面镜子折射着当代社会某个群体的迷茫与痛楚。生命之轻与梦想之重，青春激情与苍凉人生，都可在此一览无余。

2010年1月23日至5月26日，在这短短的四个月里，富士康先后有12名员工选择以跳楼的方式来表达对现实的无奈、怨恨，以亲人朋友的哭泣作为生命谢幕的悲曲，方式之极端、频率之紧凑、时间跨度之长不得不令全社会震惊。随着噩梦远去，思想沉淀，媒体、公众开始由最初群情激奋地抨击咒骂转化为人文关怀、企业发展层面的理性探讨，富士康悲剧的正面意义由此放大，真相的神秘面纱也被逐渐揭开。

也许只有郭台铭本人—— 一个向来习惯于霸气、高傲的年近60岁的老人，才能真切、彻底地感受到一夜之间成为千夫所指的滋味。在过去的四个月里，尽管他白发陡增，血丝布满双眼，疲惫写满全脸，并且随时都有倒下的可能，可“12个十字架”只有他才能背负，虽然这样做有些不公平。其实在郭台铭的内心世界里，他是一万个不愿意手下的员工以如此惨痛的方式向自己表达反抗的，这显然与他的商业理想背道而驰。

将富士康定义为中国企业在荒漠中野蛮生长的典型代表并不过分：1974年，郭台铭在台湾创业，比大陆改革开放还要早三年；1988年郭台铭进军深圳龙岗，是最早的一批拓荒者；20世纪90年代初，各地生产基地如雨后春笋般遍布全国，90年代末为加快国际化进程，并购拿下世界IT名企，并在台湾本土收购下游生产企业，当2008年广东省的“腾笼换鸟”政策大刀阔斧时，后觉者才领会到郭台铭的先见之明；2000年之后，富士康大手笔投入渠道建设，并试图避开代工客户竞争的领域自创品牌，往上游进发。在世人痛骂代工无耻、血汗工厂的暴风骤雨中，郭台铭悄无声息地在打通产业链的征程中毅然前行，尽管是举步维艰。

“五月围城”的跳楼悲剧令富士康措手不及，郭台铭的转型节奏被骤然打乱，不得不提前将此前严格保密的产业意图有分寸地公之于众，以消除负面影响；深圳市政府大为光火，内地省份却蜂拥而至。于是，此起彼伏的搬迁新闻滚滚而来，真假难辨，甚至连富士康进军房地产的消息都在权威财经媒体发布。旋涡中的富士康如何才能抓住最后一根救命稻草，而不至于沉沦？

郭台铭的偶像是一代天骄成吉思汗，他崇尚铁血，以速度为制胜利器，苛责而威严；他野心勃勃，以全球杀伐为手段，从未满足。这种有背企业发展基本规律的高速增长模式注定了富士康会提前触碰“天花板”，成为中国制造转型的急先锋，即便跳楼事件没有发生，它仍旧会为转型率先探索。

富士康罹难者的鲜血不会白流，除了暴露出企业管理粗放、缺乏人文关怀等弊端外，还让世人看到政府在企业管理和社会功能上的缺位：在有“城中城”之称的富士康，政府鲜有插手企业管理事务，将员工社会人的角色遗忘，把他们都当成是没有尊严的“可以移动的机器”。因此在富士康跳楼事件一个月后，深圳基本工资一致上调，各地政府要求健全工会制度的命令不断出台，全国总工会表示三年内将全部落实工资协商制度，并争取立法。富士康的悲剧可能不是保护员工相关法制出台的最根本原因，但肯定是有一定推动作用的。

诚然，在中国制造转型过程中，富士康务实而稳健的战略举措值得借鉴：并非好高骛远的加大高端技术研发，而是在升级转型的前提下内迁，有步骤地自建渠道创建品牌，加大政府与企业联系，将员工生活更多地推向社会……

然而，仍然有些令人担心的问题存在。

回顾36年的创业生涯，郭台铭未遭重创，甚至微恙都没有，跳楼事件对于富士康而言只是危机而并非败局，随着跳楼事件日渐冷却，一帆风顺的机遇和无所不能的信心势必将坚定郭台铭“速度决定一切”的指导思想，这又陷入到中国制造传统模式的怪圈里。这一点郭台铭应该向42年踉跄前行的何享健学习，“宁可走慢两步，不可走错一步”。

另外一个误区也是所有中国企业乃至政府发展思路的积弊：企业为什么存在，GDP的意义在哪里？回到本真问题，人们骤然发现企业是为了追求利润增长而牺牲员工利益，而忘记了企业经营的目的，要知道员工的幸福和尊严才是第一位的，否则就算进了世界500强又如何？老板成为首富又如何？在污水横流烟尘漫天的地方开奔驰宝马、吃山珍海味，又有何幸福可言？如果富士康仍未意识到这个核心问题，那么跳楼悲剧难保不会重演！

最后，富士康的现代化、职业化管理理念并未根深蒂固。2010年2月，早就扬言60岁退休的郭台铭将近花甲之年，却为企业顺利转型渡过危难表示要再战十年，70岁退休。与其说是郭台铭老骥伏枥，不如说是接班人问题和组织架构悬疑并未解决，他的难处与柳传志复出惊人一致。倘若在未来十年间郭台铭没有将股东、董事会、经营层三权分立，没有彻底消除家族企业痕迹，完善各事业部组织架构，后郭台铭时代，富士康危矣。

富士康就像一株风向标，它残酷却冷峻地摇摆着32年改革开放的风云激荡，也真切地预示着中国在未来30年的转型升级将何去何从。透过富士康的变革发展史，我们不难体会，企业家坚忍不拔、奋勇争先的创业精神是这32年来最令人感动的。这种精神会延伸至社会、经济变革的各个领域，让整个时代、整个民族更具创造性、开拓性，社会和经济转型的速度势必加快，痛楚和困惑也会早日远去。

对于富士康而言，我确实是个局外人，在此之前我与郭台铭从未谋面，没有直接接触过这家企业。我曾在南方类似于富士康的近10万人的台资电子企业从事管理工作，有多位进入或离开富士康的朋友从不同角度盲人摸象般描述过这家神秘企业，但认识却停留在感性阶段。投身媒体后，我曾在商业评论中提及这家企业和其创始人，但也是寥寥数语，意犹未尽。当2010年5月跳楼悲剧发生后，各方观点战火不断，从线路板一路“烧到”黄海军演，漫无边际，逐渐远离事实真相，背离讨论初衷。我觉得作为一个曾对此感同身受并且多年来从未放弃过思考的财经作者，不为此留下记录，必将遗憾终生。

我很清楚，如果我刻意美化郭台铭与富士康的成功形象，必将有失公允；而一旦盲目迎合公众情绪，又不够客观。总之，就观点和倾向而言，这将是一部吃力不讨好的作品，可能与各方看法都有出入。事实上，我也并未奢求所描述的内容和得出的结论与富士康的正史完全合拍，尽管我以座谈、电话、邮件等方式采访过深入调研富士康的记者朋友，收集并整理了数百万字的主流财经媒体报道和评论，并以徐明天著的《郭台铭与富士康》和张殿文著的《虎与狐——台湾首富郭台铭传》等业内权威的关于富士康发展史的财经著作为参考，以富士康内部刊物《鸿桥》杂志为大量材料核对和确认的指南，力图尽可能接近事实，还原真相。

虽然明知结果或将黯淡，但是在提笔之际，我还是告诫自己："这不仅是郭台铭和富士康发展历程中的关键点，也是一个民族和一个时代的历史转折点。"正是这种朴素的自我快慰的力量让我坚定了写本书的信念，尽管过程极其艰辛。我也曾试图让自己像何享健那样冷峻、深沉，却总被惊喜与兴奋打断，为深爱的祖国和所处的最美好的时代。

搁笔之际，我不禁想起北岛的诗："新的转机和闪闪星斗，正在缀满没有遮拦的天空。那是五千年的象形文字，那是未来人们凝视的眼睛。"迷雾之中，不知是否有一声惊雷划破长空，像 1978 年那样，在中国转型的重大历史时刻，开始又一曲春天的故事。

第七章 经验揭秘：速度决定一切

第八章 铁血帝国

第九章 富士康的宿命

第一章

五月围城

↘死亡名单

2010 年 4 月的最后一天，精彩绝伦的上海世博会开幕式让中国彻底沸腾，灿烂的烟花像一张张笑脸彻夜绽放。从 5 月的第一天起，这座举世闻名的国际化大都市观者如潮，人声鼎沸，一场百年一遇的盛世狂欢正在上演。然而，几乎与此同时，在南粤工业重镇深圳，跳楼自杀的悲剧也在轮番上演，一切都与同一家企业有关。

在 5、6 月的媒体重要版面中，除了上海世博会，郭台铭与富士康是出现频率最高的字眼，围绕他产生的话题既有惋惜与遗憾等同情词汇，也有谴责与质疑的愤怒表达。“12 连跳”是绝望者留给这个时代的硕大问号，同病相怜的情绪迅速在年轻人中间蔓延，一时间，英国诗人约翰·多恩的《丧钟为谁而鸣》成为最流行的表达方式：“任何人的死亡都使我受到损失，因为我包孕在人类之中。不要问丧钟为谁而鸣，丧钟为你而鸣。”

没有人愿意用带血的文字来为一个群体的青春祭奠，尤其是在 21 世纪的今天。这只是悲剧的延续，而不是开始，事实上早在 2007 年 6 月 18 日，富士康就有一名侯姓女工在厕所上吊自杀。沉重的迷雾中，没有人知道会以怎样的方式在何时结束。

1 月 23 日凌晨 4 点左右，19 岁的男工马向前“高空坠楼死亡”的尸体被人发现，他是深圳富士康在 2010 年首位坠楼者，这起非正常死亡案件一直布满疑云，被人打死还是猝死难以认定，直到 5 月 26 日富士康向媒体开放时，马向前的父母及姐姐仍跪地喊冤，哭诉“马向前死得不明不白，警方不给说法，家属也还没有收到赔偿”，场面催人泪下。在马向前河南鄢陵县老家的大门上，“生龙活虎明年比今年强”的对联此时显得有些刺眼，“越过越好”已成为这家人的奢望。

3 月 11 日晚 9 点 30 分，又一名河南籍男工李红亮从富士康龙华园区厂内 C2 宿舍楼 5 楼坠地，摔在大润发超市门前，当 120 急救人员赶到后，发现他已经身亡。有知情者披露，死者年仅 28 岁，疑因“过年加班费被盗，一时想不开而轻生”。

3 月 17 日上午 8 点，新进女员工田玉从 3 楼宿舍纵身一跃，选择跳楼自杀，因为“活着太累”，重重跌到一楼地面后，被紧急送往龙华人民医院治疗。据该医院 ICU 李姓主任透露：“病人情绪很不稳定，虽脱离了危险期，但恐怕要截去下肢。”

3 月 29 日凌晨 3 点，23 岁的男工刘志军的尸体在龙华园区 J1 宿舍楼一楼过道被发现，警方认定为“生前高坠死亡”。毕业于湘潭大学的刘志军于 2009 年 8 月进入富士康深圳公司新干班，在 ELBG（无线通讯产品事业群）从事机械设计工作。据同事回忆，刘志军生前曾在凌晨两三点梦游，并拿拖把在宿舍拖地，而刘的家人和朋友都表示大学时并无此迹象，可能与其遭遇的工作环境压力有关。

4 月的深圳桃红柳绿，群芳斗艳，生机勃勃的春天并未挽留住如花生命对尘世的依恋。4 月 6 日下午 3 点，18 岁江西籍女工饶乐琴（一说饶淑琴）从观澜厂 C8 栋宿舍 7 楼跳下，在空中被树枝挡了一下，落地后下肢粉碎性骨折。这名一线作业员进厂仅 28 天，据她表哥称，因男友新交女朋友后十分痛苦，自寻短见。

一天之后，又有两名员工死亡。4 月 7 日早上 6 点，租住在观澜樟阁村的 22 岁湖北籍男工被同住一起的父母发现人事不省，打 120 急救后仍未挽回性命，最终“猝死身亡”。下午 5 点 30 分，18 岁的云南籍女工宁药琼从观澜厂区外一幢宿舍楼坠楼身亡，她到富士康工作还不到 4 个月。警方对两起案件均排除他杀，称不属于刑事案件。一天之内出现两起非正常死亡事故，富士康“血汗工厂”的骂名从此在互联网上传开。

5 月 6 日 4 点 30 分，24 岁的卢新从龙华区 VIP 招待所 6 楼阳台纵身跳下，当场身亡。他曾参加 2007 年湖南卫视的“快乐男声”，2009 年 8 月与湘潭大学校友刘志军同一批进入富士康。2010 年 4 月 30 日，他出现精神恍惚，5 月 5 日晚上 10 点，他开始反复念叨“不够孝顺，给父母的钱太少”、“活不过当晚”，被特殊安排到 VIP 招待所后，经过心理咨询师劝慰仍无效果，半夜 4 点半“没有一丝犹豫”地跳楼。他母亲闻讯后痛哭：“盼星星（卢新）盼月亮（弟弟卢亮）盼着两个儿子过得好，没想到到头来盼到了这样一个结果。”

事故发生后，郭台铭“不问苍生问鬼神”，从五台山请来高僧做法事，却无法阻止悲剧延续。5 月 11 日晚上 7 点左右，24 岁的河南籍女工祝晨明从工厂附近出租屋所在的 8 楼楼顶跳下身亡，据监控摄像头显示，她上楼时精神恍惚，步履摇摆。富士康通报称其自杀可能因感情纠纷，4 月 30 日她已请病假没有上班，且有父母陪伴身旁，如此结局始料未及。

5 月 14 日晚上 11 点左右，21 岁的安徽籍男工梁超从宿舍的 7 楼楼顶坠下，与此前事故有所不同的是，死前他曾用钥匙圈上的小刀在身上留下四道伤口和一地血迹，警方勘查后排除他杀，确认为自杀身亡。据室友透露，梁超 2009 年住进宿舍，长期上夜班，大家属于不同部门，平时几乎没有交流，对他几乎一无所知。

5 月 21 日凌晨 4 点多钟，21 岁的湖北籍男工南钢从 F4 栋楼跳下，4 点 50 分被送到龙华人民医院，因头颅受到重创不幸死亡。警方透露死者生前曾雇请社会闲散人员教训工友，却反遭对方勒索，另外，南钢前女友春节回家后跟他人结婚，新女友五一回家后与其分手，对他内心造成极大打击，遂产生轻生念头。

5 月 25 日清晨 6 点半左右，19 岁的湖南籍男工李海从观澜园区华南培训中心 C 栋 404 房间跳下，坠楼身亡，此时距他入职仅 42 天。在留给亲人的遗书中他写道，现实与期望差距较大，加上家庭因素，让他失去生活的信心，并叮嘱父亲一定要好好活下去他才会安息，这辈子欠太多无力回报，下辈子再做他的儿子，他希望出嫁的姐姐能搬回家里照顾父亲，这样晚年就能过安定的生活。

惊闻“11 跳”发生，在台湾陪同四川省委书记刘奇葆考察的郭台铭于 5 月 26 日匆忙赶往深圳，向员工代表鞠躬致歉，声称巨大压力，“最怕晚上 11 点以后和晚上收到电话。”然而，就在当晚 11 点 20 分左右，23 岁甘肃籍男工贺某从龙华园区 C2 宿舍 A 栋 7 楼阳台跳楼身亡，入职未满一年。两个多月前，李红亮曾在 C2 宿舍跳楼自杀，血迹未干，又陨一命。

“第 12 跳”的新闻刚被媒体披露，网络又爆出“第 13 跳”猛料，经查确系自杀事件，但并非跳楼。5 月 27 日凌晨 4 点左右，25 岁的湖南籍男工陈某在宿舍 E 楼楼顶门口处割腕自杀，被送往龙华医院急救后脱离生命危险，具体原因仍在调查。

割腕事件发生后，坊间一度风传富士康“14跳”甚至“15跳”的消息，都未得以证实，富士康工会副主席陈宏方表示对此不予置评。至此，令人胆战心惊的“12连跳”悲剧（造成10人死亡，2人重伤）终于暂告一段落，但围绕事件真相的讨论却从未停止。

这是一场以自由博爱的名义对资本主义践踏生命尊严大张旗鼓的讨伐，批判范围早已超出企业管理与商业活动本身。越来越多的观察者和评论家参与进来，蜂拥而至的围观者唇枪舌剑，喝彩声一浪高过一浪。所谓的“真相”一次次被否定、推翻，结论却无以得见。

走在街头，上海世博会的广告语随处可见——不出国门看世界。在富士康面前，这句话显得苍白无力，纵使你能看遍世界，却未必看得懂中国。

↘富士康就是我的深圳

尽管身为全球代工之王，可低调神秘的郭台铭却将富士康包裹得严不透风。外人只能在厂门口驻足观望，即便是客户探访，进入手续也相当严格而繁琐，先要向相关人员电话预约，到大门的专门窗口办手续，等待被预约人亲自到门口领进去。正因如此，美国《华尔街日报》曾将深圳富士康称为“紫禁城”。

2010年5月26日，迫于“11连跳”的巨大压力，郭台铭首度宣布富士康深圳厂区向全球200多家新闻媒体开放。虽然记者的活动范围不包括保密区域，摄影也仅限于指定地点，但是火眼金睛的媒体人还是将富士康最大限度地呈现在公众面前。

外媒曾将富士康集团行政总经理兼商务长李金明称为“郭台铭紫禁城里的市长”，这种说法毫不过分。据媒体透露，不少员工回家探亲被问及深圳是什么模样时，第一反应是茫然，因为深圳的高楼大厦离他们很遥远，对繁华的印象十分模糊，但往往会迅速描述富士康的生活：有好几家银行、大商场、美食街、篮球场、游泳池、咖啡厅，消费不用掏钱，刷卡就行。在他们看来，“富士康就是我的深圳”。

富士康在深圳的工业园区分为两个部分，一处是位于龙华镇油松第十工业区的龙华园区，占地约 2.3 平方公里，聚集 30 万名员工，超过美国新泽西州纽瓦克市的总人口；在其西边是位于观澜镇观光路以北的富士康鸿观科技园区，占地约 1 平方公里，居住 10 万多名员工。两个园区总面积与清华大学相当，员工却超过 43 万人，相当于我国一个县城的人口数。

除了人口数与城市规模相当，富士康厂区内设施更像一座现代化工业城市。从龙华科技园区南门进去，四车道的主干道两旁绿树成荫，首先进入眼帘的是一座座五六层楼的白色厂房，很难听到 20 世纪七八十年代工厂大机器震耳欲聋的轰鸣声。JQ（街区）宿舍区内，两栋 14 层的新楼和 3 栋旧楼环抱着中间的一个小花园和一个露天游泳池，从外面看去与都市里的公寓小区别无二致。两栋新楼的底下三层被用作商铺，在 J9 宿舍楼下设有图书馆，每栋宿舍楼都设有小型阅览室、乒乓球室、电视机房，供员工愉悦身心。此外，富士康还请深圳四家最大的洗衣公司为员工免费洗衣，仅此一项费用每年高达 6000 万元。

在这个“城中之城”里，超市、邮局、银行、书店、学校、医院、公园等场所一应俱全。通过园区 500 多个露天大屏幕电视，员工不仅能观看健身操、安全教育等节目，而且还能看到富士康电视台（Foxconn TV）录制的企业新闻，此外，还配备广播站、杂志社以及各种社团组织。与大多数几万人的大型工厂不同的是，富士康还有一支专门的消防队，甚至连下水道的井盖上都铸有“富士康”三个字。

由于规模较大，为方便各厂区人员出行方便，园区内随处可见两三排座位的小型电瓶车，像城市里的小型公共巴士那样来往穿梭。车子外观与高尔夫球场的电瓶车类似，速度与自行车差不多，员工们创造性地将其取名叫“球车”。天性爱玩的年轻人可以坐“球车”到数码银狐休闲中心放松，这里有 400 多台电脑、时尚的 PS2 游戏机供娱乐，还有咖啡厅，只需从所在事业部领取网票就可畅快放松。包括桌球、乒乓球、游泳池等健身休闲场所，以上娱乐对员工一律免费，只需刷工牌即可。

除了免费娱乐，园区内快餐店和咖啡店价格比外界便宜，德克士快餐店对富士康员工一律 6.5 折优惠。不过，在富士康最有名的是承载员工每日饮食的“中央大厨房”，投资上亿元、建筑面积约1.25万平方米的“超级厨房”每天按照科学营养搭配200道菜，为园区20家餐厅中的11家集中供餐，是目前亚洲最大的中央厨房。据统计，“中央大厨房”每天要消耗40吨大米、10吨面粉、30吨蔬菜、200头猪、6万个鸡蛋、500桶（22L/桶）油，水果和调料等其他食材还未包括在内。

为了提高员工的技能和文化水平，公司还有自己的大学——富士康IE学院，“IE”是英文单词Innovation（创新）和Entrepreneur（创业）的简写，也可以理解为Impactability Engineering（现实生产力）。据介绍，IE学院的教授由国内知名大学教授组成，并获得国家承认的从大专到博士的学历，到2009年9月底已毕业及在读学生超过7000人，其中还培养出富士康自己的博士生。

当然，要观察一家工厂的真实生态，还得到生产车间去探寻。从车间放眼望去，现代设备组成的生产线一字排开，各种产品随着缓慢移动的传送带向前延伸，由帽子、手套、鞋套（特殊车间还有白色防静电服）全副武装的作业员紧张而有序地劳作，用右手还是左手，先插哪个零件，都按照眼前工序图的流程严格操作。在特殊车间每个工人面前还配有碗口粗的吸尘管道，将粉尘和焊接产生的烟雾吸走，乌烟瘴气的景象无法寻见。另外，车间墙壁或角落处会挂有显示数据的液晶屏，上面跳跃的数字清晰记录着目标产量和工作进度、完成率。在生产看板上，未达成的产线需列明延误原因、解决方案、完成日期，如果不是随处可见的中文和汉语，参观者很可能以为这是一家现代化的日本企业。

身处这样一座生活设施齐全、生产管理科学的现代化工厂，人们很难将其与“12连跳”的惨剧联系起来。就在跳楼事件不断重演的2010年5月，尽管外面近30度的高温，每天仍然有上千名来自全国各地的年轻人聚集在富士康大门口排着长队等待招聘，理由是“不仅包吃包住，还能加班，月收入高于周围其他工厂”，咨询点的工作人员说：“每天可以招满两三千人，高峰时超过万人。”有人进来，是因为有人离开，据统计，富士康普工的月离职率在4%~5%，在这些来来往往的打工者看来，“紫禁城”的荣耀和财富与他们并无多大关系。

正如钱钟书在小说《围城》中所描述的那样，“城里的人想出去，城外的人想进来。”与记者初次探秘两三天后的华丽篇章相比，长期工作、生活于此的富士康员工朴实无华地讲述更具权威。光鲜亮丽背后，是流水线上不堪重负的青春。

↘青春不能承受之重

2009 年 12 月 16 日，“中国工人”在美国《时代》杂志 2009 年“年度人物”评选中位居榜单次席，并对这些打工者高度评价称，中国经济顺利“保八”，在世界主要经济体中继续保持最快的发展速度，并带领世界走向经济复苏。这些功劳首先要归功于中国千千万万勤劳坚韧的普通工人，赞扬他们以“坚毅的目光，照亮了人类的未来”。然而，如果颁奖评委亲自深入到生产一线体验被机器捆绑的伤痛与困苦之后，必定会将“坚毅”换成忍耐、煎熬等更能体现真实生存状态的词语。

在富士康，“中国工人坚毅的目光”每天随处可见。当然，这并非富士康的独有现象，在珠三角乃至全中国大多数制造企业，都会生动展现文中接下来将要描述的画面，大同小异，甚至富士康的劳作条件和工资保障还要优于同类企业。可是，工人们用青春汗水浇灌的绚丽花朵，让人看上去总忍不住想掉泪。

每天早上 7 点或晚上 9 点左右，在龙华街道东环二路和油松路都会突然出现浩浩荡荡的人流，他们 20 岁左右，风华正茂，穿着印有“富士康科技”字样的蓝色、红色、白色工作服，或打闹嬉戏，或低头不语，从南大门出入口处进进出出，密集的人流会持续数小时。这是富士康员工在“两班倒”制度下交接班时的场景，蔚为壮观。

如同电脑被设置好的程序一样，员工的岗位职责和行为规范在进厂之前就被 IE（工业工程部门）设计完备。这些专业的研究者将生产过程中的每一个流程、动作都一一分解，并制作出每道工序的标准工时，据此确定每人每天的工作量，只允许 5% 的浮动。然而，这种模型往往是以熟练工甚至优秀员工作参照，对于新员工来说，即便全力以赴也很难完成，必须加班。这种以细致分工、动作标准化为核心的管理方式被称为泰勒制管理模式，优势在于最大限度地发挥员工潜能，缺点是缺少人性关怀，把人当做毫无感情的机器，虽然西方企业在逐步淘汰这种方式，但在我国部分企业却仍十分常见。

虽然郭台铭公开表示并未强制员工加班，可富士康常年都有络绎不绝的订单，按照“两班倒”的方式，员工不加班根本无法按时交货。每个月初主管会要求员工签一份“自愿加班切结书”，同意者当月加班不得缺席，若不同意一次加班机会都没有，随后一线员工的加班时间便不再受每月上限小时的法律约束。对于每个月基本工资只有900元的普通新进员工来说，出来打工就为了赚钱，每月加班超过120小时的话收入可以超过2000元，当然愿意签约。据说在淡季只有与主管关系好或处在关键岗位的人才有加班机会，并非谁都有资格。因此每逢五一或春节长假时，有些人觉得这种花钱不挣钱的日子实在难受，要么加班，要么待在宿舍睡觉，不然一出厂门就得花钱消费。

作业员们站在1平米左右的工位上机械性重复相同动作，每天都在8到12小时之间，疲劳程度可想而知。有员工为此感慨：“站着的时候，有个东西掉了弯腰去捡，恨不得一直有东西掉，一直不用站起来。要是可以躺一分钟，那就是天大的享受。”某离职员工回顾说，离职前每天在厂房的时间超过16小时，超负荷运转，即使是休息时间也没有玩的心情，只想回到宿舍倒头就睡。就这样，每天像钟表一样在上班、吃饭、下班、睡觉的忙碌中被逐渐孤立，员工到处看到的都是自己的影子，一样的工作服，一样的动作，根本不想交朋友。在富士康工会曾开展的某次心理辅导讲座上，老师要求只要有人准确说出全部室友的名字就奖励1000元，这笔送上门的横财，绝大部分参与者居然无法拿到。

在给塑胶板插针时，如果不小心偏了一点点，板上的针眼就会比原来大，一旦出货时被品管发现就得整批返回重修。每个人都有手感不佳或状态低迷的时候，一旦总是对不准，即使脾气再温顺和气的女工都会抓起身旁的铜条或铁棒对着机器一通乱捶。奇怪的是发泄之后不但女工心情顺了，机器也似乎变得更听话。更诡异的是，有员工说所在产线的插针机曾伤过三个人，有两个是在机器运行时去调试把手指扎了，谁知扎伤人后十几天这台机器就再没出过问题，线长一脸严肃地告诉他：“这机器有鬼，吃血。”

为了带给自己好运气，公司办公系统公用账户密码的结尾数字一般被设为“888”。有些人对命运、天意深信不疑，愿意花 10 块钱到厂门外的算命先生那里占卜前程，那里有六七个“半仙”等待生意，“每天都有二三十个人”光顾。在龙华园区南大门与佳润宿舍之间有家彩票店，每天前来试手气的人多如牛毛，在浮躁的氛围中，每个月 2000 元左右的财富积累速度让人脸红，一夜暴富的冲动从未远离他们的内心，尽管这里从未传出发横财的喜讯。

每月 10 日是富士康员工最热闹最开心的日子，发工资的时候到了。每逢这天，自动提款机前从早到晚都会排起长龙，提款机被取空后总会引起抱怨，取到钱的人会请老乡或同学到周边的餐馆撮一顿，或跑到厂门口的手机店柜台前看看新机型，新上市的 iPhone 吸引了围观者的目光，尽管这部机器的每个零件都由他们亲手安装，可“惊爆价 2198 元”的广告牌还是令人望而却步，只好转身去打量更实惠的山寨机。

尽管不少批评者义愤填膺地将“血汗工厂”的帽子戴到富士康身上，认为缺乏人文关怀的泰勒管理方式是“跳楼事件”的罪魁祸首，可是在专业人士看来，这种结论并不全面。国内可信度极高的媒体《南方周末》调查富士康近一个月之后发现管理本身并无异常之处，北师大心理学教授张西超也认为，自杀率很难与富士康的工作压力、“血汗工厂”联系起来，可是将罪责归咎为 80 后、90 后脆弱的心理承受能力显然更不合理。一个熟悉的声音在追问：幕后黑手到底是谁?

这实非富士康一家企业的背运，而是“世界工场”的不幸。

↘谁在绑架“中国工人”

世界是平的，但世界是不公平的。

2010年5月24日，郭台铭在“天府四川宝岛行启动仪式暨经贸合作论坛”上首度对富士康跳楼事件做出回应，坚决反对富士康是只要钱不要命的“血汗工厂”的说法，并表示外界不了解真相，他不无委屈地说：“现在很多事都不能说，我们都默默在做。”对于郭台铭而言，将“12个十字架”背在他一人身上是不公平的。

5月27日，德高望重的华人商业领袖李嘉诚对郭台铭的遭遇深表同情，“我想不管富士康谁跳楼，最不安乐的人肯定是他（郭台铭）。”他说，“批评一个人好容易，但是有几个人知道其中艰辛。不管怎么样，我尊敬一个为成功付出努力的人，可以把厂子做这么大，我觉得他是一个好成功的生意人。”前辈雪中送炭的关切让寒冬里的郭台铭倍觉温暖。

随后，苹果CEO史蒂夫·乔布斯在北京时间6月2日上午由《华尔街日报》主办的数字大会上对“富士康员工自杀事件”评论说：“我们对此十分关注，富士康不是血汗工厂。在我的家乡帕罗奥多市也有这种事情，模仿性自杀。我们试图了解事情的状况。这是一个困难的处境。”苹果是富士康的主要客户之一，乔布斯的说法自然难以令人信服。果然，有激愤者将矛头对准“毒苹果”。

7月6日，来自香港的金融学教授郎咸平在博客中就“富士康事件”发表看法，直指“背后黑手”就是乔布斯的苹果公司。这位54岁的中年人留着一头刚硬的灰发，老成的面庞上洋溢着明星气质，他自认为是一个“喜欢生活在闪光灯下的学者”。在他看来，苹果2006年上半年销售量为850万台，同比增长61%，收入超过100亿美元，可为其代工的富士康每台产品只拿到4美元，99%的钱都被苹果赚走。除此之外，富士康的加工工时、工资标准、包括原材料、制造成本等全由苹果控制，富士康只是工具而已。

郎咸平的说法与著名市场研究公司isuppli调查数据基本一致：每台iPad平板电脑最低售价为499美元，苹果支付给富士康的代工费仅为11.2美元，只占售价的2.2%，还不到给欧美代工厂的1/5。如果郎咸平的观点成立，凶手名单上还应该加上诺基亚、摩托罗拉、索尼、思科、戴尔、惠普、IBM、任天堂、北电等一长串跨国巨头的名字，它们都是富士康的客户，是“剥削剩余价值”的“幕后黑手”。

身处价值链最末端的代工企业，富士康只能获取利润中最微薄的部分，即便寒酸如此，全球代工厂对知名企业订单的争夺依然异常惨烈。“美国一家报纸评论苹果的律师像一只松了链子的狗去扑向在网上泄露 iPhone4 图片的人，”苹果工程师杰弗说，“如果这个比喻成立，那么在我们这个行业全世界的同行都像狗一样，天天围着苹果转，希望嗅到哪怕一点点蛛丝马迹，若有偶尔的一块肉，那就全扑上去抢。”

富士康能获得苹果等行业巨头的订单，价格低廉是优势之一，更重要的是出货速度快。据富士康高管透露，从 2009 年 5 月 27 日到 6 月 6 日的短短 10 天内，公司就为苹果组装完成急需的 64 万部手机。供应链专家戈登也评价说：“在不到 60 天内，苹果售出了 200 万台 iPad，现在等待的队伍已经很长，如果苹果淘汰富士康，队伍会更长。”既然苹果也离不开富士康，那郭台铭为何不借机争取宽松条件或提升代工价格呢？

某手机部件供应商对此认为：“富士康非常强大，也非常强势，它几乎可以生产任何配件，但是品牌手机厂商并不希望它垄断配件市场，所以通过指定供货商与价格的方式维持市场的竞争格局。否则我们这些厂商没有活路，都会被富士康挤垮的。”这家供应商为诺基亚提供某种零件，富士康为诺基亚代工，在三者的博弈中，诺基亚无可争议地充当规则制定者，富士康采购的零部件必须由诺基亚指定，价格由后者与供应商商定，富士康只充当“搬运工”的角色。尽管富士康有与诺基亚博弈的能力，但郭台铭并不愿得罪对方，他甚至因客户压力将钦点为接班人之一、负责苹果订单的爱将蒋浩良撤职。

既然代工厂在价值链争夺中仍处于弱势地位，富士康为何不放弃代工，自创品牌呢？首先，郭台铭创业之初就将战略定位为只做代工，不做品牌；其次，他对所有的客户承诺掌握客户的秘密后不做自己的产品，不会成为竞争对手。换句话说，作为世界代工大王，富士康的年收入能超过它的客户苹果、戴尔或微软，但自立门户后能否生存下去都得打个问号。

被世界巨头挤压到一个逼仄狭小的空间后，富士康也有转变增长模式、以“研发代工”向高附加值领域挺进的举措，然而在厂房、水电、机器设备等费用高居不下的情势下，郭台铭只能向管理要利润，通过提高单位工时产量和控制人力成本创造收益。据富士康旗下富士康国际 2009 年财报显示，截止 2009 年底，富士康有 11.87 万名员工，比上年的 10.82 万名增加 9.7%，但员工成本总额却从 6.72 亿美元减少到 4.85 亿美元，比例高达 28%，郭台铭对成本管控的能力由此可见一斑。

管理专家姜汝祥将富士康事件视为“上帝的暗示”，并警示说：“如果不读懂这个暗示，可能会面临更大的灾难。”他指出应该将“人”这一产业最大资源作为转变经济增长模式最重要的核心。然而，将重视人才的理念贴在墙上容易，落实起来却十分困难。但是，“富士康跳楼事件”的惨痛教训已经为企业家和政府部门敲响警钟，我国的劳资矛盾已恶化到相当严峻的地步，与上一代农民工相比，80 后、90 后们不再逆来顺受、一味服从，压力无处宣泄时，他们甚至愿意以结束生命的方式作出抗争。

每日太阳落下余晖后，富士康南门外的小广场会聚集不少跳舞的员工，他们以流行时尚的方式排解内心的烦躁与困苦。触景生情的悲观者不免感叹：富士康帝国已走向黄昏，代工模式将无路可走。

结局会是这样吗？

↘把悲伤留给GDP

2010 年 6 月 2 日，富士康紧急宣布：自今年 6 月 1 日起，对企业作业员、线长、组长薪资进行调整，员工整体薪资水平提升 30% 以上。五天之后，富士康再度宣布加薪：自今年 10 月 1 日起，富士康集团深圳地区各厂区，新进员工经三个月考核合格，标准薪资再上调 66%，为每月 2000 元。一周之内连续两次大幅度加薪，果敢独断的郭台铭出招依然凌厉，一时间，加薪潮迅速波及整个珠三角企业，不堪重负的企业主以“搬迁”为由向“始作俑者”郭台铭抱怨。

孰料，最先发出“搬迁”信号的竟是郭台铭本人。在第二次宣布加薪次日，郭台铭在台湾地区股东周年大会上表示，鸿海集团正将把部分产量搬到台湾地区或越南以自动化无人工厂运作。不久，富士康将内迁的消息甚嚣尘上，多家省市卷入“富士康争夺战”，争先恐后地宣布富士康将迁往该地建厂。消息一出，不少人满腹狐疑：上个月还被各方“追打”的“倒霉蛋”富士康，怎么突然就变成被疯狂“追抢”的“香饽饽”了？

先发制人的是河南省鹤壁市，当地政府网站在6月25日发出紧急通知：“富士康科技集团拟在河南省投资建厂，企业规模30万人。近期需要10万名员工到富士康培训，招聘员工经过培训实习，可在河南省建设好的富士康厂区工作。”3天之后，网站又将改通知，并表示“富士康集团拟在河南投资建厂未经证实”。

然而就在一天之后，新华社报道，“郑州市政府与富士康科技集团已草签协议，富士康将正式落户郑州市新郑东区。”据说早在6月18日河南省政府就召开“富士康科技集团在豫招聘培训员工动员协调会”，动员全省政府资源帮助富士康招工，并向各级地方政府分配相应招工指标。

众人皆以为尘埃落定时，不料又生变故。就在富士康落户郑州的消息发布第二天，富士康新闻发言人童文欣却表示，会于年内将主要生产线由深圳迁往河北廊坊，迁址工作预定年内完成，届时将有部分产能留在深圳，并未提及郑州。可是在7月1日，富士康另一新闻发言人刘坤却证实，富士康在河南郑州建厂已成定局。

扑朔迷离的景象并未终结，筹备已久的群康科技（成都）有限公司终于在6月29日注册成立，注册资金3800万美元，以生产8.5代液晶面板为主，将在6到9个月后建成投产，已于7月初启动首批招聘1万名普工。据介绍，富士康成都项目据说总投资将达50亿美元，建成后员工规模达10万人，是四川省和成都市最大的招商引资项目。

富士康究竟花落谁家或者在何处投资力度更大，连各地政府心里都没底，一位涉及“争夺战”省市的官员感叹说：“富士康老是在变，有很多的不确定性。”不管结果如何，至少各地已预留出大片土地静候“财神”关爱，撤腾出的荒地和忙碌的拆迁人员正在尽力表现出对远方贵客的诚意。

事实上，参与“富士康争夺战”的远非以上诸位“先行者”。自从富士康公布将大面积搬离深圳的消息传出后，内陆各地就摩拳擦掌，争取在此次招商引资盛宴中分一杯羹。炎炎夏日坚守在富士康门口的除了前来求职的打工者，还有各地负责招商的官员。在富士康与鹤壁、郑州、廊坊三地“绯闻”不断升级的同时，火速南下的“追求者”与日俱增，有等待者不无遗憾地表示：“许多地方都是一把手带队过来招商，但大部分人都没有得到谈判的机会。”

可是今年还不是各地争夺富士康最激烈的年份。客观来说，自从富士康 1988 年进军大陆之后，邀请郭台铭到各地投资的地方官员从未间断过，武汉市政府的良苦用心可谓典型。2005 年，为争取富士康到武汉投资，当地政府专门成立“富士康工作班”，成员学历以博士为主。在深入研读郭台铭传记、语录以及富士康历史、现状与发展规划之后，工作班分头行动，耗费四个月完成一部长达 40 万字的报告，重点分析武汉的优势与富士康战略发展相结合的前景。眼见效果不理想，工作班又专门为说服富士康耗费 30 万元制作一部动画影片，生动展现武汉特色和富士康的美好蓝图，其中“山水兆富、环境纳士、佛岭蕴康”的原创提法令郭台铭拍案叫绝，忍不住大喊“唯楚有才”！

要知道，各级地方政府“抢夺富士康”是在“跳楼事件”的风口浪尖上，“富士康，你们就等着倒闭吧”、“如果有一颗导弹，我先把富士康给炸了”等诅咒仍然在网络上此起彼伏，政府为何如此心急？难道不怕引火烧身惹来骂名？

包括经济学家陈志武在内的评论者都将矛头指向 GDP 崇拜。陈志武认为，“富士康 12 跳事件显示以政府主导、单纯追求 GDP 的经济增长模式的冷酷面。这种模式下，个人在 GDP 机器中只是一颗颗螺丝钉，是工具，而不是具有天赋人权、有血有肉、有心灵感受的人。”对于地方政府而言，在 GDP 作为各省经济发展重要参考指标的大背景下，延续二三十年的高速发展惯性令地方政府展开“大跃进”式的 GDP 竞赛，富士康不仅能吸纳大量就业人口，而且还带来税收和消费，对 GDP 贡献可想而知。

这种情形让人不禁想起 1968 年罗伯特·肯尼迪竞选美国总统时的著名演讲，其中有一段关于 GDP 的评论尤其精彩：“GDP 并没有考虑到我们孩子的健康，他们的教育质量，或者他们游戏的快乐。它也没有包括我们的诗歌之美，或者婚姻的稳定；没有包括我们关于公共问题争论的智慧，或者我们公务员的清廉。它既没有衡量我们的勇气、智慧，也没有衡量对祖国的热爱。简言之，它衡量一切，但并不包括使我们的生活有意义的东西。”48 年前的警世之言，至今对中国的决策者们都有极大参考价值。

正是在这样的时代洪流之下，有人痛骂富士康无耻，却也有人同情地说，它是无辜的。

↘中国制造业的时代背影

2010 年 7 月 8 日，美国《财富》杂志发布 2010 年度“世界 500 强”企业最新排名。中国（包括两岸三地）共有 54 家企业上榜，处在“跳楼事件”危机中的富士康以 593.24 亿美元排在第六位，前五位分别是中石化、国家电网、中国石油、中国移动、中国工行，华为以 218 亿美元成为首次上榜的内地民营企业。

在炮火连天的舆论轰炸中，透过硝烟的遮蔽，人们骤然发现“全民公敌”的富士康居然如此强大，几乎同时在深圳建厂，仅一条马路之隔的华为营业收入只有其 1/3，这可是业界公认最成功的科技企业，而以“人类没有联想，世界将会怎样”为广告语的 IT 行业领军者联想集团竟未上榜。这家中国最大的出口企业、全球最大的电子产品合同生产商居然是遭千夫所指的“血汗工厂”，这是多么真实却又讽刺的结论啊！

如果把富士康“12 连跳”事件放在改革开放 32 年的大背景中审视，得出的结论又会截然不同：这是中国社会政治经济发展到一定阶段富人与穷人对改革开放成果分配方式的深层次矛盾激化后被骤然放大的结果。面对这家在群情激奋中已然被妖魔化的世界级企业，人们有必要换种思维正视、思考。抛开“跳楼事件”深层次的问题不说，郭台铭是业界公认的勤奋、正直、智慧的企业家，他的远见和胆识无人能及。就在“跳楼”悲剧发生之前，富士康还是培训师和管理学教授为制造企业列举的经典案例，是珠三角乃至全国代工老板学习的榜样，即便悲剧发生后，郭台铭在企业管理和商业活动中的榜样形象仍不乏追随者。

从 1988 年到大陆投资至 1996 年，富士康的规模还不如 TCL、长虹等企业，1996 年以后，公司员工达到 9000 人，销售额达 25 亿元，开始插上腾飞的翅膀，在此后的十多年里，富士康的增长速度相当惊人，每年的增幅都在 50% 以上，2005 年升至 350 亿美元，2006 年超过 500 亿美元，已成为当之无愧的“巨无霸”。到 2009 年，富士康全球员工超过 90 万人，有媒体甚至调侃说，若把 90 万员工当成军队，郭台铭是全球排名第六的军事强权。

如果打开富士康网站，大多数人都会惊叹于郭台铭布局之早、版图之大：在佛山、中山、昆山、杭州、上海、南京、烟台、北京、天津、太原、晋城、武汉、南宁……从沿海到内陆，贯穿东西南北，凡是能叫得上名字的一二线城市，大多能找到富士康的足迹。由此可见，那些关于“富士康逃离深圳”的说法不攻自破，与其说郭台铭是在被动搬迁，不如说是主动扩张，只是因突发事件提前执行而已。

即使把富士康放在全球同类企业中横向比较，它的凶猛程度也令人胆寒。在深圳宝安，除了富士康之外，还盘踞着另外两家都号称是全球最大电子产品制造商伟创力和美商旭电，三足鼎立一地，厮杀之惨烈可想而知。2004 年，两家对手相继落败，美商旭电因业务萎缩、收入下滑，不得不宣布全球裁员 8200 名；这年，在手机市场被富士康吞噬市场占有率后，伟创力终于让出全球代工大王的宝座，即使后来它并购加州企业旭创，两者收入总计也只占富士康的 2/3 左右。

2005 年，富士康的营业收入超过韩国顶级企业三星和 LG，在这一年的美国《商业周刊》全球百强 IT 企业排名中，富士康名列第二，LG、Google、三星、苹果、戴尔等跨国巨头分列三到七位，台湾 IT 行业终于扬眉吐气。无论是苹果的 iPod 还是摩托罗拉的 Razr 或诺基亚更炫酷的手机，抑或戴尔、IBM、联想的最新款电脑，以及日本任天堂的 DS、索尼的 PSP 游戏机，隐藏在这些傲视全球的大品牌背后的都是同一家代工企业——富士康。

从白手起家到称霸全球，创造富士康神话的正是如今虎落平阳的郭台铭。在台湾作家张殿文为其量身打造的《虎与狐》一书中，正是郭台铭以老虎威震天下的气势和狐狸足智多谋的智慧令富士康得以在残酷的商业丛林中生存、成长。在张殿文看来，郭台铭的成功之道在于“毅力、傻劲和智慧”，并将这三大品质做如下总结。

首先是毅力。郭台铭认为，在企业经营过程中，许多外在环境因素变化太快太大，以一己有限的经历和能力应付日常各种变化非常辛苦。尤其是中小企业所能够控制的资源相当有限，幕僚群也有限，本身的基础相当薄弱。因此，面对外界信息与经济情况的变化，经营者必须随时有能力去应付、接受这些突如其来的冲击，所以创业者一定要具备坚强的毅力。

其次是傻劲。郭台铭说，一个企业既然已经投资下去就算是花一生的精力去经营，也未必能保证经营成功，更不要说经营者能做到什么时候或是技术达到什么水平就算完成，它是随着时代的进步和科技的发展而不断改进和成长的。所以，一家公司一辈子是改善不完的，经营者必须有继续经营的执著观念。

最后是智慧。郭台铭将“聪明”和“智慧”分而论之，每个人都聪明，但不一定有智慧。聪明是说一个人做事情的反应很敏捷、很快，也具备相当程度的掌控力，可是所做的决定是否正确又是另一回事。而智慧则是指具有正确分析判断问题的一种能力，做应该做的事。所以，一个创业者要具备能够正确分析事理的智慧。

这些所谓的秘籍看起来就像“1+1=2”那样毫无技术含量可言，而以此理念写就的企业管理教科书想必也会枯燥乏味。确实如此，与马云、史玉柱、唐骏等创业偶像相比，郭台铭的商业哲理平淡无奇，如果不是因为2010年“12连跳”的悲剧震撼国人，大多数人可能至今都不知道富士康为何物、郭台铭是何人。可正是这种朴实无华的平凡基因，才造就了跻身500强的“代工之王”富士康。

从某种意义上说，富士康是整个中国制造业的缩影，透过郭台铭36年的创业史，我们能感悟到一个群体在成就与苦难、激情与悲壮交替上演的变革历程中正开拓进取、继往开来，这是一部关于过去与未来的时代变革史。

第二章

台湾来的“晋商”

↘白银帝国和“山西的事业”

“平遥的牛肉太谷饼，清徐的葡萄甜抿抿，阳泉煤炭有名声呀，平定的砂锅亮晶晶……”这首名为《夸土产》的山西民歌曾在20世纪六七十年代由三晋大地传遍大江南北，初听似乎是在赞美山西的物产丰富，细品才领略到这是生意人的叫卖声，仿佛看到小贩们走街串巷的身影，用小货车推出了晋商的大名声。

不过，大多数人印象中的晋商并非沿街叫卖的贩夫走卒，而是富可敌国的大商人。前两年电视剧《乔家大院》曾掀起一股跟晋商学管理的热潮，2009年8月，根据历史事件改编的电影《白银帝国》又将晋商打造成金融巨鳄的形象，山西票号汇通天下、纵横捭阖的霸气令处在萧瑟寒风中的华尔街投资高手们都艳羡不已。

与《白银帝国》这部号称斥资一千万美元、筹备两年打造出的史诗巨制相比，人们对台湾首富郭台铭投资这部影片的内幕似乎更感兴趣。手眼通天的娱记们率先爆料：《白银帝国》导演姚树华的丈夫段行建是鸿海集团旗下群创光电的总经理，通过这层关系，从老板郭台铭处拉到投资。该消息中人物关系基本属实，但因果关系却完全颠倒，真实情况是郭台铭看完《白银谷》这部有关晋商的小说后，深有感悟，邀请姚树华以“为何晋商能在明清两代500年纵横欧亚”为主题从小说中提取素材拍一部电影，“让全世界看看晋商文化”。

姚树华本是舞台剧导演，并没有电影拍摄经验，可她是山西人，郭台铭调侃说：“起码电影中不会有侮辱山西人的剧情。”尽管郭台铭本人从未插手影片拍摄进程，甚至连出品人的响亮头衔都放弃了，可对这部影片却极度重视。《白银帝国》在台湾首映时，郭台铭携夫人前往捧场，并点名让儿子郭守正的山水国际娱乐公司负责本片在台湾的发行。

有评论认为，在郭台铭的商业蓝图中，会把科技、数字属性、网络通讯、宽频技术等科技和电影整合打包，也就是将鸿海集团的硬件制造与内容产业完美结合，打造“数字的富士康”、“科技的富士康”，投资《白银帝国》只是他进军影视产业的常规动作。然而，倘若没有浓郁的“晋商情结”，很难断定郭台铭会对这部影片这么热切关注，当影片拍完需要再追加2000多万元的后期制作费用时，他眼睛眨都不眨的就挥笔签支票。在商言商，电影并非郭台铭的主业，《白银帝国》与郭台铭的内幕就在于“山西”二字。

全球几乎所有人都说郭台铭是“台商”，只有山西人坚持称他是“中国现代晋商的典型代表”。他本人也深有“晋商”情结，每次进酒店都先问有没有老白汾，没有的话转身就走，他不无得意地说：“因为我，深圳各大酒店都摆上了老白汾。”山西人的另一大特征是爱吃面食，他经常说：“我是山西人，吃碗面、水饺、包子，就很舒服了，一点都不觉得不好，这才是真正的自我。”更有意思的是，2004年他曾向太原的年轻干部说：“总裁我是山西人，未来的世界，就是3C（这里是山西的谐音，本意是电脑、通信、消费电子三类电子产品的简称）的事业。”

以山西人为傲的郭台铭，祖籍是山西省泽州县（现属晋城市）南岭乡葛万村，父亲名叫郭龄瑞，母亲名叫初永真，山东烟台牟平人。郭龄瑞16岁参加抗日战争，日本投降后他转读国民党警察系统最高学府——中央警官学校，毕业后分配到青岛市警察局工作。1948年，郭龄瑞随国民政府携家眷来到台湾，曾在基隆港务局、台北县警局及刑事警察局等单位工作。

1950年10月8日，郭台铭出生于台北县板桥市。作为外省人，郭家的生活条件很不稳定，郭台铭与大姐郭台平以及两个弟弟郭台强和郭台成四人的生活全靠父亲并不丰厚的薪水维持，甚至十分拮据。尽管如此，郭台铭的童年仍然十分快乐，他后来回忆说：“从有记忆开始，就住在板桥府中路妈祖庙后面，一家六口住在不到十坪（约33平方米）大的房子里，一住就是十年，房子虽小其乐融融，虽然父亲公务员的收入有限，但姐弟们衣食不缺，无忧无虑地快乐成长。”

郭龄瑞对子女的要求相当严格，他总以先祖郭子仪忠孝节义的品质为教育范本，郭台铭说：“他给我们很好的身教，教我们安贫乐道，不该我们的就不该去拿，我们家从小到大都没有自己的房子，没有沙发，最好的是藤椅，但我们不觉得自己贫穷。”父亲一辈子安贫乐道，节俭朴素，一个平夹用了20年都不舍得换，全身最贵的除了假牙就是子女合送的劳力士手表，而且只在重大节日才偶尔戴一下，十分珍惜。父亲勤俭节约的品格也传承到郭台铭身上，即使成为台湾首富后每月花费仍不到一万台币。

2002 年郭龄瑞去世，郭台铭亲自为父亲写了一幅寓意深长的挽联：“生于忧患，长于战乱，砥砺忠党爱国廉洁奉公之情操，心系台湾富强成定当世；老时快乐，别时安详，嘱守厚人薄己孝悌持家之美德，魂愿中华和平铭镌汗青。”挽联中既巧妙点缀了姐弟四人的名字，又缅怀了父亲平凡却高洁的人生意境，还表达了郭台铭本人心系台湾富强、期盼中华和平的心声。父亲的言传身教让郭台铭一辈子都受用不尽，他自幼就懂得正直务实的品格比财富地位更重要，这种家风无需外人的褒扬与赞誉，却是一个家族长盛不衰、奋进自强不可或缺的 DNA。

郭台铭常说：“阿里山上的神木之所以大，4000 年前种子掉到土里时就决定了，绝不是 4000 年后才知道的。”换句话说，郭台铭的财富神话和富士康的产业奇迹早在 4000 年前就埋下伏笔，从《夸土产》这首山西民谣中描绘的最古老的商业活动开始就命中注定。德国柏林大学校长李希霍芬男爵曾在著作《中国》中毫不掩饰地夸赞道：“山西人具有卓越的商才和大企业精神，有无比优越的计算智能和金融才华。”130 多年后，晋商郭台铭在商业舞台上的卓越成就无疑为李希霍芬的论断写下生动贴切的注脚。

其实，这些只是郭台铭为激励后继创业者坚忍不拔而编织的浪漫童话，创业者要先写下“墓志铭”，再去找“通行证”，其中的艰辛苦难、困顿彷徨超出预想。跟所有 20 世纪 70 年代的台湾创业者一样，郭台铭也是用破釜沉舟、积水成渊的勇气和智慧淌过创业这条河流的。

↘成长的名字叫痛苦

时至今日，提及创业的因由，郭台铭仍会喟然长叹：“唉！真不知当初是哪股傻劲撑了过来。”“过去的成功经验，只会带来无知和胆怯，”他总会不经意说出这种看似矛盾却又不无哲理的话语，“过去的成长经验，可以令人面对未来时感到轻松和自信。因为成长的名字叫痛苦。”

事实上，郭台铭当年的生活和工作处境远未到非创业不可的地步，用

“乐业安居”来形容丝毫不过分。1966年，16岁的郭台铭进入台湾新创办的“中国海事专科学校”船务科学习，按照台湾法规服完兵役后于1971年到复兴航运公司实习，负责排船期及押汇工作，每天都穿西装打领带地到当时有“台湾华尔街”之称的馆前路上班，一副“白领”风采。如果是别人，他会像自己所安排的船期那样按部就班地走完此后的人生路途，台湾的航务系统内将多一名精明强干的业务型主管，但华人商界将缺少一位雄韬伟略的企业家。

白天敬业上班，晚上补习英语，没事总爱琢磨贸易知识，郭台铭觉得：“没有工厂哪来的贸易？”从而萌生出找机会自己办厂的念头。1974年前后，美国对台湾的纺织品实行配额管理，规定第二年的配额要由上一年的出口额来决定，而出口额直接跟船期挂钩，船期越多第二年生意就越大。郭台铭回忆说：“每天纺织商都在抢着出口航位。”这位人微言轻的小职员瞬间成了香饽饽，一时间请他吃饭的人络绎不绝，郭台铭深刻意识到：“在台湾从事出口制造业，将是极有发展潜力的行业。”

郭台铭的创业机会终于来了。1974年的某天，他的同学找上门来，说自己认识在外商公司的采购经理，对方有一笔塑料零件订单想找公司承接生产。“我当年创业的钱，是我母亲标会的十万块钱。”提起创业资金，郭台铭对母亲充满感激。他与几位合伙人凑了30万台币，在台北县成立鸿海塑料企业有限公司，与15名员工挤在租来的83平米厂房里工作。

新厂初建时公司每月还有8万台币的收入，可很快就遭遇全球第一次石油危机，原材料价格上涨，市场一片萧条，加上创业者经验匮乏，工厂经营每况愈下。第二年，合伙人纷纷要求退股，但郭台铭对制造业必将迎来春天深信不疑，于是他又向岳父借来70万台币买回合伙人的股份，并将企业改名为鸿海精密工业，将此前的电视机旋钮业务改成电视机用高压阳极帽组件生产。

独木苦撑的日子十分艰难。郭台铭每天早上6点多钟就扎进工厂，忙到晚上一两点才回家，因不忍打扰妻儿休息，就分房而居。可每晚他总听到孩子大声啼哭，就问妻子林淑如是何缘由，妻子唉声叹气地说：“你已经三个月没拿钱回来了！”原来因为没钱买奶粉，林淑如每天都在给孩子喂米汤，一到晚上孩子就饿得啼哭。为了节省电话费，郭台铭总是跑到父母家去打长途电话。最寒酸的是有年春节，从工厂给员工发完年终奖回家后，郭台铭兜里只剩2000台币，他只好携妻儿到父母家过年，掏1000台币置办年夜饭，另外1000台币得留着初二到岳父那边发红包。他后来回忆说：“有时真不知道这个决定是不是太傻。只是每到过年，我都告诉自己，坚持下去，一天不自我累积技术，便一天要受制于人！”

家里穷困潦倒，工厂百废待兴，郭台铭每天为找订单、买原料、抓生产东奔西跑，却总少不了烦心事。他回忆说：“最可恶的是，早上有人来推销消防器材，如果不付钱购买，下午就会有官员来做消防检查。”除了照顾好这些以权谋私的“瘟神”之外，郭台铭还要打发每天工厂一开门就前来收保护费的小混混，生产线上的员工打架他也得操心。正因为有早年创业时这些令他身心俱疲的磨砺，才有了日后这段流传甚广的经典对话。

有一天，一位国际大企业职业经理人问郭台铭：“你有没有上过面试技巧的课？你是如何决定聘用一个人的？”

郭台铭答：“没有。我对人有直觉。”

经理人问：“你有没有上过时间管理的课？你是怎样安排你的行程的？”

郭台铭答：“没有。我的行程随着需要安排。”

经理人问：“你有没有学过经营管理领导统御的课？”

郭台铭答：“没有。”

经理人问：“那么你怎样管理鸿海？”

郭台铭反问：“如果有小混混到公司来要保护费，你怎么办？”

经理人答：“从来没有想过，不知道怎么处理，也许去报警吧。”

郭台铭问：“如果有员工在工厂的生产线上打架，你怎么办？”

经理人答：“不知道……”

郭台铭问：“如果你们有客户赖账，货交了却收不到钱怎么办？”

经理人答：“不知道，我们法务部门会告他们吧？”

郭台铭问：“如果公司的支票到期，而银行存款不足，你会赶三点半（台湾的银行下午三点半打烊，资金链短缺的人必须在支票兑现日的三点半前将筹到的钱存进去）吗？”

经理人答："不会。"

郭台铭问："那么你身为一个总经理，公司是怎样经营管理的？"

这是典型的学院派经理人与草根派企业家之间的对话，生动形象地阐发了一个道理：企业管理能力并非仅靠商学院的前卫理论和经典案例就能培养，关键要看实战磨练，在学院教授与管理专家眼中鸡毛蒜皮的小事，恰恰是创业初期公司生死攸关的"死穴"。

在家人的全力支持与郭台铭夜以继日的奔波下，公司逐渐扭亏为盈，到 1977 年资本额已增至 200 万台币。此时，黑白电视机在台湾刚刚兴起，郭台铭的电视机零配件生意十分红火，令他头疼的是工厂无法生产模具，为了赶工期他不得不陪着笑脸请各模具厂的师傅帮忙。白天在外好话说尽，晚上躺在床上辗转反侧，模具问题不解决，他根本就无法入眠。也就是从那一刻起，一定要掌握核心技术的思想在他心里生根。

值得提及的是，在郭台铭创业的第二年，从哈佛大学退学的比尔·盖茨创办微软，一年后的愚人节，史蒂夫·乔布斯成立苹果公司。这几位本该毫无联系的年轻人，在全球化与知识经济的滚滚浪潮中，成为日后同在 IT 行业搏击的弄潮儿。

↘一个国家是否强盛要看它的模具水平

模具被称为"工业之母"，美国人说"模具工业是美国工业的基石"，欧洲人称其为"点石成金的磁力工业"，德国人认为它是所有工业中的关键工业，日本人的评价更高：模具是促进社会繁荣富裕的动力，是整个工业发展的秘密，是进入富裕社会的原动力。郭台铭一直视模具为富士康的核心竞争力，他常说："模具业绝非夕阳产业，而且还有大好的未来。"鸿海精密模具有限公司的英文名称为"FOX — cavity"，可理解为"狐穴"，模具在富士康举足轻重的地位由此可见一斑。

为了将"模具"二字在富士康员工心中扎根，郭台铭大会小会总能将话题转移到模具上来。有一次开会，他一边喝矿泉水一边说："过去开这个纯净水瓶盖时，一次有三次都打不开，这是什么问题？模具不够精密。我从这瓶水想到中国的工业水平。我有一次带鸿准公司的徐牧基副总到瑞士参观一家公司的冲压厂，他们公司的模子是做可口可乐易拉罐拉环的，它一边要送料，一边要打下来，打成易拉罐那个勾环，1 分钟打 1800 个。铁片和铜条进去，出来就变成易拉罐那个勾环了。我在大陆开易拉罐，十个有两三个会断；在台湾十个大概有一个会断；但在美国开可口可乐易拉罐，拉环很少会断，这就是工业水准。一个国家是否强盛不要看它有多少枪炮，要看它的工业水准，而工业水准又要看它的模具水平，所以一个国家的强盛与否跟模具水平的高低是有很大关系的。”

由开瓶盖的难易程度看出一个国家的强盛水平，这是郭台铭独具慧眼，但这并非与生俱来，在创业初期，他曾饱受过无法生产模具的困扰。在郭台铭独自运营鸿海精密工业第二年的一天，他心急如焚地骑摩托车往三重河堤旁的五金模具店狂奔，车子还未熄火他就赶忙跳下来，满含笑意地给模具师傅点燃新乐园香烟：“拜托拜托，这套模具请一定要在今天开出来，客户明天就要了。我这里有两张电影票，今天将模具完成，晚上请你们去看电影！”即便如此，模具师傅并不买账，还得拿拿架子、耍耍大牌，尽管他们凭经验手工开出的模具质量也并无保障，速度也很慢，可当时台湾制造业普遍如此，更何况郭台铭只有塑料射出成型机，连模具组都买不起，他只得韬光养晦。

1977 年公司扭亏为盈，郭台铭小有积蓄后开始着手操办的第一件大事就是从日本购买模具设备，建立模具厂。当时，台湾经济正步入起飞阶段，房地产业蓬勃发展，地皮价一路飞涨，鸿海精密工业厂区附近的土地每坪（约 3.3 平方米）才 3800 台币，低价购买转手就能收益丰厚；此外制造业的复苏导致原料奇缺，如果地价购买囤积高位抛出也能大发其财。一向当机立断的郭台铭心神不定，每天彷徨于到底是以赚钱为目的还是扎根制造业，纠结两周之后，他毅然选择后者，从模具厂开始鸿海精密工业自力更生的征途。他说：“当我以一个工业经营者的心态做出决定时，就开始看得比较长远，想把公司的基础打好。”

模具厂建成半年之后，郭台铭放弃涨价 3 倍的土地，原材料价格也高居不下，他放着大把的钱不赚，吃力不讨好地去做模具。有同行嗤笑他："到外面买模具反而比较便宜，为什么还要自己做呢？"尽管有了自己的模具厂，郭台铭的日子并不好过，他说："我的塑料模具厂才刚刚开始建立，设备是新的，工作人员也是新的，我还记得有一次机器装不起来，大家都相对无言。"

台湾模具界长期以来都是师傅带徒弟式的传统方式，郭台铭要想按照标准化、规模化的生产流程来开发模具，就必须彻底根除这一陋习。郭台铭和创业伙伴、鸿海总工程师陈一飞要求有经验的老师傅公开技术，却被后者认为这是要砸他们的饭碗，以集体辞职相威胁。一心想早日掌握模具技术的郭台铭痛下决心，答应老师傅们的辞职请求，由于当时大学毕业生普遍不愿意做模具技术员，他只能招进一批专科、高中毕业生，从零开始，由毕业于台湾大学机械系的陈一飞手把手地教导开模技术，悉心培养。

业内人士都清楚，模具本身不会给企业带来直接利润，由于工厂规模小，产量不大，模具厂的规模效应无法体现。而且，将专科生培养成熟练的模具师得花费数年时间，短期内根本无法为企业带来收益，郭台铭连续几年都在为模具厂投入高额成本。尽管经营十分辛苦，但他始终清醒地告诫自己，只有建立现代化工业流程的模具生产体系，企业才具备核心竞争力，在台湾制造业站稳脚跟。为此，他每年都拿出利润中不小的份额为模具厂输血，并提出"打造先进制造力"的口号，要求员工"搞自主研发，不断地把科技成果转换为生产力，并且在这个方向上全力以赴，长期不变"。

此后的两年，郭台铭一直改进模具生产，并上马塑料模具机器。1979年，鸿海精密工业获得与大同公司合作开发彩色电视用返驰变压器的高压线框组线的机会。大同公司当时是台湾十大制造商之一，年营业超过30亿台币，而鸿海精密工业连2000万台币都不到，实力悬殊巨大，所谓的"合作开发"其实是给对方做OEM。

尽管模具厂的技术水平在不断提升，可郭台铭依然没有摆脱受制于人的困境，当初靠模具解决独立自主的想法显然是一厢情愿。对于小型OEM工厂来说，其生存状态与靠天吃饭的农民别无两样，一旦委托代工企业经营不善或行业不景气订单收缩，就会殃及池鱼。这种担心很快变成现实，由于20世纪80年代初期台币快速升值，大量电视机、收音机制造企业倒闭破产，鸿海精密工业也举步维艰。郭台铭抬头望天，开始谋划转型之路。

日后人们在总结富士康绝处逢生的成功经验时，都会不约而同地提到“模具”二字。早年模具厂打下的坚实基础让郭台铭有惊无险地切入电脑连接器领域，逐步扩展到机壳、电路板、光驱、中央处理器、电源器等关键零部件的连接器生产。如今，富士康的模具厂有6万多名员工，已开发近20万套模具，并建成庞大、完善的数据库，从中调取以往资料进行重新组合就可开发新模具，这也是富士康模具开发神速的秘密之一。

郭台铭曾说：“开发这套系统，我们前前后后大概花了20年的时间。”如果从1977年算起，这个时间应该更新为33年了。

↘转型：电脑连接器

日本在战后的短短三四十年间，迅速从凋敝荒凉的废墟成为世界第二大经济实体的奇迹震惊全球，20世纪八九十年代，学日语的人数激增，沿海企业纷纷到东洋取经。1985年，美的老总何享健率团前往学习空调制造技术，并成功引进“事业部制”管理方式；6年后，格兰仕老总梁庆德被日本超市的黑色器物深深吸引，从此挟微波炉进入家电行业；此后华为老总任正非也去了，回来后提出“华为的冬天”，将危机意识贯穿整个公司。以此观之，企业家的思维角度往往决定了企业的发展轨迹。

郭台铭的日本之行比两位曾经的家电同行和后来的IT同行都要早。1980年，鸿海精密扩大中和连城路的工厂生产家电产品，并且成立化学电镀部门，郭台铭为购买模具机器亲自前往日本考察，并在大阪度过30岁生日。那天他吃过三菱公司招待的晚饭，独自回到旅馆，想到自己步入而立之年，结合日本之行的见闻，不禁感慨万端。据他日后披露，在日本人的实验室参观后，他深刻感受到日本大厂正在长期扶持“配合厂商”，辅助后者开发新零件、做市场计划，培养一批技术、质量、数量都成熟稳定的

“卫星工厂”。反观台湾同行，大厂只会对小厂杀价，产量极不稳定，“台湾当年环境，大企业做内销，小企业做外销”。日本大厂“母鸡带小鸡”的方式在台湾根本看不到，小厂只有被打压、盘剥的命运。

电视机和收音机日渐式微的市场现状以及日本之行的刻骨铭心令郭台铭下定决心，马上转型。由于经常到日本采购模具机器，郭台铭对电子行业的市场状况十分熟悉，通过周密的市场调查，他认定电子游戏机和计算机行业将会快速发展，尤其是个人电脑（PC）必将成为主流。如何切入计算机和电子游戏机市场？郭台铭想到了电脑连接器。日后他解释说：“我们估算在计算机连接器的制造过程中，鸿海至少有 40% ~ 50% 的相同技术。”实际上，这“40% ~ 50% 的相同技术”大部分是模具技术，郭台铭给员工打气说：“从 50% 出发和从零出发作比较，我们选择至少已经掌握了一半关键技术的连接器。”

1981 年，IBM 推出第一台个人电脑，全球 IT 市场进入 PC 时代，郭台铭介入电脑连接器的步伐恰好踩准台湾信息产业高速成长的节点。一年之后，鸿海精密工业改名为鸿海精密工业股份有限公司，资本额增加到 400 万元人民币，并在台北土城中山路买下一间占地约 2409 平方米的厂房，终于告别租厂房经营的日子。该处主要建筑物是四层的办公室和三层的厂房，厂房规划为模具制造厂、电镀厂、冲压厂、插座接头零件装配厂、D 型计算机连接器装配厂以及仓库和餐厅。由于面积依然不够，射出成型厂还得继续租房运营。

除了投资建厂房，郭台铭将大量资金用于购买顶级进口设备，逐步往自动化方向发展。早年加入鸿海的经理甘克俭回忆说：“我们看见老板赚了钱，并没有自己放进口袋，而是全部投入来买机器！”这种不断投入的气魄让员工看到创始人的雄心壮志，士气深受鼓舞。1983 年，郭台铭利用从日本进口的新设备开发完成电脑连接器，开始与电脑厂商建立合作关系，这是他正式进入 PC 领域的第一步，依靠成熟的模具技术，以电脑连接器为突破口，采用“薄利多销”的竞争策略，郭台铭赢得大量订单，市场份额不断扩大。从此以后，鸿海精密工业股份有限公司每年增长率都达到 20%，郭台铭终于突破创业九年来企业成长乏力的瓶颈，经营业绩进入稳定成长期。

1984 年，郭台铭直接从美国引进全自动连接线选择性镀金设备和电镀检测设备，以建立金属电镀单位，这套设备耗资将近 250 万元人民币，约占鸿海精密工业当时营业额的 1/10。不仅如此，郭台铭当时采用的机器 90% 都是进口设备，价格比本土高出一倍以上，由于不少零件属于高硬度玻璃纤维特殊工程塑料，因而他总是选择耐磨性强、使用寿命久、精密度高的进口设备。有人曾质疑购买昂贵机器是铺张浪费，郭台铭则言简意赅地用一句古文回应道："工欲善其事，必先利其器。"

当初那些将资金悉数投入地产和原材料的追逐短期利益者，此时已在信息产业的滚滚洪流中灰飞烟灭，难觅踪迹。回望来时路，郭台铭总结说："一个企业的创业者，一定要具备不受外界干扰的傻劲。"他认为当一个创业者要在两三年内做出重大投资决定后，不去理会土地市场、股票市场、外汇市场的变化，如果没有一股埋头向前的冲劲，心理必会产生不平衡的现象。而对于顺利转型的成功经验，他则比喻说："像跆拳道打得好，一定是马步蹲得扎实；少林寺和尚武功千变万化，也是由于多少年挑水上山的结果。"看来，之所以能成功进入电脑连接器领域，说到底还是他对模具制造多年来润物无声修炼的成果。

1984 年对于海峡对岸的大陆企业家来说，是一个伟大的年份，"下海"成为当年最风靡的词汇。这一年，柳传志在中国科学院计算技术研究所捣鼓起电脑生意，创办联想；史玉柱喊出了"如果下海失败，我就跳海"的悲壮誓言；李东生在简陋的农机仓库里开始了 TCL 的漫漫征程……他们所在的行业与日后郭台铭的事业皆有关联，就像郭台铭经历过跌宕起伏的创业磨砺一样，幸好，在这个生机勃勃的春天，他们都在迷雾中看到照亮前路的曙光。后来，人们将这一年称为中国现代公司的元年。

那个年代，大陆流行一首名叫《在希望的田野上》的歌曲，歌词雄壮豪迈："我们的未来，在希望的田野上。人们在明媚的阳光下生活，生活在人们的劳动中变样。"是啊！希望或许是这个世界上最美好的东西，因为它是渴望幸福生活者的全部。郭台铭正是在这一年欣喜地看到希望，并因为电脑连接器而彻底与制造业结缘，此后未曾分开。

↘打不死的蟑螂

“它为着向往阳光，为着达成它的生之意志，不管上面的石块如何重，石块与石块之间如何狭，它必定要曲曲折折地，但是顽强不屈地透到地面上来，它的根往土壤钻，它的芽往地面挺，这是一种不可抗的力，阻止它的石块，也被它掀翻。”

著名作家夏衍的名著《野草》是诠释中国民营企业在贫瘠荒芜的土地上绝处逢生、无序疯长的最佳读本，用这段文字来描述郭台铭创业初期的艰辛历程也十分贴切。2001 年，鸿海集团的营业收入正式超过台积电，面对台湾媒体大张旗鼓地对比两家企业的优劣时，郭台铭回应说：“我们公司就像一个地瓜，在田里默默地长大，外面都喜欢拿我们和台积电作比较，但是地瓜和苹果是不能相比较的。”

众所周知，“苹果”台积电是台湾当局于 1987 年扶持创办的半导体企业，土地税、营业税等税费都受到政府减免优惠的照顾。而“地瓜”鸿海精密在 1974 年白手起家，没有任何政府背景，无法享受政策扶持，完全靠自身意志倔强生长。在当年的台湾，民办企业要想发展困难重重，事事受制，最困难的就是资金问题。郭台铭早年接受采访时曾呼吁：“我想任何企业的经营，都会有顺境，也都会有逆境。在逆境时，尤其需要银行服务……如果经营不好，不一定是公司经营方法不对，有可能是时机不好，所以我们更希望银行了解企业的困难，提供信息、加强联系、协助企业渡过难关。”事实上，融资困难几乎是所有创业者共同的症结。

每每有人问及鸿海精密当年为何选址台北土城时，郭台铭总调侃说：“20 年前我把公司设在台北土城，就是因为土城有一间看守所，是台湾专门关经济犯的地方。要有一天我因支票无法兑现被关了，我老婆还很方便来看我，报告我公司状况，让公司继续营运！”这个饱含辛酸无奈的笑话，其实是当时台湾中小企业生存困境的真实写照。彼时台湾《票据法》大行其道，小企业一旦退票，老板就会被抓坐牢，因此许多老板以老婆的名义登记注册企业，若出意外老婆去坐班房，他本人还可以继续运营企业，这种做法看似荒唐，实属为最低限度降低企业风险的无奈之举。

当时大量银行资金被大公司和大财团所用，中小企业很难贷款，郭台铭一直记得银行第一次给他的支票只有10张，用完再发，颇受约束。或许正因为这种特殊融资环境的磨砺，才使得许多被政府遗忘的中小企业塑造出顽强的生命力。有一次，新加坡劳工部长问郭台铭，台湾中小企业是否因为享受特殊政策才能在世界舞台轻舞长袖？郭台铭不无幽默地回答：“新加坡把中小企业照顾得太好了，所以企业经不起大风大浪；而台湾当局什么都没有做，却让台湾的中小企业有了蟑螂一样的生存能力！”

自创业以来，郭台铭一直如蟑螂般自强不息，即便耗巨资采购昂贵的机器设备，也从未向银行贷款。如人饮水，冷暖自知。那时他连厂房都是租来的，根本没幻想踏进银行门槛。直到1981年台湾交通银行成立中小企业服务处，扶助中小企业成长，郭台铭忐忑不安地找负责人杨襄理申请贷款，出乎意料的是对方不仅对他的困境深表同情，还亲自前往工厂考察。当他看到鸿海精密的进口设备和高水平模具后，很快就把贷款办下来了。郭台铭这才长松了一口气。

5年之后，他又在紧要关头得到台湾交通银行的鼎力相助。1986年，郭台铭接到大量订单，可生产能力明显不足，亟待扩地建厂，手头资金不足，他只得再次求助于银行。当他提交申请后，经办员要求进一步提供详细的资料，可事关重大，郭台铭要求亲自与时任业务经理张天林面谈，他后来回忆说：“由于事关整个公司的前途，贷款能否过关全看这次表现，假如我自己没有充分把握，也不敢前去贵行申请贷款，所以我是抱着必胜之心面见张经理。”张天林后来做到台湾交通银行副总经理，为人严谨务实，对郭台铭提出的意见也十分尖锐，面谈过后，他还亲自到郭台铭的工厂考察，临走前撂下一句话：“下星期才会有回复。”可是四五天之后贷款就获得通过，郭台铭喜出望外。

这笔投资总额超过亿元人民币，正因为有台湾交通银行的贷款支持，郭台铭的工厂才由6600平方米扩建为13200平方米。所谓“滴水之恩，涌泉相报”，1988年之前为鸿海精密提供贷款的有台湾交通银行与彰化银行等本土银行，因此郭台铭到大陆投资创办富士康之后，只允许台湾交通银行为自己服务。后来，台湾金融界以到大陆投资为由抽掉鸿海精密银根，郭台铭只得请外资银行救急，结果荷兰银行台北分行以“信用状担保”借给郭台铭576万台币，无需担保品，从而成为给鸿海精密提供贷款的首家外资银行。2004年3月，鸿海精密旗下的群创光电获得220亿台币联合贷款，由台湾交通银行主办，共十七家银行参与协助。这是鸿海集团成立30年来在台湾借款金额最高的一笔贷款。

纵横商海30多年来，郭台铭一马平川，未尝败绩。创业初期，他也曾因脆弱的资金链条和落后的代工方式在市场行情稍有风吹草动时如临大敌，一筹莫展，终因扼腕断臂深耕模具制造，才得以成功转型至电脑连接器领域，后来鸿海精密欲大举扩张却因融资瓶颈受阻，好在得到台湾交通银行慷慨支持，才度过难关。这种辛酸坎坷的融资之路，终于在1991年暂告结束。那一年，鸿海股票在台湾上市，郭台铭找到了“输血”的新方式。

在此不得不赘述的是，郭台铭1986年能提前两三天从张天林那里获得贷款，还有一个重要原因，一年之前，鸿海精密有了属于自己的品牌——FOXCONN。

↘十年磨剑，富士康横空出世

中国企业积郁多年的品牌冲动终于在1994年汹涌爆发。

这一年，锐气十足的央视广告部主任谭希松女士首次在全国范围内拍卖央视黄金时段广告位，投标金额最高的企业将获得“标王”桂冠。从1994年到1996年，标王之争愈演愈烈，中标金额水涨船高，由最初孔府宴酒的3079万元飙升到秦池酒厂的3.212118亿元，三年间激增十倍。大佬们似乎认定：罗马可以一日建成，梦想可以瞬间照进现实，只要胆子大、票子多，一夜成名不费吹灰之力。然而，靠重金砸出来的品牌还未等到姹紫嫣红，就已在风雨飘摇中香消玉殒，当年一掷千金的豪杰早已销声匿迹。

郭台铭的品牌之路比头破血流争夺标王的“勇士”们早将近十年，可方式却大相径庭。他似乎与热闹场面格格不入，闪亮的镁光灯下也难觅其踪影，只是低调务实，静水流深。1985年，也就是从他独自经营鸿海精密工业算起的第二个十年，“富士康”出世了。

经过创业头十年的摸爬滚打，也熬过转型期的数年寒冬，郭台铭的企业规模不断扩大，产品质量和管理水平大幅提升，一个硕大的问号也随之在他脑海中挥之不去：既然台湾大厂也是给海外客户代工，为什么自己不直接与外商联系却为代工厂打工？

事实上，早在1979年郭台铭就萌生过跳过台湾代理商直接与海外客户做生意的想法，当时美国最大的游戏机公司亚泰瑞是鸿海精密的第一个海外客户，为了说服对方，他请时任亚泰瑞公司采购员方国健到板桥厂二楼参观，还故作神秘地说：“我有‘秘密武器’，能把产品成本一举大幅下降到‘吓死人’的地步。”方国健果然看到郭台铭所谓的“秘密武器”：一台圆形机器，它将螺旋轨道上的顶针调整为同一方向，利用震动让顶针依次落入塑料连接器的针槽。这台自动化设备既能节省人工插针的费用，又能保障连接器的质量，在当时算得上尖端设备。方国健跟台湾制造业打过多年交道，可谓见多识广，却依然对鸿海精密有如此设备惊诧不已。

6年之后，眼见创建自主品牌与外商合作的条件已经成熟，郭台铭豪情满怀地打出“FOXCONN”这张颇具国际化气质的王牌，直接杀入海外市场。然而，在英文字典中并无“FOXCONN”这一古怪词汇，它是郭台铭为富士康量身打造的自创单词：“FOX”代表模具，“CONN”意味着连接器，“FOXCONN”简明形象的将富士康的行业特征和模具、连接器这两大利器彰显无遗。郭台铭1988年投资大陆之后，不再沿用在台湾时“鸿海精密”的传统称谓，而是直接命名为“富士康科技集团”，以致如今很多人只知郭台铭是富士康的老板，却不知鸿海集团为何物。20多年过去了，“富士康”早已享誉全球，可围绕“FOXCONN”这个单词含义的解读却不断深化。

大多数人认为，“FOX”的英文意思是狐狸，它象征富士康像狐狸一样智慧而敏捷，台湾经济高层人士何美的观点很有代表性：“鸿海做的许多产品，别人都不知道，而且布局很深、策略灵活，像狐狸一样。”郭台铭听闻后点头默许。不过，鸿海集团英文介绍说明书上画了一只西伯利亚虎，因此有人将郭台铭誉为“虎与狐的化身”，称赞他是将力量和智慧有机融合的典范。2004年，郭台铭写了一副只有八个字的春联与新进员工共勉：“富士则康，聚才乃壮。”这是他从人才的角度对富士康三个字的深刻解读。

1985年，郭台铭为鸿海集团未来的竞争策略举行了一次为期两天的中高层闭门会议，被称为“五年计划”。相关专家指出，由于郭台铭重视科技投入和专利保护，因而精密模具在同行中具有领先地位，以精密模具的开发技术与专利为平台、借助连接器为跳板，鸿海集团将顺利进入照相机、家电、机械工具等市场，甚至连化妆品所需的精密零件也能生产。然而PC才是20世纪90年代最具成长潜质的高科技产品，因此集团上下达成共识：专注于个人电脑连接器，主攻世界级电脑客户，5年内成为世界第一大电脑连接器制造供应商。

时任惠普和台塑合资企业惠台公司总经理程天纵是那次闭门会议的参与者之一，他后来回忆说：“根据我两天的观察，这样的结论与郭台铭对产业的了解和对市场趋势的掌握有着密不可分的关系。从今天鸿海的发展来看，当时的决定极为关键。从个人电脑连接器切入电脑机壳，创造出独一无二的CMM零组件模组动态模式，接着进一步跨入通信网络及游戏机。当初的第一步如果走错，不知是否还会有今天的鸿海帝国？”

为了打开海外市场，郭台铭在富士康品牌创立的当年就迫不及待地亲自前往美国做销售，争取美国电信客户的订单，这也是他的首次美国之行。据他后来回忆，到美国后客户并没有立即和他谈生意，他只得先到公路旁的小旅馆住下，静候消息，为了节约花费，身高180cm的郭台铭每天只吃一顿饭，只有两个汉堡而已。五天之后，客户终于答应面谈，但只给他五分钟时间，并苛刻地说：“这是一张产品的蓝图，你先报价吧。”

在人生地不熟的异域做生意难免要走弯路，郭台铭索性聘请一位美国人任行销经理，他说：“他不但可以帮我跑业务，还可以顺便给我当司机，又可以陪我练习英文。”那段日子里，郭台铭每天和助手开车到各大城市奔波，晚上11点之后才找一家16美元的汽车旅馆休息，第二天早上重新出发。这段经历郭台铭终生难忘，他对那段“一天只吃两个汉堡”的日子感慨道：“饿的人，脑筋特别清楚。”

“劳其筋骨，饿其体肤”之后，郭台铭初具担天之大任的气象。1985年，鸿海集团以 5.6 亿台币的销售额正式进入台湾《天下》杂志制造业 1000 大排名。尽管首次挤入千强的行列，可凌云壮志的郭台铭早已将视野放在台湾之外更广袤的天地，当部下兴致勃勃地打算将喜讯报告给老板时，郭台铭却在谋划未来二十年的发展计划。在他面前，一张崭新的世界地图已悄然铺开。

第三章

进军大陆

↘深圳1988

1988年，昔日的“世界之窗”深圳在“摸着石头过河”十年之后，尽管不再受姓“社”姓“资”的质疑，可改革开放头几年的先发优势已风光不再。“广东四小虎”东莞、顺德、中山、南海强势崛起，海南经济特区横空出世，“深圳热”骤然降温。就在众多内地企业家对深圳冷眼旁观之际，郭台铭却依然选定此处为鸿海腾飞的跳板。

这年1月26日，康佳、华宝、华强等117家企业组成的深圳电子集团公司更名为深圳市赛格集团公司。3月底，赛格电子市场在华强北建成开业，这是全国首家综合性专业电子配套市场，深圳在全国IT界的地位从此确立。一年前的11月2日，台湾当局开始允许部分居民回大陆探亲，香港与深圳交界的罗湖桥从此不断上演久别重逢的感人场景。11月26日，深圳市政府以525万元卖出一块面积为8588平方米，使用权为50年的土地。这是新中国成立以来首次将土地作为商品进行交易。透过这些看似并无太大联系的产经旧闻组合的拼图，就大致能理解郭台铭当初义无反顾将富士康落户深圳的原因。

1988年10月，在深圳西乡崩山脚下，一家名为深圳海洋精密电脑接插件厂的台资企业建成，150名新员工主要来自广东澄海、潮州、丰顺等地。这是郭台铭在大陆兴建的第一家工厂，富士康从此起步。

像14年前在台湾创业时的策略一样，海洋厂一栋五层的厂房也是租来的。一楼是仓库和外厅，二楼空着备用，三楼为办公场所，四楼是生产车间，五楼为员工宿舍。在五楼后勤设施并不齐备的宿舍里，100多名女员工睡一间大通铺，几十名男员工睡隔壁的大通铺，南方的夏天格外炎热，室内还未装空调，靠电风扇降温根本不管用，因此不少工人直接将凉席铺在地板上睡觉。一年后新宿舍落成，许多人迟迟不肯搬出，还留恋其乐融融的“大通铺睡地板”的时光。

员工宿舍与生产车间之所以只隔一层楼，或许是出于对突然来电的考虑。那时深圳大大小小的工厂一夜间如雨后春笋般突然冒出来，基础设施和水电供应跟不上，经常突然停电，相关部门既不提前通知以便工厂统筹安排，也不告诉重新来电的确切时间。老板们没办法，只是让工人在停电时找地方休息，来电了立即开线生产。即便是半夜 12 点来电，熟睡正酣的夜半员工也得迅速爬起来，边打哈欠边飞奔到楼下的生产线投入劳作。

比停电更痛苦的遭遇是停水。吃完饭碰到突然停水，就拿纸巾擦一下饭盒。下班后若遇上停水，员工就拎着脸盆、水桶到一公里外的村子里找水，熟练自然地蹲在村民家的水井旁刷牙、洗脸、洗衣服，并不觉得尴尬，洗漱完毕还得提满桶水带回工厂备用。最麻烦的是夏天停水后公司无法洗澡，还好附近留有建筑施工队走后未拆除的工棚，工人们就将打上来的井水端到“冲凉房”，酣畅淋漓地从头淋到脚。但是由木板钉成的工棚留有很大缝隙，从外面都能一览无余，因此不得不安排专人站岗。就算没有停水，员工们的日子也依然艰苦，由于水质很差，煮熟的米饭都是红色的，苦中作乐的员工笑称其为“红米饭”。

生活中的困难可以克服，可心理上的问题就得好好疏导。鸿海厂也有从台湾过来的一线员工，这些女孩年纪都不大，面对人地两疏的学习、生活环境，尤其是在工作上受到委屈时，想家时，就面南而泣。由于交通和通信受管制，她们只是偶尔用香港的无线电话给家人送几句简单的问候，报个平安，大多数时候，内心的孤寂和困苦需要台干抚慰，鼓励。

一线员工含辛茹苦，郭台铭也并不轻松。在进军大陆之前，郭台铭在台湾企业界籍籍无名；在深圳创业初期，也没几个人听说。据说有一次他坐船从深圳福永码头上岸，前来迎接的司机见窗外大雨瓢泼，就打算把车往码头门前开。不料站前工作人员并不买帐，大声呵斥制止，情急之下还与司机发生冲突，态度蛮横地动起拳脚。郭台铭见状下车亮明身份后劝阻，对方仍不予理睬，还踢了他一脚，他去找领导反映情况，却被骂了出来。郭台铭忍无可忍，盛怒之下直接写信到中央反映情况，此事直到当事人被处理后才算平息。

老板的处境都如此低微，销售人员就更不用说。初创时富士康的内地订单几乎空白，业务员只好蹲守在宾馆的传真机旁，隔三差五地找前台询问是否有传真过来，趁对方不注意时赶紧翻阅发给别人的传真，迅速将单位名称、联系人、房间号、电话等有效的客户信息记下，然后上门推销。

这就是富士康早期市场营销最真实的写照。

尽管环境恶劣，条件艰苦，困难重重，可郭台铭站在员工面前训话时依然豪气不改，他意气风发地说："我们要做全球最大的企业！"台下的女孩子望着这位180cm的大个子总裁，忍不住抿嘴笑了："这个人真能吹牛。"没有人相信凭着租来的厂房和百来个人就能干出惊天动地的大事来。日后的变化让这些女孩子笑不起来了，虽然生活苦、工作累，但是富士康的管理一点都不因此而宽松，规矩多，纪律严，要求高，不少人因无法忍受而悄然离开。

作家王安在著作《股爷，您上座》中断言道："第一个吃螃蟹的人，要么死去，要么免费。"作为第一批到大陆投资的台湾企业家，郭台铭将成为"死去"的"先烈"还是"享受免费"的"先进"，此时还无法预知，直到两年之后。

1990年，郭台铭在深圳建厂的两年后，鸿海年营业额已由1986年的1.3亿元增长到4.4亿元人民币，五年成三倍增长。鸿海也在一年后在台湾成功上市，成为台湾第一、亚洲第六的电脑连接器公司。

↘艰难上市

当海外资本"收割"中国企业的盛宴时，"把企业当儿子养当猪卖"就成为许多企业家的无奈选择。事实上，没有人愿意看到本土企业以这种令人沮丧的方式走向世界，在国际资本的操控中膨胀为跨国企业。许多企业家嘴上鄙视玩资本运作是不踏实的邪门歪道，内心却对沃伦·巴菲特、乔治·索罗斯、李嘉诚等人"滚雪球"的财富增长手段敬佩不已。深受融资难等问题困扰三十余年的民营企业家逐渐觉醒：中国企业只有闯进资本市场才能走得更远！

由于受美国、日本市场观念影响较深，台湾市场的资本意识比内地要早，1962年2月9日，台湾证券交易所正式营业，而上海证券交易所直到1990年12月19日才正式营业，深圳证券交易所还要晚一年，于1991年7

月 3 日正式营业。因此，鸿海股票于 1991 年在台湾上市并不算早，即使在 IT 同行内也有人比郭台铭更早登陆资本市场，IT 巨头施振荣的宏碁集团与郑崇华的台达电子早在 1988 年就已在台湾上市。

在上市之前的五年间，鸿海的营业额已经由 1986 年的 5.2 亿台币增加到 1990 年的 17.7 亿台币，增长率高达 340%。到 1991 年，鸿海的营业额飙升到 23 亿台币，增幅也达到 130%，公司连续几年获出口大奖。因此在当年鸿海的公开说明书中这样写道："估计未来五年内，由于整个信息及通信产业将在 20 世纪 90 年代持续稳定成长，所以本公司的市场年平均成长率将订为 15% 到 20% 之间，而本公司由于产品质量和信赖性特优，业务持续成长，当可预期。"即便如此保守，股民们依然将信将疑，没有人能料到十多年后鸿海的年增长率会持续维持在 50% 以上。

尽管增长势头强劲，可鸿海的上市过程并不顺利，麻烦不断。

首先是官司纠纷。Molex（莫仕连接）与 AMP（安普科技）是当时全球最大的两家连接器公司，本来两虎相争市场就很惨烈，孰料从台湾奔出一匹黑马，二虎自然结成同盟阻击。连接器行业所涉及的工学设计、传输电路设计等专利多如牛毛，鸿海还是初生牛犊，尽管有研发雄心，专利意识却并不强，对是否侵犯他人专利根本不清楚。1991 年，AMP 与鸿海的官司打得不可开交，对于初出茅庐的后者而言，产品种类本就不丰富，任何一笔侵权赔款或输一宗官司都有可能让企业陷入绝境，甚至倾家荡产。据说官司延续很久，连春节都未停歇，郭台铭只好一边组建法务部门和专利部门，一边在美国加利福尼亚州建立研发基地，加强连接器的研发能力。

紧随其后的是"黑函攻击"（类似于匿名举报，检举揭发）。郭台铭表示鸿海将公开上市时，收到不少匿名信，投诉鸿海的海外投资公司有大量问题隐瞒，彼时郭台铭为了投资高科技产业在美国创办公司，被匿名人士攻击为"假华侨，真避税"。为了避嫌，郭台铭只好将海外股权悉数买回，可仍有部分股权在美国人手中，以致上市日期延误一个月。

据现任台湾金融监督管理委员会委员黄显华回忆，在鸿海上市的最后审查阶段，投票结果是以七票对六票涉险过关，不少人都为郭台铭捏了一把汗。施振荣在鸿海的上市说明书中就曾为郭台铭拉票说："几乎台湾主要的个人计算机厂商都采用其产品，鸿海公司在过去数年的发展，对台湾计算机工业的成长环境，以及包括宏碁本身的成长过程，都有不可忽视的贡献。我们需要这种工业在台湾生根茁壮。”

1991 年 6 月 18 日，鸿海以每股 42 元（约合 11 元人民币）的价格挂牌上市，股票代码 2317。股票上市后，郭台铭可以拿上市公司的名头争取更多订单、有更多的钱买机器建厂房招揽人才，并且成功化解当时海湾战争石油禁运带来的不利影响，其他优势并未显现。直到 1996 年，鸿海的营业额已经达到 136 亿台币，五年成长六倍，正式超越早三年上市的台达电子的 122 亿台币，要知道 1991 年台达电子的营业额是 43 亿台币，而鸿海只有 23 亿台币，只占将近一半。

到后来郭台铭在大陆市场马不停蹄地跑马圈地到处建厂时，台湾同行在惊诧于他财大气粗的大气魄时，才真正读懂上市的含义。黄显华调笑说，有一次在台北电脑展上碰到一位元老级 IT 同行，对方还向他抱怨说：“要是当初鸿海没有上市成功就好了，因为鸿海很可能会倒掉，要是没有鸿海，大家的生意就会很好做了。”

在台湾上市 13 年之后，鸿海又在台湾产业界扔下一枚重磅炸弹：2005 年 2 月 3 日，富士康国际控股有限公司（FIH）在香港主板挂牌上市，每股定价 3.88 港元，共发行 8.694 亿新股，其中 10% 为公开发售，其余 90% 为国际配售，首次募集资金约为 32.7 亿港元，由瑞银和高盛保荐。开盘当时表现不俗，在恒生指数小幅下挫的背景下，FIH 仍然受到投资者青睐，首日收盘价 3.775 港元，比开盘价 3.40 港元上升 11.03%。

分析人士认为，鸿海在香港上市有三大目的：方便未来进行跨国并购；用股票吸引更多手机研发人才；活化全球募资的多元化来源。郭台铭在打造完整的制造平台、技术平台之后，开始进一步拓宽资金平台，其全球电子代工大厂的地位将更稳固。

从后来的发展来看，以上预测基本符合事实。1991 年鸿海在台湾上市之后，郭台铭通过建厂的方式在大陆扩张地盘；2005 年富士康国际在香港上市之后，他通过并购外资厂商的方式杀入手机、数码产品领域，真正实现整合全球资源、成为跨国企业的夙愿。到 2005 年年底，FIH 在短短十个月内上涨到 11.6 港元，增幅超过 200%，成为当年香港上市新股中涨幅最大的个股。

不过，郭台铭于 1991 年推动鸿海在台湾上市时，或许并未意识到，在第二年的一二月，在南方深圳，中国改革开放第二个鼓舞人心的春天正在悄然而至，干大事的时代到来了。

↘看得见的土地我都要了

1992 年 1 月 18 日至 2 月 23 日，87 岁高龄的邓小平南巡武昌、深圳、珠海、上海等地，并沿途发表系列讲话，通称"南巡讲话"。3 月 26 日，《深圳特区报》刊发由陈锡添所写的一篇题为《东风吹来满眼春——邓小平同志在深圳纪实》的 1.1 万字的长篇通讯，第二天，全国各大媒体纷纷在头版头条转载，耐人寻味的是，以往这类重大报道均由《人民日报》或新华社首发。人们揣测，邓小平在南方究竟说了些什么。

后来，"南巡讲话"被整理成文："判断各方面工作的是非标准，应该主要看是否有利于发展社会主义社会的生产力，是否有利于增强社会主义国家的综合国力，是否有利于提高人民的生活水平。""改革开放胆子要大一些，抓住机会，发展自己，关键是发展经济。发展才是硬道理。""加快改革开放的步伐，大胆地试，大胆地闯。"这些重要讲话彻底终结改革开放过程中"姓资姓社"等意识形态的争论，老人似乎没有耐心继续在理论上纠缠，他始终认为，"不管白猫黑猫，会捉老鼠就是好猫。"

邓小平的重要讲话无异于一剂强心针，迅速在全国形成强烈的号召力，极大地鼓舞了地方政府和企业的豪情与胆识。这是改革开放的又一个春天，自此，"天地间荡起滚滚春潮，征途上扬起浩浩风帆。"改革开放的步子不断加快，台商到大陆的投资政策进一步放宽，台北土城不少自行车厂商和富士康的上下游企业都到深圳龙华买地建厂。

龙华紧靠深圳市区。不过早在 1993 年，这里还是一片荒坡野地，疯长的茅草有一人多高，除了后来据说由郭台铭首创的"龙华，寓意龙在中华"

的好彩头，没人觉得这片荒地有商机可言。然而当郭台铭跑到龙华镇伍屋村的一个山头上，环顾四周后，突然大手一挥，豪气冲天地对陪同考察的官员说："看得见的地我全要了！"全场皆惊。

红线画完就赶紧设计，然后是大规模基建，边盖厂房边出货。1996 年 6 月 6 日，富士康深圳龙华工业园正式建成投入使用。在此后的十几年间，富士康一方面将西乡崩山脚下的海洋厂、鸿准黄田厂、宝田厂、龙华英泰厂等工厂向龙华工业园内搬迁，一方面不断买地、建厂，至今都是如此。

现任鸿超准 WLBG 模塑 MPE 加工部经理熊焰见证了龙华工业园的成长，他 1997 年第一次来到龙华工业园时，A 区只有 A 1、A 2 两栋厂房，B 区 B 1、B 2 两栋厂房尚在建设。1998 年他所在的工厂迁到龙华工业园时，B 区 B 1、B 2 两栋厂房已经建成，SHZBG 餐厅也建成完工，但并无其他建筑，放眼望去，除了戴安全帽的建筑工人，视野所及之处还是当年郭台铭眼前的荒坡野地，茅草丛生，当年年终的摸奖晚会在 B 2 栋厂房旁边的空地进行，因为当时还没有体育场。到了 1999 年，上一年摸奖的空地陆续被拔地而起的一栋栋厂房所覆盖。随着时间的推移和厂区的变化，熊焰宿舍和上班的地方之间的距离也在不断变化，起初住在 B 区，走路上班只需 10 分钟；后来搬到 E 7，步行起码半个小时；随后又搬到 G 17，需要花费 1 个小时；再后来工业园已经变成"城中城"，陆续开通巴士，再也不用走路上班。

就这样，富士康在龙华这片曾经的荒地上"三天一小变，五天一大变"。周边居民只知道富士康的地盘在不断扩大，伸长脖子也看不到围墙之内在干什么；作业员只知道往电路板上插零件，最后组装成什么是主管的事；货车司机只知道夜以继日的将电脑机壳运往指定码头，为谁代工的他们并不清楚。台湾 IT 界有人坐不住了："郭台铭的工业园每天都在盖厂房，什么产品这么紧俏？"

有参观者从工业园出来后一脸神秘地说："一层楼生产连接器，一层楼生产主机板，一层楼生产机壳，一层楼组装，一台台电脑从流水线上下来，直接装到停在楼外码头的大货柜车上运走，连仓库都没有。在一栋楼上，复杂的电脑产品就能生产出来并运走。"

有位产业界人士考察完工业园后瞪着大眼睛不可思议地说："只要在厂房头的一端投入原料，比如说最先投入的是成卷的'冷轧钢板'，在厂房尾的那一端，产出的就是装箱的产品，直接装上货柜车后，就可以运往香港或是盐田深水港，送往戴尔全球的组装中心。"他边说边比画，简直不敢相信。

对富士康长期研究的方国健在著作《海阔天空》中写道："这是一个压缩到极点的供应链，称得上是一种革命性做法。在龙华这个'一条龙'的工厂里，流程涵盖了钢板裁切、冲压、成型、烤漆、点焊、组装等，再加上厂外来料，比如电源供应器、软盘机、线材、扩充卡、面板等。"表述更专业，真相更明晰。

某台湾上市 IT 企业董事长不无抱怨地说："现在到鸿海的龙华厂去看看吧！一楼做连接器、二楼做 PCB 板、三楼做组装，三种订单原本需要三个业务员，鸿海他们家只要一个就够了，而且整部计算机都被他们做完了，别家公司能不倒闭吗？"

将各方说辞拼凑、整理起来，不难看出这座现代化高科技工业园对业界形成的巨大冲击。正如竞争对手所说的那样，鸿海把生产效率放在了"对的地方"及"对的时间"，"打造了全球代工产业中最低的成本架构"。如今，富士康龙华工业园已成为国内最大的精密模具、电脑、游戏机、液晶显示器、主机版、网络配件、服务器、光通讯组件等 IT 产品的综合生产基地，也是全球最大的电脑准系统制造和系统组装生产基地。

通过对龙华工业园的成功实践，郭台铭对整个大陆市场都充满信心，他底气十足地说："大陆，未来将是我们制造技术的实验战场，在那里，我们要挑战制造、销售的最高境界。"

话音未落，一场遍及全中国的"圈地运动"已然拉开序幕。

↘大陆扩张路线图

1993 年，郭台铭在深圳龙华伍屋村山头上喊出"看得见的土地我全要了"。这句话之后不久，他又跑到江苏昆山的某个荒坡野岭再重复了一遍。

于是，昆山信息科技工业园动工了。

1993年1月，富士康在昆山城北投资创办富士康接插件（昆山）有限公司，主要生产电子接插件及线缆组件，投资总额过亿元，1995年正式建成投产；1995年，富士康在昆山创办鸿准精密模具（昆山）有限公司、富弘精密组件（昆山）有限公司、富士康电子工业发展（昆山）有限公司等6家企业，主要开发设计和生产精密模具及模具标准件产品，总投资达2.8亿美元；1998年，富士康为扩大产能，又相继设立富钰精密组件（昆山）有限公司、康准电子科技（昆山）有限公司等4家企业，投资1.35亿美元；2004年，富士康在高新区投资设立富翔精密工业（昆山）有限公司，主要生产经营液晶电视、通讯设备零部件组件、汽车电子等及相关设备，总投资达1.5亿美元；2008年，富士康在新厂区设立富鹏精密工业（昆山）有限公司，主要生产笔记本电脑外壳，投资9000万美元。

到2008年年底，富士康在昆山共创办13家企业，总投资达13亿美元，在祖国大陆的投资规模仅次于深圳。而在昆山占地1400亩的厂房、宿舍规模，其风头也直逼富士康在大陆的大本营——深圳龙华工业园。

郭台铭对故乡山西晋城的赤子之心业界共知，捐资助学、修桥铺路的善举在当地有口皆碑。早在1994年，他就在晋城创办模具人才培训中心，并在此基础上于1999年2月4成立富晋精密工业（晋城）有限公司，主要从事光学镜头模块、精密模具及光通讯产品之生产制造，投资总额2.6亿美元。2005年5月，他又投资5亿美元兴建富士康晋城科技工业园，总规划面积1058亩。2009年清明节期间，郭台铭回故乡祭祖，并当场向陪同的当地官员拍板：三年内科技工业园生产规模将实现连番跃升，2010年预计实现产值50亿元，到2011年底实现产值百亿的目标。

山西省会太原见状也打起亲情牌，下足工夫勾起郭台铭的桑梓情怀。2003年10月17日，富士康太原科技工业园奠基，项目总投资约15亿美元，共占地1.77平方公里，分三期建设，一期为铝美合金及热传；二期为精密工业，铝美合金深加工；三期为汽车零组件。回报家乡只是郭台铭投资太原的初衷，真正打动他的还是山西的资源优势，相关统计显示，山西镁产量占全国75%以上，可是90%以上的相关企业都用最原始的工艺简单加工后就出口到国外。

2006年，时任商务部长的薄熙来到太原考察富士康，郭台铭对他建议说：“（这样下去）就会像山西的煤炭产业一样，把污染留下来，把廉价的资源送出去。而且低端原材料在欧盟的反倾销税特别高，很低的价格卖给别人我们不合适，不如发展镁及镁合金深加工，增加附加值。”他希望将太原建成一个全球最大的镁铝合金机构和研发生产基地，媒体更是以“郭台铭100亿山西建全球镁铝第一王国”为题大力报道。2007年，太原富士康营业额达到54亿元人民币，2008年员工已超过5万人。

富了父亲的故乡，不能忘了母亲的故乡。郭台铭的母亲初永真是山东烟台人，据说原信息产业部副部长曲桂枝是烟台人，有一次烟台市市长去请教她投资的事，她就随口说了一句：“郭台铭的母亲是烟台人。”市长对此很上心，特地在烟台找到初永真的老房子，办好房产证送到深圳交到郭台铭手上，郭看后万分感动，当即以母亲的名义为当地捐款100万人民币，随后又商谈到烟台投资的事。2004年8月10日，富士康在烟台投资的鸿富泰科技园区第一期工程动工，园区占地3.3平方公里，总投资高达4亿美元。2009年5月，富士康在烟台投资24.15亿元上马手机和游戏机项目，已完成投资16.2亿元。目前，富士康烟台科技园已成为山东半岛最大的3C科技产业基地，员工数万名。

除昆山、晋城、太原、烟台之外，富士康在大陆投资的城市还包括：北京科技工业园区。2000年开始在北京亦庄投资富士康精密组件（北京）有限公司，2002年投入运营，主要生产手机零部件、系统手机模具等产品。后来又投资建设了三期厂房，富士康三期项目投资9000万美元。据有关人士介绍，园区内员工最多时达到2万余人。北京富士康是全球的无线通讯事业总部，有效整合集团华南、华东地区的零组件制造能力，向客户提供从关键零组件到系统组装的全方位制造与客户服务。

杭州钱塘科技工业园。2003年3月底，富士康钱塘科技工业园暨宏讯电子工业（杭州）有限公司奠基，投资数亿美元，占地800亩左右。这里将逐步形成融研发、设计与生产为一体的无线通讯产业基地，主要生产小灵通手机。

廊坊科技工业园。2006 年 11 月，富士康在廊坊龙河高新区投资建立河北廊坊科技工业园，投资总额 37 亿美元，占地总面积 6000 亩，分三期建设，主要生产诺基亚、摩托罗拉、三星、LG 等手机零组件和准系统。2007 年完成了在廊坊龙河高新区的一期项目的投资。

如果将富士康在大陆的投资路径详细描述，专门为此写作一部著作都未必能完全表达。

郭台铭在大陆的投资路线图大致可分为以下四个阶段：1988 年前后，以深圳为核心，在东莞、佛山、惠州等珠三角城市打造 6C 产品及其配件的研发、加工制造基地；1992 年前后，以昆山为核心，在上海、杭州、淮安、常熟等长三角城市打造 PC 及其元件的生产制造基地；2000 年前后，以烟台为核心，在廊坊、大连、秦皇岛、营口等沿海城市打造以手机等移动通讯设备、新能源产业等研发制造基地；2005 年前后，以太原、武汉为核心，在晋城、重庆、成都等中西部地区打造满足未来内需市场的数码相机、手机等产品的生产基地。截止到 2010 年 7 月，富士康已在大陆设立 80 家子公司。细心研究郭台铭在大陆的投资策略，基本上是从珠三角到长三角，从沿海到内陆，从东部到中西部，每一个节点都与改革开放三十年来中国整体经济的发展路径相吻合。

郭台铭常说："心胸有多大，舞台就有多大。"在他的商业字典里，"鸿海"二字的意思为"鸿飞千里，海纳百川。"透过这些富含野心与欲望的解读，郭台铭的事业版图已隐约可见，但是，没有人知道富士康的商业边界在哪里？

↘全球布局

除了为全球所有 IT 顶级品牌做代工以外，富士康"全球代工帝国"的头衔还有另一层含义：在全球各地设厂做代工。对于所有本土企业而言，要想在全球竞争中胜出，就必须跨出国门，走向世界。

"印度崛起"是近年来大多数国际观察人士一致的呼声，在过去的 20

年里，印度平均增长率仅为5.4%，自2003年以来却激增到8.6%，抛开其他层面不说，印度在IT领域的突飞猛进对世界IT巨头的吸引力不断放大，诺基亚与摩托罗拉两大手机厂商都于2006年相继在印度设厂，并将其视为仅次于中国的全球第二大手机市场，正是在此背景下，富士康也随厂商追到印度。

2006年3月11日，诺基亚在印度的第一家手机工厂在南部城市清奈（泰米尔纳德邦首府所在地，为印度第四大城市）建成投产，主要生产手机和网络设备，投资总额达到1.5亿美元。3个月后，富士康国际控股有限公司（FIH）印度厂承租两层总面积约1万平方米的厂房，建成一条成型生产线、10条组装生产线，快速通过客户稽核后，立即投产开工。

承租厂房并非郭台铭的长久打算，据当地投资发展局局长透露，政府此前提供两处工业区土地供富士康选择，一块面积较大，但离诺基亚较远；另一块面积较小，但与诺基亚比邻而居。郭台铭选择了后者，面积约100英亩（约五十公顷），投资额为1.1亿美元。这已经不是富士康第一次紧追诺基亚的脚步，早在2003年6月，富士康就宣布投资约4000万美元在匈牙利建厂，原因是诺基亚于2000年在此对投产的工厂表示将增加30%产能，富士康在第一时间作出反应。

事实上，富士康的眼光远不止盯住诺基亚一家。为了争夺印度手机市场，三星、索尼爱立信、阿尔卡特等企业相继都纷纷将印度列为重点投资对象，此处已成为兵家必争之地。2007年1月31日，跃升为全球第四大手机品牌的索尼爱立信就将印度本土市场的生产订单抛给富士康，这种喜讯还将频传。

当然，郭台铭看重的不只是印度的手机市场，印度的IC设计工业与软件业实力也全球领先，早已被跨国企业看中，富士康也希望在此方面有所斩获；另外，IT制造业也是不容忽视的一部分。如今的印度市场就像上20世纪八九十年代的中国市场一样，没有人会料想到日后会爆发到怎样的地步，尽管当地的商业土壤还需大力培育，但富士康抢占先机应不失为高明举措。

不过，郭台铭早在新千年之前就步入欧洲。1999年，富士康在位于距离首都布拉格约 100 公里的巴尔杜比市（Pardubice）购买捷克知名制造军用雷达公司 Tesla 的旧厂，改建初期用于电脑组装，逐渐涉及液晶显示器、计算机零组件和网通设备的生产制造。到 2004 年已成为捷克第二大出口企业，成为全球最大的 PC 系统组装厂，年产值达到 18 亿美元，到 2005 年富士康在捷克的总投资超过 8000 万美元。2007 年 4 月，富士康在距离布拉格 70 公里左右的康特纳赫拉市投资 1.74 亿美元兴建在捷克的第二家工厂，全部投产后将雇用 5000 人，主要生产液晶显示器及其他组件。

2008 年 2 月 22 日，富士康俄罗斯分公司与科尔皮诺物流园区签署协议，将在圣彼得堡城郊的科尔皮诺市和舒沙雷镇近处的物流园区内投资建厂，工厂占地面积 3.2 万平方米，富士康用于购买地皮和建厂的总投入约 5000 万美元。据富士康方面表示："惠普公司的产品是工厂的主打品牌，做出这一决定是因为惠普将拥有公司股份。不过今后还会出现其他发包方。"可见初衷还是为惠普组装电脑。工厂计划在 2009 年第一季度开工生产，第一阶段每月生产 2 万台惠普笔记本电脑，此后会逐步提高到 10 万台。

除以上各地，富士康的足迹遍布全球：在美洲的美国休斯顿、洛杉矶以及墨西哥、巴西等地建有 20 多个研发、生产、物流供应及维修服务网点；在亚洲除中国之外的市场设有四个工业园、一个科技园等七处生产基地，规模庞大；在欧洲的苏格兰、芬兰、匈牙利、捷克、俄罗斯等地建有组装厂和制造中心。从郭台铭的全球布局顺序上，也能够大致看出全球经济的发展走向：从全球霸主美国到欧洲工业国家，再到金砖四国等后起之秀，这种踩准全球经济发展节点的思路，与郭台铭布局大陆市场的路径一脉相承。

除全球经济发展趋势的时代大背景之外，富士康的全球布局还符合两地研发、三区设计制造、全球组装交货这三大内部战略因素。

两地研发：以大中华区与美国为两大支点，配合集团产品发展策略和全球重要策略客户发展组建研发实验室，建立全球 24 小时远程互动设计能力。例如，在远程网络技术的支持下，美国的设计师下班后可以将内容转交给大洋对岸的台湾或大陆同事，时差刚好 12 小时，自己下班对岸的同事刚好上班。就这样以接力的方式 24 小时不间断设计，客户有变更要求可随时修改，研发能力可见一斑。

三地制造：新产品获得认可后迅速在亚洲、北美、欧洲三个主要市场制造基地布置采购、制造、工程、品管等各项工作，并依据客户需求随时补充或控制产能。郭台铭对此无比自豪地说："这就像一架战斗机的性能测试一般，它考验你地不只是能否用接近 90 度的垂直仰角，而且还看你能否以数倍音速向上攀升。客户选择与富士康合作，这是一个考量重点。"

全球组装：按客户所需迅速处理物流布局与通路建置，保证适品、适时、适质、适量的将产品交付客户指定地点，真正实现零库存管理。为此，富士康耗费 3000 万美元与康柏合作开发出全球化的物流追踪 ERP 系统。

不过，投资建厂只是富士康扩大规模、增强竞争力的策略之一，与之相比，并购在扩张速度和成本上更优于建厂，尤其是在资本横行的年代。事实上，郭台铭大刀阔斧的并购大戏要比稳扎稳打地投资建厂教科书精彩得多。

这是一个大并购的时代，郭台铭厉兵秣马，浩荡而来。

第四章

并购大业

↘半年内完成三大洲并购

在2003年年初的富士康尾牙宴会上，郭台铭踌躇满志地说："'购并'是鸿海未来重要的成长手段。"彼时台下员工正翘首期待推杯换盏、歌舞升平的好戏开场，对老板的"并购大业"并未留心，没想到在接下来的一年内富士康的并购步伐会如此迅疾、豪迈，令人眼花缭乱。

自从富士康切入手机代工业务之后，郭台铭每天都为并购诺基亚、摩托罗拉的生产工厂或供货商冥思苦想，要知道当时诺基亚与摩托罗拉占全球手机销量的半壁江山。为此，他未雨绸缪地派富士康董事长陈伟良举家迁居芬兰，了解当地的生活习惯、风俗文化、市场环境。如此重磅的"提前潜伏"的消息并未被神通广大的台湾媒体报道出来，直到2003年8月并购大幕拉开。

2003年8月21日，富士康宣布收购全球第三大手机外壳制造商芬兰艺模公司（Eimo），艺模是一家精密塑料组件制造企业，在诺基亚100多家供货商中占有重要地位。在公告中富士康透露，以每股1.02欧元的价格收购艺模在赫尔辛基证券交易所上市的93.4%的股份，交易金额总计6220万欧元（约6.14亿元人民币），这是中国企业首次远征北欧市场。

艺模是诺基亚发迹初期的主要供货商，公司所有权主要集中在几大家族手中。但是自从诺基亚走出芬兰走向全球之后，产品更新速度加快，供应链弹性越来越大，100多家供货商并不能完全跟上快节奏的变化，诺基亚自身也为如何有效管理100多位"跟班随从"而头痛不已。为此，诺基亚像戴尔那样举起"屠刀"，将100多家供货商砍掉九成，只留10家左右供货商长期负责零组件的供应与整合。在日渐惨烈的全球竞争中，艺模节节败退，不堪重负。

尽管此前富士康有在爱尔兰、捷克等地投资办厂的成功经验，但生活富足的芬兰人却对此次并购心存疑虑：诺基亚是否会改变对并购后艺模的态度，亚洲企业崇尚军事化的"魔鬼"管理方式是否大规模裁汰艺模员工？只有532.6万人口的芬兰上下对此次并购"倍感震撼"。为了尽快扭转社会舆论的不利影响、打消艺模员工的过度担忧，富士康决定尽快解决战斗，为此，从商定价格到第一轮谈判，富士康只花了四个月时间，期间在当地银行和相关部门的协助下，所有法定程序都完满解决。

收购艺模之后，富士康不但能承接艺模原有的订单，而且在地域、业务上都能进一步拉近与诺基亚的关系，大幅提升企业竞争力。北欧阵地刚拿下，郭台铭又将望远镜瞄准北美。

2003 年 10 月 15 日，富士康宣布以 3000 万美元的价格收购摩托罗拉位于墨西哥奇瓦瓦州的一家 500 人工厂，原地接收摩托罗拉的组装订单。除收购协议外，富士康还与对方签署了一份长期生产合约，两份合约都规定在 90 天内完成，并且保证绝不裁员。

自并购摩托罗拉的墨西哥工厂之后，富士康在手机市场上的竞争力更上一层楼自不必说，但在管理中却出现新问题。富士康驻墨西哥工作人员认为，墨西哥的管理层普遍认为自己有一半西班牙血统，倍觉优越，而且管理要求比较宽松，不拘小节。比如富士康将整个工厂都推行自动化系统之后，本土管理人员就认为“不良率为 1%”是能力极限，根本无法再改善，而对于富士康整体而言，不良率低于 1% 是常规要求而已，必须继续提高产品品质。耐心沟通之后，派驻人员就不再与当地管理层纠结于制造流程自动化方面，而是强调如何改进生产监视系统，循序渐进地推动管理水平的提升。此外，富士康经常组织墨西哥方面的管理人员到大陆各厂区参观，提升变革信心。

一个月之后，富士康第三次发布并购公告。2003 年 11 月 8 日，富士康宣布将收购泛宏碁集团旗下的网络通信设备生产商国碁电子的所有在外流通股份，双方通过以每 0.672 股台湾鸿海换取 1 股国碁电子股票的股权交易方式完成合并，以当时台湾鸿海的股价计算，交易总金额约 367 亿新台币（约 10.8 亿美元），并初步定于 2004 年 3 月 19 日为收购日。

国碁电子成立于 1991 年，2000 年在台湾电子科技 100 强企业中名列榜首，是台湾通讯设备产业龙头企业。并购之前富士康曾推出一项 WHN 计划（Wireless Home Network，无线家庭网络），目标群体为家庭网络用户，而富士康移动网络产品事业部与国碁电子各自的营业额都分别达到 300 亿台币左右，合并之后市场占有率更高，不过，如何提升开发速度是当务之急需要解决的问题，郭台铭在股东会上不无担忧地警示高管："消费产品晚推出一个月，利润就会掉 20%。"

或许股市投资者都与郭台铭有着同样的忧虑，因此在富士康先后传出并购艺模、摩托罗拉墨西哥工厂后，台湾鸿海股票应声下跌 6%，而同期大盘却上涨 3.5%；并购国碁电子一个月之后，台湾鸿海股票一度惨跌 11%，同期大盘只微跌 2.7%。股民并非担心郭台铭的经营能力和富士康的赢利水平，而是对短期内磨合团队、整合资源的速度不无怀疑。

郭台铭对此不以为然，毕竟并购是长期战略而非短期牟利行为，他在 2003 年年底气干云天地说："我们是台湾第一家在一年内完成三大洲并购的公司。"诚然，半年内以秋风扫落叶之势完成横跨欧、美、亚（台湾）三大洲、涉及总金额约 400 亿元台币的三大国际并购，郭台铭舍我取谁的气势令业界忐忑不安。

下一个被富士康吃掉的企业是谁？同行们各怀心事，瞠目以待。

↘并购汤姆逊，补强光驱短板

2004 年，整整 20 岁（1984 年被公认为中国现代公司的元年）的中国企业群体步入青春期后变得躁动不安：1 月，TCL 与法国汤姆逊签署合作协议，"蛇吞象"的奇迹迅速成为家电企业国际化样板；7 月，上汽集团以 5 亿美元收购韩国双龙 48.9% 的股权，业界人士跌破眼镜；11 月底，盛大以 9170 万美元收购韩国 ACTOZ 公司 29% 的股份，陈天桥为第二年荣登首富宝座做好了铺垫；12 月，联想正式宣布接手 IBM 的 PC 和笔记本业务部门，柳传志在签字时"感受到全中国乃至世界目光的注视"。从年初开始的"并购外资品牌"连续剧终于在高潮中告一段落，如同这一年在雅典奥运会中全面丰收的中国体育代表团一样，企业界的"雄起"足以令人骄傲自豪。

烟花漫天的 2004 年喧闹而浮躁，除了 TCL 收购汤姆逊彩电业务，少有人知道还有一家企业也在这一年"收购汤姆逊"：2004 年 3 月 23 日，富士康与法国汤姆森公司签订首份关于光存储部件的三年期合同。作为合约主要内容，富士康将以 4700 万欧元的价格收购汤姆逊旗下香港广播电视公司所持有的全部 Dominant Elite 公司股权，Dominant Elite 在深圳的两家光学读取头工厂也将归富士康所有，合同将在 4 月底之前完成实施。根据合约，富士康在收购过程中一次性付清 3700 万欧元，剩下的 1000 万欧元将在三年合同期内分期付款。

同样是收购汤姆逊的部分业务，TCL 与富士康在日后的发展过程中却泾渭分明：李东生在接下来的两年里“瘦了 20 斤”，并购汤姆逊以及后来的阿尔卡特之后，他遇到了人生最大的危机——TCL 全线亏损，质疑声蜂拥而至，他甚至在2007年《福布斯》杂志评选的“最差老板”中名列第6位。而富士康正是在 2004 年将原来的富士康企业集团改名为富士康科技集团，从制造厂商往科技企业奔流的分水岭由此开始，而收购汤姆逊光学读取头工厂正是为了补强光存储技术，为提升富士康电脑代工的竞争力埋下伏笔。

以模具与连接器起家的富士康经过多年积累，已经在 PC 的机壳、主机板、显卡及准系统方面牢牢掌控行业领先地位，可光驱产品却始终无法突破，主要原因在于和其他产品相比，光驱领域技术准入门槛相对较高，台湾市场基本已被广达（拥有广明）、明基与光宝（建兴）、仁宝（收购宇极）等瓜分，而国际上的并购潮流亦是一浪高过一浪：三星与东芝合资成立 TSST，LG 与日立共同设立 HIDS，明基与飞利浦共同组建 PBDS，企业结盟与重新洗牌的步伐在加快，这背后很大程度也涉及到专利费的问题。富士康要想实现“弯道超越”，并购国际知名品牌是最好的捷径。

据业内人士分析，富士康并购汤姆逊获得的市场渠道效益远大于掌控技术本身，其实 Dominant Elite 的光学读取头技术并非业内顶尖水平，而且其市场份额并不庞大，但是并购之后富士康将为此砍掉此前因 DVD 专利费产生的高额成本，因为深圳两家工厂生产的光学读取头是影碟机等产品的核心元器件和技术，而汤姆逊也是全球为数不多的 DVD 专利权授予者之一，中国每生产一台 DVD 光驱或影碟机，它都能通过中国电子音响工业协会向厂家收取 1~1.5 美元的专利费。另外，并购之后富士康能依靠汤姆逊的招牌赢得更多光驱产品的 OEM 订单，可谓一举三得。

不过，并购汤姆逊的收获并未从此完结。2004 年 10 月，英群企业宣布退出光盘驱动器制造领域，由富士康接受代工。消息一出，业界哗然，毕竟当时富士康每月营业收入已超过 100 亿元人民币，而英群每月营收只有 2 亿多人民币，以往大厂发订单给小厂代工的格局被颠覆，此举被视为“品牌商欺压代工厂时代的终结”。英群之所以退出，主要原因在于对芯片组、光学读取头等关键零部件的研发水平不高，导致成本长期居高不下，亏损重压英群决定瘦身，此后只专注于品牌行销与渠道拓展，光盘生产彻底交给富士康。

汤姆逊的光学读取头技术很快光芒万丈，2005 年上半年，富士康借英群之力成功研发出 16 倍速 DVD 刻录机，在当年第二季 566 元人民币的售价只比同行低 5%，到第三季度就迅速拉大到 12%。当初对富士康收购汤姆逊不以为然的光驱大佬们骤然感受到阵阵寒流，“狼来了”的呼喊迅速传开。

透过富士康并购汤姆逊的成功案例，令人不禁对 20 世纪 90 年代中国 VCD 制造企业“兴也勃焉、亡也忽焉”一夜间由盛而衰的凄凉结局感慨良多。所有 VCD 企业明知自己只不过是站在台前喊打喊杀的“组装英雄”：机芯由日本索尼和美国 ESS 提供，芯片由荷兰菲利浦和美国 C-CUBE 掌控，核心部件全靠进口，以胡志标为代表的 VCD 枭雄们却仍然为抢夺央视“标王”争得头破血流，随后又挥舞价格战的屠刀杀得血流漂杵，跨国巨头们乐得边看热闹边数钞票。如果能以今日富士康收购国外收费者的方式解决专利困扰，中国的 VCD 产业或许真能够称霸世界。

另外，这个案例对探寻 TCL 国际化的败局也有一些启发。李东生当时并购汤姆逊是在 2001 年中国加入 WTO 后家电行业对跨国企业的门槛逐步削平的背景之下，为了将强大对手挡在家门外以“最好的防守就是进攻”的理念仓促出手，后来他本人在自省时也承认“准备不足”的说法。而富士康在并购汤姆逊之前已经对光盘驱动器投入多年，曾先后收购过台湾本土的光宇，接收过皇旗资讯光盘驱动器研发团队，每次台湾有光盘驱动器厂商重组业务都可见富士康的身影，可见对并购早已成竹在胸。

或许，并购不只是资金和眼光问题，时机、策略、人才等各方面因素都得全盘考虑。与其说并购是一门管理学问，不如说是一种管理艺术。

↘奇美通讯：并购，增持，再增持

富士康国际控股有限公司（FIH）于2005年2月3日在香港上市不到半个月，富士康收购奇美通讯的传闻就漫天飞舞。上市成功后郭台铭果然财大气粗，急于扩张手机版图的心思袒露无疑。

几乎没有人怀疑这则传闻的真实性，不仅仅是因为郭台铭上市后手头有钱了，关键在于当时的手机市场是富士康做大的绝佳机会。据权威市场调查机构Strategy Analytics发布的研究报告显示，全球手机市场的平均售价一路下滑，从2002年到2004年三年间，已经由每台179.5美元跌落到150.6美元，预计2005年会继续下跌至138.7美元。正因为价格持续走低的压力不断增加，诺基亚、摩托罗拉等世界品牌才将产品生产大量外包已削减成本，2000年手机产品代工只占24%，到2004年上升到32%。

别人谈之色变的陷阱在富士康眼里却是香甜可口的馅饼。收益于手机价格下挫的市场行情，富士康在2002年手机代工收入中有90.7%来自模块零部件，到2004年已压低至46.8%，将近减半，剩下53.2%的收益来自手机整机代工。尝到甜头的郭台铭显然对手机代工有更大兴趣，可如何由OEM（原始设备制造商或原产地委托加工，俗称代工）跨越到ODM（根据厂商的规格要求设计和生产产品）是他的一块心病，而妙手回春的良药，非奇美通讯莫属。

奇美通讯成立于2001年4月，主要业务包括GSM、GPRS、EDGE等手机模组的委托设计及代工制造，在台湾业界有着“小而美”的美誉。成立之初，明基电通的核心部门——GPRS研发部通讯事业处副总经理池育阳带领近40名工程师集体跳槽到奇美通讯，使得后者的手机研发水平实现质的飞跃，迅速在高端手机代工市场打出名气。

2003年底，奇美通讯正式获得摩托罗拉的ODM订单，先后代工过V690、V878、V872、A668以及采用微软操作系统智能型手机Mpx200、Mpx220等摩托罗拉手机，2003的纯利润只有3600万新台币，到2004年暴涨至3.91亿新台币。据相关资料显示，奇美通讯实收资本额约15亿元新台币，在2004年第四季度每月出货量达20万台左右，2005年全年出货量预计可达 200 万台。按照当时的市场格局估计，一旦将实力不容不俗的奇美通讯收入囊中，富士康将成为仅次于伟创力的第二大全球手机代工企业。

2005 年 5 月 13 日，并购尘埃落定，传闻变成现实：富士康宣布以每股 29.5 元新台币的价格收购奇美通讯 8471.3 万股（约 56.48% 股权），郭台铭为此付出 24.99 亿新台币（约 7843 万美元）。据相关人士透露，参与竞购奇美通讯的公司还包括台湾 IT 巨头广达电脑，林百里与郭台铭的出价大致相当，但是由于奇美通讯的大股东奇美实业是富士康的长期供货商，该公司老板许文龙与郭台铭私交甚笃，因此将票投给富士康。

富士康相关人员表示，收购奇美通讯的控制性权益将提高该公司的设计能力，将增加公司收入及改善利润率，争取成为手机业内领先制造服务供货商。“我们主要看重的是奇美通讯的研发能力，”富士康新闻发言人林章德表示，“我们是从制造切入手机代工市场，要在研发技术上超过明基和华宝等都比较难。”在他看来，收购奇美通讯将大幅度提升富士康在手机代工市场的研发实力。这种观点与业内人士“富士康是想借机从 OEM 转为 ODM”的分析不谋而合，富士康已经为诺基亚、摩托罗拉等公司提供机壳等零部件多年，设计能力不足是无法回避的短板，必须尽早解决。

除了提升研发、设计能力，富士康并购奇美通讯后将会拿到更多订单。收购之前摩托罗拉手机 ODM 工厂只有华宝与奇美通讯两家，正因为有摩托罗拉超低价代工订单，华宝才成为 2005 年第一季度本土唯一一家盈利的手机代工企业，预计 2005 年手机出货量将超过 2000 万部。然而，富士康借奇美通讯杀入之后，两家联手制造的超低价产品可能会将摩托罗拉手机的代工订单拉入价格战，对整个手机 ODM 行业将产生极大震动。

或许是双方在并购之后的磨合速度超过预期，富士康收购奇美通讯不到三个月，就于 2005 年 8 月 3 日宣布以每股 5.065 元台币的价格拟向奇美通讯 282 名认购人（雇员）配售约 2691 万股，集资 1.36 亿元台币。同时，富士康还以 5.64 亿元台币的价格向以上认购人购买奇美通讯 12.75% 的股权，富士康控股奇美通讯的比例也由此前的 56.48% 上升到 69.23%。

距离此次增持仅四个月之后，富士康再次于 12 月 16 日发出增持奇美通讯股权公告：为激励员工，富士康按每股 12.5 元台币的价格向奇美通讯认购人（雇员）配发464万新股，相当于扩大后股本约0.06669%，配发收益净额约5780万元台币将用作一般营运资金。同时，富士康以每股29.5元台币的价格向奇美通讯董事池育阳及各认购人收购其持有的1066.7万股（约7.11%股权），代价约3.15亿元新台币。至此，富士康控股奇美通讯的比例已增至76.34%。

增持股权彻底显示出郭台铭掌控全球手机代工市场的决心和能力。业内人士普遍认为："加速并购使得富士康有能力去挑战伟创力。"虽然伟创力的公司总营业额已被富士康超越，但就手机单品而言，产量远大于富士康。不过，伟创力长期专注于OEM，而富士康收购奇美通讯之后研发实力大大增强，在全球手机代工市场的抢单能力将高于对手。而且，先扩大产能再压缩上游供应商是郭台铭获取足够利润的惯用手法，一旦拿到大量订单产能飙升，全球手机代工产业的竞争格局将重新洗牌。

显然，郭台铭的目标不仅仅是挑战，而是称霸。

↘普立尔启示：并购要找志趣相投的人

2006年6月底，郭台铭又在台湾业界扔下一颗炸弹：富士康宣布收购台湾最大的数码相机生产商——普立尔科技公司（Premier Image Technology Corp.）。尽管进入21世纪后郭台铭以惊世骇俗的颠覆手法震撼IT行业，业者也多有领教，可此次并购消息依然引起不小的震动。

据相关报道透露，富士康与普立尔联合宣布将通过以每3.9股普立尔换取1股富士康股票的股权交易方式完成合并，以当时富士康相关上市公司的股价计算，交易涉及总金额约为8.66亿美元，并购初步定在半年后的2006年12月1日完成。郭台铭对此表示，本次并购的目标是将公司收入增加30%或高于平均水平。

普立尔科技公司创办于1983年，总部位于台北内湖，后来在台湾新竹及日本东京分别设立研发服务部。1999年10月股票成功上市，到2005年为止资本额达57.92亿元台币，员工12990余人。尽管富士康与普立尔都在争夺 DC（Digital Camera，数码相机）市场，可前者只是为全球顶级 OEM 厂商提供数码相机零组件，而后者则能独立生产成品。合作之后，双方将携手从索尼、奥林巴斯、宾得（Pentax）等跨国大企业手中争取更多 DC 订单。

不料并购消息一经披露富士康股票却不升反降，大多数投资者害怕并购后富士康股票价值下降，难免出现震荡。相关投资公司表示，本次并购的价值显现需要时间，但总体上来说，富士康此次并购是一桩具有积极意义的交易。尽管股价未出现大幅攀升，可 IT 相关人士则对此次并购相当看好，普遍认为富士康明确释放拓展数码相机业务、提升相机关键部件产能的意图，预计并购完成后富士康 DC 订单将获得迅速增长，公司 2006 财政年度收益将因此提升 4%~5%。更有甚者认为，富士康从普立尔得到画质补偿与机壳加工技术以及玻璃模压镜头生产能力之后，将拥有像佳能一样完整的相机开发能力。

思科总裁钱伯斯曾说过："打不过的对手就吃掉它，远比打败它要容易得多！"这句话一针见血地道明竞争的残酷性，深受企业界认同。富士康并购普立尔无疑是这一论断的生动论据，普立尔在生产投影仪和光学组件方面具有丰富的经验，并购之后富士康不仅减少一大劲敌，而且能提升行业地位、整合双方运营资源，甚至能与奥林巴斯、宾得等顶级日本品牌一较高低。

据市场调研机构 IC Insights 在 2006 年底公布的报告显示，从 2000 年到 2005 年全球 DC 市场年均增长高达 38%，随着业余爱好者与专业摄影师将胶卷相机换代为数码相机的节奏加快，2006 年发货量将增长 13%，2007 年全球销量将增长 7%，约 8200 万部，全球 DC 市场容量将从 2006 年的 172 亿美元增长到 181 亿美元。但是随着首次购买相机的客户逐渐饱和，此后五年的年复合增长率将低于 6%。

2006 年 12 月 1 日，富士康正式并购普利尔，重新组建机光电事业群，由普立尔董事长黄震智出任事业群总经理，副总经理由原普立尔总经理刘灯桂担任。郭台铭对光学影像业务势在必得，富士康为全球 IT 品牌代工的订单将增加一块砝码。

在三个月之后的 2007 年 3 月 8 日至 11 日于美国拉斯维加斯举行的国际影像器材及数码电子贸易博览会上，富士康高调亮相，不仅首次推出并购普立尔之后的 1200 万像素袖珍机型“DS-C650”，还包括最新的 LED 投影机及光学部件。富士康相关人员表示，2006 年 DC 的产量为 1500 万部，2007 年将增长到 2000 万部。随着产量增加，除之前的佛山工厂外，2007 年将在武汉工厂开始生产相机。富士康的目标依然是实现工厂供货价格比台湾亚洲光学（Asia Optical）更低，进一步提高成本竞争力。

在普立尔被富士康并购的两年后，富士康机光电事业群总经理黄震智宣布隐退，改由富士康老臣戴正吴兼任，戴正吴此前担任消费性电子事业群总经理，自此成为富士康唯一一位同时掌管两个事业群的一级主管。在一年前的尾牙晚会上，郭台铭曾钦点 12 名事业群总经理为接班候选人，由普立尔空降的黄震智与刘灯桂均名列其中，为何黄震智此时却突然宣布退居二线?

业内人士分析，早在 2006 年 12 月 1 日将亲手打造的普立尔转卖给富士康时，在 IT 行业摸爬滚打多年的黄震智就已萌生退意，但考虑到并购之后双方还需继续磨合，况且郭台铭还得仰仗他稳定军心，才同意将机光电事业群“扶上马再送上一程”，两年之后，事业部已步入正轨，黄震智功成身退，也在情理之中。在此前的 2008 年 4 月，黄震智曾公告转让手中持有的 2000 张富士康股票，约占台面持股的 60%，如此气魄在富士康高管中可谓罕见，黄震智退休的念头也初露端倪。

如今，许多企业在各种“公司运动”、“分道扬镳”的裂变中日渐湮灭，或因本地人管理、元老退出等问题风雨飘摇的悲剧屡见不鲜，郭台铭与黄震智这种英雄携手、君子分手的情景并不多见。有人曾理想化地提出创业时一定要找“合适的人”，但在并购过程中，在某种特定的时间和空间下根本不可能做到完美，因为这不是去寻找明星团队，而是在找志趣相投、品质合适的人。

郭台铭的这种经营智慧，也将移植到后来解决家族管理和接班人问题中来。

↘并购索尼海外工厂，电视机新霸主的图谋

2010 年 6 月 28 日，富士康收购索尼公司在斯洛伐克和墨西哥的两家液晶电视生产工厂的申请终于通过欧盟委员会批准，郭台铭为打造商业帝国进行全产业链扩张的意图日渐清晰。

早在 2009 年 9 月 1 日，索尼就与富士康达成协议，将美国加州 Baja 集团 90% 的股份以及该集团位于墨西哥提华纳的液晶电视组装工厂一并转让给富士康，索尼只保留加州 Baja 集团的 10% 股份。位于提华纳的这家工厂是北美洲最大的电视制造厂，在职员工达 3300 人。并购完成后，富士康将获得索尼在北美市场的液晶电视代工定单，而索尼将把注意力转向研发、工程学和设计等有助于其液晶电视业务产品差别化的领域。

半年之后的 2010 年 3 月底，富士康又宣布将收购索尼在斯洛文尼亚的液晶电视装配工厂 90.1% 的股份，交易价为 3600 万欧元。并购完成后富士康将在欧洲抢占更多市场，赢得大量液晶电视的代工订单，至少将顺利承接 500 万索尼订单、300 万三星订单和 200 万 LG 的订单，2010 年富士康液晶电视销量有望突破 1200 万台。值得补充的是，在欧盟委员会批准并购申请后，富士康又在 2010 年 7 月 6 日紧急增资斯洛伐克液晶电视工厂 166.41 亿元台币（合计 35 亿元人民币）。

据相关媒体报道，富士康在 2010 年 6 月 21 日向欧盟委员会上报收购两家索尼液晶电视生产厂的申请，之所以一个月内就能顺利获得通过，欧盟委员会的审核意见是：富士康与索尼的两家海外工厂在电子产品组装领域并没有太多业务重合，而且原始设备制造商在该领域对富士康这种代工企业仍有着很强的议价权，该交易不会对相关市场的竞争构成显著威胁，因此作出批准决定。

收购索尼两家工厂的申请获得欧盟委员会批准后，有媒体又风传富士康将收购索尼西班牙液晶电视组装厂，当事方对此予以否认，并表示从未听说过这项计划。业内普遍认为收购索尼西班牙液晶电视组装厂将有利于增加富士康在欧洲市场的 OEM 代工业务。

尽管一鼓作气吞下索尼西班牙液晶电视组装厂被证实为谣言，但富士

康欲成为全球电视制造业霸主的野心显露无疑，消费电子专家端木清言对富士康收购索尼海外工厂一事评论说：“一方面欲扩大奇美电的面板海外出口量，从而威胁台湾面板巨头友达；另一方面加大液晶电视代工业务，成为集团新的收入增长点，对全球面板制造业老大冠捷形成冲击。”

奥维咨询研究副总监赵茂军也同意端木清言的看法，并强调全球液晶电视产业格局都将因此产生变化。他认为对中国本土彩电企业将带来四方面的压力。

首先是产品出口压力，并购后富士康将实现欧美液晶电视市场的覆盖，国内品牌势必将丧失现有或可能存在的国际品牌 OEM 订单。

其次是外资品牌低成本竞争的压力，2010 年元旦以来外资品牌推行低价策略给国内品牌造成了巨大的压力，若外资品牌携手富士康或其他面板厂商展开合作低价面板采购，通过低价策略冲击国内彩电品牌的市场份额，后者势必将面临更加严峻的竞争形势。

再次，本土彩电企业还将面临渠道自由品牌的竞争压力，随着经营模式的改变，渠道自由品牌已是大势所趋，制造商完全可以用“整机产品 + 品牌”的解决方案成为新的威胁。

最后，非家电传统渠道对市场的侵蚀在不断加强，IT 卖场、网络卖场等新渠道对传统家电渠道的挑战日益加大，贯穿整个产业链的企业必将具有更强的竞争优势。

在此值得探讨的是，富士康是否进军电视机领域，而且直接由门槛较高的液晶电视起步。自从 1958 年我国生产出第一台黑白电视机之后，电视机行业迅猛发展，康佳、创维、长虹、TCL、海尔等品牌先后崛起，加上日韩企业在大陆的工厂，由中国生产的电视机占全球产量的 2/3。虽然 2009 年我国发展平板行业重点工程启动后国内多条液晶面板生产线获批或正在审批，但是在此之前还没有一家大陆彩电企业能够生产 LCD 面板，而富士康的群创 TFT – LCD 就是液晶彩电的面板材料，在 LCD 领域的巨大优势不言而喻。众所周知，彩电行业已经不存在技术上难关，富士康要进入并非难事。

不过按照郭台铭一直坚持的“富士康永远不做自己的品牌”原则，期待“富士康”牌液晶电视上市可能性几乎为零，不过，大陆彩电企业不可能找富士康代工，否则会使仅存的价格优势都化为乌有，富士康只能在松下、夏普、LG 等跨国品牌身上做文章。不管是否进军电视机领域，至少富士康在液晶电视代工市场正大刀阔斧地向前推进，对国内彩电企业而言确实不是什么好消息。

其实，富士康收购索尼两家海外液晶电视装配厂只是冰山一角，如果回顾 1996 年以来富士康在大陆的建厂扩张以及 2003 年之后的并购步伐，不难看出其打造全产业链的转型路径，郭台铭在润物无声的耕耘中将“制造的鸿海”到“科技的鸿海”再到“通路的鸿海”战略布局得十分严谨、扎实，每一次落字都按照既定棋局坚决执行，从未犹豫。仅靠 OEM 或 ODM 获取利润显然不是郭台铭的终极目标，尤其是在 2010 年“12 连跳”的警钟敲响之后，富士康向更高利润攀爬的脚步必将加快。

细心的读者看到此处难免心生疑问：不是说富士康是为苹果、戴尔、摩托罗拉等世界顶级品牌的电脑、手机等产品服务的“代工之王”吗？为什么又并购索尼的液晶彩电工厂？除此之外富士康还代工什么产品？

迷雾渐渐散去，真相愈发明晰，一幅全面呈现富士康帝国纵向延伸产业链、横向拓展销售通路的画卷正渐渐打开。

第五章

从“3C”到“新3C”

↘电脑大鳄震惊业界

自从1983年开发电脑连接器开始，到后来生产机壳再到准系统，在将近20年内郭台铭一直只做不说，“偷偷地进村，打枪的不要。”业界只知道他在不停地往机壳内装配零组件，究竟对整个电脑制造流程掌握到何种程度并不清楚，直到2001年，大鳄显形，业界震惊。

经过多年积累，富士康通过精密稳定的连接器与质感亮泽的机壳等硬件方面的优势以及准时交货、价格低廉、订单弹性区间大等优质服务与英特尔建立了密不可分的联系。为了更好地配合英特尔的研发和设计要求，富士康还将实验室搬到英特尔门口。2001年，富士康进一步提出为英特尔代工主机板的请求。

无论是合作关系还是利益驱动，英特尔都希望富士康能代工主机板，便宜、准时、优质的合作伙伴谁愿舍弃。英特尔很快回复，但条件相当苛刻：由双方成立联合实验室，先组装2000台P3电脑进行试制，如果经检测，其中有3台不合格品，订单就不会交由富士康完成。

尽管2000台的产量对富士康而言微不足道，但如何兼顾交货期和质量却是不小的难题。当富士康准时将2000台P3电脑送到指定地点检测后，所有电脑全部合格，完全达标。英特尔对富士康的产品开发、小批量样品制作及工程服务给予极高评价，并当场签下允许生产许可证。当富士康服务器业务副总经理傅富明第一时间通过越洋电话将“经过英特尔的检测检验，2000台样机各项品质完全达标，富士康获得生产许可”的捷报汇报给郭台铭时，郭台铭喜不自胜地说：“这是富士康的重要里程碑！”

两周之后，富士康又为英特尔试制2000台P4电脑，这是英特尔即将上市的最新产品，经检测全部达标，富士康因此顺利拿到英特尔主机板的订单。公司内部刊物《鸿桥》杂志高度评价说：“至此，业界期待已久的P4题材开始真正在市场上发酵，给予苦于景气低迷的PC产业注入了一支强心剂。由此也公告了富士康PC零组件全球大厂的地位，更成为集团迈向‘系统之路’的重要里程碑！”

P4主机板进入量产阶段后，生产景象又进入另一番天地，富士康龙华科技园 F8 区的主机板生产大楼从外表看上去与其他厂房并无区别，可内部布局和要求却截然不同。进入者必须穿上无尘鞋套进入一楼，再到二楼穿上防静电的专用外套，方可进入三楼的英特尔主机板生产车间。这里不像大多数车间那样热火朝天、挥汗如雨、喧闹忙碌，而是很安静有序：SMT（Surface Mounted Technology，表面组装技术）机台有节奏地全速运转，PC 板在流水线上缓缓流动，训练有素的作业员将制程精良、功能完备的主机板送到检测区，经过外观、性能测试，包装区的员工迅速将产品装箱出货。由高标准培养的员工和高科技自动化设备共同打造的世界一流制程应运而生。

同时担任广东、四川两省电子学会 SMT 专委会秘书长的苏曼波老先生曾一针见血地指出："电脑也好，手机也好，机壳里面装的就是一块线路板，所有的零组件都安装在这块板子上。"据他介绍，我国 SMT 生产线大多从国外进口，数量并不多，富士康是 SMT 生产线最多的企业，有数百条，而且大多是快速生产线，一条线就需上百万美元，企业实力和制造能力可见一斑。而造价昂贵的 SMT 生产线，就是制造电脑主机板的自动化生产线。

当初富士康能够从电脑连接器起家，本土主机板厂商和电脑商的扶持功不可没，在先后自制连接器、输入 / 输出端口、CPU 风扇、内存扩展槽、显卡、基板、插座等关键零组件后，如今连主机板都自行生产，代工整机对于富士康来说只是时间问题了。接下来势必有一波快速、低价、大规模的浪潮袭来，今后主机板厂商和电脑商的日子怎么过？业内一片恐慌，一旦国际大品牌将大批主机板订单都抛给富士康，其他企业就坐等消亡了。

与此同时，富士康自 2001 年开始连续多年蝉联台湾民营制造企业头名，郭台铭也借此登上"台湾科技首富"的宝座，他愈发低调，怕犯业内众怒，成为众矢之的。2003 年，富士康成为全球最大的台式机制造商，郭台铭又不动声色地打起笔记本电脑的主意。其实早在 1996 年郭台铭就在深圳西乡宝源工业区的富顶公司成立 B/M（I）–P 事业部，专攻笔记本、膝上、掌上电脑的关键零组件研发，后来还建立镁合金基地，为笔记本电脑外壳的原材料来源埋下伏笔。

2003年9月，富士康相关人员到日本与某笔记本电脑公司谈合作事宜，该公司是富士康的长期客户，此时正策划进入笔记本电脑市场，迫切希望有实力的代工厂提供支持，而富士康此前并没生产过笔记本电脑，也是大姑娘上轿头一回。经过半年的耐心争取，对方终于给了富士康一张2005年供货100万台笔记本电脑的订单。不过，富士康除了完成产品研发、设计之外，还必须协助客户让样机走出实验室，解决大规模量产中的工艺、采购、成本、质量等系列问题，连配套厂商选择、管理都得操心打理。

2004年2月，日本公司派员到深圳考察富士康的研发能力，重点在于研发团队的人数和从业经验。日本企业对质量和管理的严格要求全球皆知，结果给富士康硬件方面打了20分，软件方面打了0分（机构段得分为60分），综合考评为不合格。郭台铭只得重新组建研发团队，一个月后顺利过关。此后，该项目迅速进入设计、研发阶段，7月工程试验，9月设计试验，11月小批量试制，12月大批量生产。2005年1月5日，富士康首批10万台笔记本电脑准时交到日本客户手中，后者迅速将其投放市场，一炮打红。初战告捷，富士康又在短期内连续推出4款新品，几乎每两个月更新换代一次。到2005年10月，100万台笔记本电脑订单任务全部完成，比合约时间提前两个月。苛刻的日本公司老板对富士康的笔记本电脑制造实力赞不绝口，合作规格也更进一步。

至此，潜伏20多年的电脑大鳄彻底浮出水面，本就人心惶惶的电脑制造企业顿时风声鹤唳，这种肃杀气氛迅速传遍到整个IT行业，不知富士康又将在哪个领域虎口夺食。

↘通讯：必须要与富士康合作

大多职场人士会有这样的感觉，尤其是企业管理者：无论是白天还是晚上，工作日还是节假日，一年365天的每一秒都必须直接对老板、员工、客户负责，尤其是当本世纪初手机日渐普及后，老板们又给职员加了一条规定：“一天24小时不准关机”，手机俨然成为束缚人身自由的“罪魁祸首”。

20 世纪 90 年代末的手机市场战火冲天，诺基亚、摩托罗拉等“八国联军”蜂拥而来，国内的波导、夏新等“民族英雄”奋起反击，富士康看似静观其变，却在暗中调兵遣将。1999 年，富士康在杭州投资组建宏讯电子工业有限公司，主要为 UT 斯达康贴牌生产小灵通手机。

2000 年，郭台铭派戴丰树和甘克俭、吴高德三位精明强干的高管组建团队，正式进军手机市场。戴丰树曾在丰田汽车工作八年，当听说老板将手机业务交给一个做汽车的人时，有人提出反对意见，郭台铭反问：“汽车的零件有 2000 多种，手机只有 200 多种，你说做得起来吗？”信任之深可想而知。千里马也并未辜负伯乐，日后富士康手机版图迅速扩张的事实证明了郭台铭的眼光有多么正确。

到 2002 年年底，富士康 WLBG 通讯产品事业群已建成 MPE、MGE、MSE、MHZ 四大事业处和冲模厂、结构设计中心。MPE 负责手机外设订单，MSE 负责市场开拓，MGE 负责笔记本电脑机壳生产以及无线通讯机构件的制造，MHZ 主要为国内大型手机制造商代工。两年之后，富士康将手机部门独立拆分出来，成立富士康国际控股开曼公司（FIH）。2005 年 2 月，FIH 在香港上市，此前鸿海经过 20 多年的拼搏进取才在台湾艰难上市，而 FIH 却在短短三四年内就顺利完成。

不知从何时开始，“山寨”二字以迅雷不及掩耳之势风靡大江南北，山寨明星、山寨春晚、山寨电影等新新事物先后粉墨登场，据考证“山寨”一词源于粤语，意为“小型、小规模”，最先用于由小作坊拼装、仿冒的手机上，也是所谓的“山寨手机”。2007 年 10 月，我国长达 9 年的“手机牌照”制度被取消，“山寨手机”由游击队摇身变为正规军，据说其代表者天语的销量竟在 2007 年超过三星、索爱、LG 等跨国品牌，波导、夏新等曾经的“民族英雄”居然被后起的同胞兄弟打得狼狈不堪，这真是：山寨一出，谁与争锋！

不过手机只是通讯的一小部分，而富士康也不只局限于手机领域，并早已为切入程控交换机等通讯设备方面做准备。据了解，富士康 CNSBG 通讯网络产品事业群分为 NSD 产品事业处和 NEW 产品事业处两个事业处。NSD 事业处主要从事多模智慧型手机以及路由器、无线网络设备、VOIP 电话、STB 机顶盒、ADSL、Cable Modem、WLAN 等网络通讯产品的研发、制造和销售；NEW 产品事业处主要从事网络产品交换机、各类 SERVER 传统通讯与光电通讯交换机等结构件生产业务，未来将涉足光电转换模块开发、设计、制造业务，逐步提升网络设备内销市场份额。

尽管富士康不做自主品牌，但是从通讯网络产品事业群的业务构成不难看出，其在网络和通讯设备领域的制造能力极具优势和潜力。实际上，思科、索尼、苹果摩托罗拉等外资品牌以及华为、中兴等本土品牌都是富士康网络通讯设备业务的客户。

20 世纪 80 年代，国内通讯市场几乎被跨国巨头垄断，不仅价格高昂、而且标准混乱，随着巨龙、大唐、华为、中兴（通称“巨大中华”）等本土品牌异军突起，外资通讯设备企业被打得落花流水，深圳的华为和中兴脱颖而出，不但牢牢掌控国内市场，而且积极参与到国际竞争，表现不俗。

同城的华为和中兴在通讯领域大显身手显然对郭台铭刺激不小。2000 年，富士康实施“凤凰计划”，投入大量资金进军“光领域”，并在捷克投资办厂，建立光通讯事业部，发力网络通信。郭台铭认为，过去是钢铁时代，接着是硅时代，以摩尔定律为驱动力，未来将会进入光时代，富士康将在光时代“浴火重生，振翅高飞”，因而命名“凤凰计划”。

尽管华为、中兴乃至思科、朗讯等通讯设备巨头每年都投入巨资研发，但在性能、品质、价格等市场竞争的重要参数方面，却依然落后于富士康。因此，以上企业要么将订单交给富士康做代工，要么主动上门要求联合研发，携手共进。

思科深耕中国市场多年，富士康一直为其供应部分外部产品及设备，长期保持良好合作关系。2005 年 11 月，双方签署了合作备忘录，由思科向富士康提供 IBSG（Internet Business Solutions Group，互联网商业解决方案组），帮助后者提升企业内部网络信息系统的应用效率和综合竞争实力。2006 年，思科将印度定为全球开发路由器、软件及网络管理业务的中心，并在印度清奈兴建一座制造工厂，而这正是富士康的工厂。

华为与富士康的合作似乎更为密切，就像两家企业的地理位置一样，一街之隔，站在各自厂区就能将对方办公楼和车间看得真真切切。2007年3月，华为与富士康等厂商结为网路设备领域的战略合作伙伴关系，宽带网络终端设备主要由富士康提供。2009年7月，郭台铭在公司内部会议上透露，已与华为就交换机、数据通信等相关设备的设计制造展开初步的合作，并豪情满怀地说："华为要战胜思科，必须要与富士康合作。"

竞争与合作是商界永恒不变的两大主题，富士康与华为、思科等通讯网络企业之间的厂商博弈与分合将长期持续，如何在满足增长市场份额的同时优化、平衡客户间的利益，是令郭台铭并不轻松却又无法绕过的命题。

↘消费电子战场的军火商

2010年，比尔·盖茨与史蒂夫·乔布斯都55岁，这两个在握手言和与大打出手的交替上演中纠缠了大半辈子的男人，依然是全球IT业的主角，纷争还将继续下去。

1955年，乔布斯比盖茨早8个月出生，但后者比前者早一年创业，1975年，盖茨创办微软，第二年，乔布斯成立苹果公司。1977年，挟AppleI自重的乔布斯在西海岸电脑展上春风得意，当盖茨前来叫卖Basic程序特许权时，乔布斯却不屑一顾；1984年，盖茨又上门推销，这次带了Excel、Word，Chart和File，乔布斯正低头抚摸新开发的Macintosh，未予理睬；1985年，乔布斯被苹果董事会扫地出门，落魄之际却愤怒发现盖茨新推出的Windows居然无耻地剽窃了苹果的技术，在此后长达十年的时间里，二人都为侵犯版权官司剑拔弩张。直到1997年，王者归来的乔布斯将连年亏损的苹果从死亡边缘救赎，并在宿敌盖茨那里拿到救命的1.5亿美元投资，代价是苹果放弃起诉，并在每台Macintosh内装上InternetExplorer和Office，二人相逢一笑泯恩仇。

战火在新世纪重燃，索尼也被卷入其中。而抿嘴笑着忙前忙后为三方提供枪支弹药的，正是隐藏在背后的富士康。2006年9月，富士康CNE产品处正式成立，凭借集团强大的制造、研发、检测能力，该部门将协助客户的产品从传统游戏控制方式提升到“3D虚拟实境”的游戏方式。

2000年前后，乔布斯将战场从个人电脑延伸至智能手机。2001年，iPod和iTune横空出世，音乐手机大行其道；2007年，乔布斯又推出iPhone，触摸屏智能手机开始风靡；2010年，iPad与iPhone4并驾齐驱，乔布斯已成为横跨IT、手机和多媒体三大领域的时尚教主，年轻一代趋之若鹜。

专注于软件的盖茨也与时俱进，涉足消费电子领域。2006年11月14日，微软Zune在美国上市，这是一款可携式媒体播放器，同时也是驱动该设备的软件及提供获取和分享媒体的在线服务，微软与苹果在新领域的大战拉开帷幕。

两个月后的2007年1月9日，消费电子市场波涛汹涌。

这一天，乔布斯亲自在拉斯维加斯国际消费电子博览会上发布iPhone手机，这款光彩夺目的新款手机具备上网功能，能运行Macintosh作业系统，兼具音乐mp3与数码相机功能，同时还支持无线宽带、蓝牙和GPS定位等功能。乔布斯豪言道：“每隔一阵子，革命性产品总会带领人们改变生活，iPhone将在功能上完全超越当前各类智能手机。”

同一天，微软在拉斯维加斯举行的国际消费电子博览会上宣布X360与PC联动及X360网络电视等重大决定，并传出X360将大幅降价达100美元左右。业内人士认为，微软将X360定位为家庭多媒体的核心设备而不是普通游戏机，包括宽带网络连接服务以及通过互联网向用户提供传统媒体节目的网络电视服务等，都表明微软早已瞄准家用机和游戏以外的领域。

索尼也在这一天出手了。当天媒体刊出《产能大增，PS3已经获胜！微软蹒跚而行》的报道，两天前索尼宣布从2006年11底上市到当年年底已向美国经销商供货100万台，预计在2007年3月底销出600万台。美国索尼市场首席副总裁Peter Dolle说：“现在你已经可以宣布我们是赢家了。”自2004年12月推出便携式掌机PSP以来，索尼不到10个月就卖出1000万台，开创索尼游戏机销售神话。而PSP并非只与本国的任天堂争夺掌机市场，MP3、MP4播放、UMD影片、记忆棒对应等等都是其未来的宝藏。

不过分析师对索尼三个月600万台的销量不无担心，认为能完成四五百万台就不错了。可索尼不以为意，毕竟他们有坚强的后盾：富士康。

日本企业向来严谨务实，几乎不找代工企业生产。但2000年微软的XBOX家用游戏主机面世后，2001年全球销量就超过600万台，惊人业绩背后是新加坡代工厂日以继夜的劳碌。劲敌来犯，索尼被迫改变策略，将2001年2000万台PS2的产量交给富士康和华硕共同代工完成，其中富士康占1200万台。2003年，富士康与索尼共同成立PS3研发团队，索尼此后新游戏机的所有订单都随之交给富士康。据相关资料显示，富士康代工索尼游戏机此前每年营收约20多亿美元，此后逐年大幅提升，成为消费电子的重要收入来源。

富士康与苹果手机的合作一度扑朔迷离。2006年年底曾有媒体披露，富士康将代工1200万部苹果首款手机产品iPhone手机，但苹果方面却对此守口如瓶，不予评价，郭台铭似乎是在故意“泄密”：“苹果赢在软体，根本不必花那么多时间自己制造硬体，而富士康其实跟苹果一样，苹果有它的价值，我们有我们的价值，这两个价值是不相冲突、不相违背的。”由此基本能推断出苹果开发软件，富士康制造硬件。后来的事情众所周知，没有人会怀疑“苹果手机是富士康生产”的这句话。

四年前的猜测在2010年6月再次出现，据台湾媒体报道，2010年8月富士康与伟创力开始向微软出货Xbox360体感外设Natal，2011年将大规模批量出货。

在电脑（Computer）、通讯（Communication）、消费电子（Consumer Electronics）这“3C”产业逐渐形成规模、市场地位不断攀升后，富士康又开始布局汽车（Car）、渠道（Channel）、数字内容（Content）共同组成的“新3C”。在大多数人看来，富士康深耕“3C”是做大做强的必由之路，然而延伸至“新3C”又是何意呢？这些毕竟与其所处的IT行业看似关联不大，难道“代工帝国”要借此转型？

尽管结果难以预测，但有一点可以肯定：进入“新3C”之后，会出现一个完全不一样的富士康。

↘汽车市场搅局者

2009年10月13日，“胡润百富榜”在北京第11次发布，比亚迪创始人王传福以350亿元的身价成为中国新首富，众所周知的是，股神巴菲特看好并入股是其登顶的关键因素。

2008年9月，巴菲特以2.3亿美元买入比亚迪10%的股份，他本打算出资5亿美元买更多的股票，却被王传福以“持股比例不超过10%”为由拒绝。2009年5月2日，巴菲特和老搭档查理·芒格在伯克希尔·哈撒韦股东大会上共同试驾比亚迪最新款电动车，巴菲特赞誉：“王传福才是真正的明星。”郭台铭显然不认同股神的说法，第二天他就措辞激烈地三问巴菲特：“为何投资偷窃商业机密的公司？敢不敢开比亚迪汽车上下班？用何种专业知识判断比亚迪的潜力？”显然，郭台铭是“醉翁之意不在酒”，他真正要拷问的人是王传福，怒斥巴菲特其实是他与王传福商业矛盾的延续。

富士康与比亚迪之间矛盾的公开化始于2006年6月的“全国高科技领域知识产权第一案”。2006年5月4日，富士康网监系统检测到王伟等员工向比亚迪发送大量系统文件后立即报警，深圳中级人民法院随后在证据保全过程中查扣复制了柳相军和司少青的电脑硬盘内容，其中涉及带有富士康文件头字样的Word文件以及相关主管的签字。2006年6月，鸿海集团旗下的富泰宏精密工业有限公司及鸿富精密工业有限公司共同起诉比亚迪侵犯商业秘密，索赔500万。2007年7月，富士康国际及其母公司在香港起诉比亚迪侵犯商业秘密，索赔650万。2008年3月，富士康表示该案已升级为刑事案件，公安部门已对涉案人员展开刑事侦查；6月30日，比亚迪称有关申请搁置与富士康的诉讼遭驳回；富士康却表示将进行新的诉讼。2010年初，比亚迪却反过来指控富士康不法干扰比亚迪的生意及经济利益，痛陈被挖角员工曾遭人非法禁锢及富士康将机密资料“栽赃”于电脑及住所等。官司一路升级，两家企业已到水火难容的地步，同城操戈，相煎何急？

其实二者本可以做朋友。1995年2月，王传福创办比亚迪，以手机电池起家，在短短三年内就成长为年销售近亿元的企业。郭台铭表示至今仍后悔当初不该带王传福参观自己的工厂，比亚迪本打算让富士康代工做电池壳，“结果他看到鸿海赚钱，就挖走我们的人，我们总共被挖走400多个干部，偷走上万份文件。”郭台铭对此耿耿于怀，不过更令他憋闷的事还在后面。

2003年，在电池领域喜获丰收的王传福通过比亚迪股份以2.54亿港元收购西安秦川汽车77%的股份，正式进军汽车业。2005年比亚迪汽车销量仅2万台，2006年上升到6万台，2007年将近10万台，2008年增至17万台，2009年飙升到44.8万台，连续5年增长率都超过100%，一路凯歌高奏，难怪巴菲特情有独钟。

短短几年间，不温不火的王传福不断蚕食郭台铭的地盘，比亚迪也迅速成长为富士康最强劲的对手。正因如此，富士康与比亚迪的官司才不断升级，战火从手机业务烧到汽车领域，战场从深圳扩大到国外，连巴菲特都牵扯进来。不过，郭台铭一方面咬住商业间谍案不放松，另一方面却大手笔投资汽车领域。

早在比亚迪收购秦川汽车时，郭台铭曾向王传福表达共同控股的意向，却遭到拒绝。两年后，郭台铭决定自力更生，在2005年2月6日的富士康尾牙上，郭台铭宣布并购台湾前四大汽车线束厂安泰电业。据悉，此次交易是通过旗下鸿扬创投完成，以每股17.914元台币的价格收购安泰电业全部股权，总金额为3.7亿元台币。

2006年，富士康在给安泰汽车电气（昆山）厂投资450.5万美元的基础上迅速增加300万美元，合计750.5万美元。同时，富士康还投资持有柳州安泰方盛电气系统公司55%的股份。2007年2月，富士康宣布通过旗下的富士康控股有限公司在辽宁沈阳市和营口市设立两个新厂，除继续深耕电子器件的老本行外，还将涉及汽车零部件制造，据称投资超过10亿美元，这是富士康进入内地以来首次明确表示将进军汽车零部件制造领域。几乎与此同时，富士康武汉厂区开工，郭台铭将借助东风日产、雪铁龙等企业发展汽车零组件与模具。

2009年5月中旬，台湾媒体透露泛鸿海集团成员正崴与美电池厂商Boston-Power合作进军电动车市场，将在当年下半年获欧美知名车厂认证。一年之后，富士康在2010年5月21日举行的渝洽会上展出一批印有宝马标志的摩托车零件，据富士康工作人员介绍，零件使用的并非普通铝材，而是镁铝合金，使用这种新材料制成的车辆要比普通铝制材料车辆轻30%，也就是说车辆每百公里可以节省约10%的汽油消耗。富士康正与长安集团洽谈合作，该零件有望运用在长安汽车中。此外，全力打造“汽摩之都”的重庆市场庞大，富士康的重庆生产基地将会在该领域有更多表现。

在炮轰比亚迪时，郭台铭曾咬牙切齿地说：“我要输给比亚迪，我就从这里跳下去（指跳楼）。”与王传福在汽车领域一较高低的气势可见一斑。但业内人士也担忧，郭台铭可能不会像王传福那样全面进入汽车制造领域，只是依托优势涉及电动汽车电池等核心产品的制造而已。国内资深汽车产业专家贾新光认为，郭台铭一定会有更大的计划，但是三五年内不会对内地的电动车行业带来特别大的影响。诚如贾新光所说，郭台铭的野心绝不会止于电动汽车电池代工，但富士康在电动汽车领域将深入到何种程度外界很难预测。

2010年，关于汽车行业有两件值得津津乐道的事，一喜一忧，一中一外：前者，吉利收购沃尔沃，其创始人李书福喜滋滋地谓之“穷小子迎娶美丽公主”；后者，丰田汽车的刹车系统发生故障，丰田章男灰头土脸地全球道歉。加上此前四川腾中收购悍马、通用汽车破产等传言，所有的新闻话题都在证明一个共同的观点：世界汽车格局将重新洗牌，中国汽车企业走向世界的机会已经到来。

跟富士康与比亚迪的同城斗艳相比，人们更希望看到中国汽车产业春色满园的亮丽风景。

↘将数字内容产业与硬件制造相结合

不知从哪天起，此前只在报纸的政治、财经、人物等版面出现的郭台铭突然连娱乐版也占据，内容莫不是与各位美女明星的绯闻，标题火辣，内容劲爆。读者也不去深究真假，自得其乐。

传言往往是真相的前兆。郭台铭在娱乐版出现的频率越高，说明他进军电影产业的可能性越大。

2006 年 6 月 14 日，郭台铭在股东大会上对高管们大声疾呼："手机没有成长，是因为内容不够。最近我在了解数位内容，我问过一个香港的制片，他是李安、张艺谋后面最大的投资者，他说，日本有家最大的电信公司向他买电影和电视的内容，因为这家日本电信业者缺少内容，结果我这位朋友就提供三分钟的电影片段给他。我举这个例子的意思是，整个媒体数位内容正在改变，今天技术存在，因为人的通讯，从耳朵、嘴巴，一直到眼睛，眼睛看的东西会越来越多，所以绝对会成长。"他在向高层发出强烈信号，IT 只有插上数字内容的翅膀才能飞得更高。

一个月后，2006 年 7 月中旬，郭台铭前往《白银帝国》剧组探班，并对故乡晋城进行为期三天的投资环境考察，并明确表示将投资 1 亿美元在当地兴建电影城，候选地点为泽州县金村镇水东村丹河龙门景区，占地 70 公顷，将打造科技、数码、网络、宽频技术和电影为一体的内容产业平台。据知情者透露："郭台铭看着山幽水漾的诱人景色，喜悦之情溢于言表，当场拍板：做龙头，就要选龙门！"

2006 年 11 月份，当《白银帝国》获得各项大奖后，郭台铭豪言在 2008 年退休之后最少会投资拍 100 部电影和电视，前期拍摄的 3 部电影只是"Test Water"（试试水温），了解一下拍片和行销市场等状况。此前他还曾透露将投资一个名为"神风特攻队"的电影基金，主要给一些有才华的新人导演、演员、编剧、灯光师或其他幕后工作人员投资，他说："文化人的角度，多少带有浪漫色彩，我拍电影，其实不想赚钱，如果有赚钱，就分给大家，我只要保本，然后可以继续拍电影即可。"

在此之前，郭台铭曾说过一段震惊业界的话："我的人生规划大概分三个阶段：25~45 岁是一个阶段，为钱做事；45~65 岁是一个阶段，为理想做事；65 岁退休以后，我希望能为兴趣做事。为钱做事，容易累；为理想做事，能够耐风寒；为兴趣做事，则永不倦怠。"当人们将这段话与"2008 年退休之后最少会投资拍 100 部电影和电视"这句话联系起来看时，就会认为郭台铭已经将拍电影作为 2008 年退休之后最感兴趣的事。可是从当前的事实来看，郭台铭至今仍没有要退休的意思，在拍摄完《白银帝国》之后也未见其在电影方面有大手笔，显然电影并不是他最感兴趣的事。

对于郭台铭而言，他真正在意的是数字内容产业，电影只是其中的一小部分而已。

在 2006 年 12 月的台北信息月电脑展上，富士康推出超智慧玩具——宠物小恐龙 Pleo，该玩具身上有七个微处理芯片、十四个马达、三十八个感应器，接受并且响应声音、光和触摸，走路时会摇晃，高兴时会抬头摇尾巴，伤心时会低头垂尾，睡觉时会打呼噜，醒来后会伸懒腰，个性鲜明，动感十足。据说量产后每只售价高达 2000 多元人民币，小恐龙 Pleo 诞生后的下一步计划是将在线游戏实体化，让在线游戏有身临其境的感觉。进军机器人、游戏产业后，未来还要拍成科幻电影。

2007 年 9 月，郭台铭与马云共同出席网商大会，期间传出富士康将与阿里巴巴合作进军网络事业的消息，马云证实双方正在洽谈多项业务，前沃尔玛全球采办总裁、阿里巴巴董事崔仁辅表示，郭台铭主动要求想认识马云，两个多月前双方首度碰面，先后会面过三次，已经谈到多项可能合作的业务方向，包括数字内容产业等。2009 年 12 月上旬，此事终有眉目，不过合作领域改为物流，由郭台铭与马云共同创办的“浙江百世物流科技公司”在杭州成立，投资金额过亿元人民币，业务范围初步仅限于杭州市区。可以设想在未来的三五年内，天马行空的马云与招无定数的郭台铭难免不会在包括数字内容在内的创意产业擦出火花。

2010 年 6 月 12 日，据台湾媒体报道，郭守正投资的碁因游戏公司（Keystone）已是本年度第 3 次参加美国 E3 电玩展，展示微软、索尼及任天堂三大游戏机平台的自制游戏产品。碁因游戏公司第一季度已推出 iPhone 手机平台游戏。尽管富士康为微软 XBOX360、新力 PS3 等游戏机硬件产品做代工，但郭守正先后投资山水国际、推守文化创意、首映创意、故事屋等文化创意企业，很早就表明“不接班”，表示要走自己的路，多年来专注于数字内容及文化创意产业。不知道这是郭守正的兴趣使然，还是其父郭台铭精心布局的一路奇兵。

随着电影、电视、游戏、动漫电子书、博客等新信息生活方式的发展以及 3G 移动通信技术、数字电视、IPTV 等电视互动的应用与普及，数字内容产业已成为今后科技发展的潮流。据相关部门统计，2009 年全球数字内容产业规模已超过 4 万亿元，我国的市场规模在 2008 年就达到 2100 亿元，增长率更超过 40%。正因如此，郭台铭希望未来可以将内容产业与富士康的硬件制造相结合，把科技、数字属性、网络通讯、宽频技术等科技和电影集成在一起，让“制造的富士康”变成“科技的富士康”、“数字的富士康”。

数字内容产业的未来将不可想象，富士康如何将其与制造、科技相结合，能否实现郭台铭所描绘的宏伟蓝图，目前还难下定论，只能让时间来验证。

↘渠道变革

对于没有品牌的代工制造企业富士康而言，渠道的作用显得至关重要，郭台铭常说，渠道是科技业的“最后一公里”。一旦找准渠道，富士康可以为任何品牌服务。

2003 年 1 月 18 日，富士康红利多贸易有限公司在深圳成立，主要经营电脑、通讯、消费性电子 3C 产品，每个卖场约有 5000 种 IT 产品。同年 6 月，红利多深圳华强北店隆重开幕，第二年又增开南山店和龙华店，随后迅速扩张至广州、东莞、中山、佛山、江门等地，成为华南 IT 连锁卖场第一品牌、服务最快的 3C 直营连锁店。2006 年 9 月 11 日，原深圳红利多贸易有限公司正式更名为红利多数码量贩连锁（深圳）有限公司。凭借优越的地理位置与便利的交通、明亮宽敞舒适的购物环境、开架自选式体验、明码标价等优势，尤其是直接从厂家进货销售给终端消费者形成的价格优势，使得红利多在珠三角地区更具竞争力。

两个月后，富士康赛博长沙店于 2006 年 11 月 8 日盛大开业，12 月 4 日 3C 汉沽赛博武汉店试营业，2007 年 1 月 9 日赛博数码广场新乡店正式开业，这也是赛博往农村市场进军的信号。赛博执行长朱家义认为，未来中国的数码渠道将随着农村乡镇城市化而发生变局，那些新兴城镇将成为赛博未来几年的市场新契机。

截止 2010 年 7 月，赛博已建成 34 家店面，其中只有 12 家核心店达到 1.5 万平米以上，朱家义打算在现有市场基础上向全国 20 多个省会型城市迈进，抢占新型城市的卖场通路，但所有店都要达到 1.5 万平米以上的大型、新型 IT 卖场的标准，而且要努力向综合性卖场转型——既做 3C，也做百货。按照计划，赛博将跟着富士康集团的投资建厂路线走，这样可以得到当地政府的土地优惠政策，还能搭建 3C+ 百货的新型商业生态。然而赛博大部分店面的租约在 8 年以上，即将面临续约时地价上涨的成本负担，朱家义打算今后在地产的基础上建设赛博的数码广场，自己建大楼物业，赛博的 3C、百货卖场只占其中的数层，其他可作为创业型工业园所在地。

随着 2008 年全球金融危机对各国出口的惨重打击以及内地 2009 年出台家电下乡、以旧换新、节能惠民补贴等多项优惠政策之后，富士康逐渐将策略重点转向内销市场。2009 年郭台铭曾高调宣布，富士康将在两至三年内在中国大陆投资百亿台币，打造一万家以上的 3C 及家电渠道连锁店。

2010 年 5 月 8 日，富士康首家“万马奔腾”3C 店在深圳龙华厂内低调开张，成为郭台铭庞大渠道计划中的“种子商店”。接下来，富士康将鼓励公司 5 年以上工龄的员工回乡创业，在大陆的五六级城市铺开零售网络。富士康渠道事业群董事长胡国辉表示，将在 2010 年内开出 100~200 家“万马奔腾”商店，计划为回乡创业的员工无偿提供数十万元启动资金，而且富士康不要求占有股份，但店名必须是“万马奔腾”，销售的产品只能从富士康进货。他还透露，公司的 80 万员工中，已有 6000 名符合条件的员工向公司表达过回乡开店的意愿。

5 月 20 日，全球第三大批发零售集团麦德龙在上海宣布：在中国推出消费电子零售卖场“万得城”（Media Market）零售品牌，并计划 2010 年 10 月在上海开出首家门店，而它的合作伙伴正是富士康。据悉，富士康与麦德龙早在 2009 年 4 月就签署谅解备忘录，约定合作的具体形式和内容。按照协议，双方将共同投资两亿美元，计划在 2012 年之前在上海开 10 家店，其中麦德龙占新公司股份的 75%，剩余 25% 的股份归富士康集团持有。

Media Markt 是麦德龙旗下一家电器连锁经销商，也是欧洲最大的电子卖场，目前在欧洲16个国家拥有768家门店。据了解，“万得城”中国门店将引进在欧洲实施的“分权式”管理模式，即店长拥有门店资产的10%，而且在商品价格、人员安置、薪资分配、财务管理等方面店长拥有较大的自主权。对于富士康来说，3C渠道的打通十分重要，此举既能借麦德龙品牌进行产品的推广，也能成为麦德龙一线品牌以及自有品牌的代工企业，还能实时掌握各类产品的销售情况，及时反馈到生产上。

7月19日，中国电子商务研究中心传出消息，富士康旗下的“飞虎乐购”B2C平台在酝酿近两年后确定将于8月份正式上线，业务范围前期主要以3C为主，后期将拓展至全方位的产品线，向百货类发展。与传统的B2C平台不同的是，“飞虎乐购”将同时在线上与线下同步扩展，将依托电子商务平台在全国一线城市建成10大配送中心，同时将向全国招商约一万家加盟店。据说郭台铭十分钦佩二战中美国“飞虎队”冲破封锁大败日本空军的壮举，故命名为“飞虎乐购”，媒体也据此分析，郭台铭一心想解脱代工束缚，奔向下游渠道搏杀之玄机。

胡国辉曾任苹果电脑亚洲区研发CEO，空降富士康后主抓渠道建设，据他透露，富士康将在大陆逐步完善五大渠道：与麦德龙合作的万得城担当在一线城市与国美、苏宁抢占市场的重任；进驻大型超市如大润发、家乐福，在超市中开“店中店”；以赛博数码、百脑汇为主体在二三线城市开IT商场；“万马奔腾”商店和购物网站将覆盖三线以下城市与乡镇。

凭借精良的3C制造技术水平和庞大的资金支持，富士康完全有能力自建渠道，提升盈利能力和抗风险能力，一旦时机成熟，如胡国辉所言的五大渠道全部建成、覆盖，富士康将变得更加凶猛。

不过，如今国内3C连锁行业竞争十分激烈，国美、苏宁两巨头合计约有2000家门店，迪信通、中复电讯等专业手机连锁共4000家左右，而家乐福、沃尔玛等零售巨头也在抢夺市场，富士康要想轻松胜出，并非易事。此外，进军渠道后富士康与上下游合作企业的关系也会发生变化，曾经的伙伴会逐渐裂变为竞争对手，不利因素显而易见。

或许，自建渠道只是富士康转型求变的一小步，尤其是2010年经受“跳楼事件”的重大冲击之后，变革的紧迫性愈发凸显。在讨论富士康如何转型、能否成功之前，有一个关键谜团尚未打破：富士康在大陆投资建厂、全球并购以及“3C”到“新 3C”快速扩张的成功基因是什么？

如果因为“跳楼悲剧”而彻底抹杀富士康在制造和管理上的成功经验显然过于苛责，这也不是还原真相的正确做法。在许多方面，富士康对于中国制造企业仍有积极意义。

第六章

中国制造的基本功

↘核心武器：CMM模式

郭台铭曾说过，谁能理解富士康 CMM 制造模式的精髓，谁就会毫不犹豫地买富士康的股票，谁就会赚大钱，看不懂 CMM 模式，就没有资格买股票。由此可见，认识富士康 CMM 制造模式是了解这家企业的第一步。

CMM 是 Component Module Move 的英文缩写，为郭台铭首创的词组，据说在 2002 年第一次扩大动员月会上，郭台铭在题为“竞争力成长的基石”的演讲中提出公司长期经营的三大目标：一、不做品牌，做有制造品牌的低成本、高效率的“3C 产品制造公司”；二、成为以机械零组件为根、电子组件为本、材料知识为基础的“CMM 机电整合制造公司”；三、以业绩每年增长 30%，利润每年增长 30%，速度每年加快 30% 为努力目标，成为“科技应用在传统制造能力的科技制造公司”。至此，富士康领先的秘密——CMM 机电整合制造才公之于众。

在他看来，高科技制造并不只是开发出具有特殊先进功能的产品，模具、塑胶、成型、冲压、电镀、热处理等都需要科学的统筹规划，全面提升，CMM 模式恰恰是富士康对科技与制造的关系深入研究后独创的成果，是智慧的结晶。

字母“C”的意思是零组件（Component）。在 PC 产业，零组件包括机壳、连接器、中央处理器 CPU、电源供应器、电路板、内存、光驱、显卡等等，有些具有无法取代地位的关键部件也被称为关键零组件。郭台铭将零组件比作整个产业大树的根，在整个产业链中，连接器就是一粒种子，在发芽破土之前，先得向下生根，强大的模具能力也因此成为富士康最深的根基。连接器等关键元器件要扎根稳固，还得满足小、微、精、薄以及功能强大的要求，这就需要用到具备散热、传导、节能、环保等优势的纳米、铝镁合金等新材料、新技术，尽管电子元器件的体积不断变小，但传导、传输、散热、节能等功能更强大，将“关键零组件”制造成高科技产品将极大增加富士康的市场竞争力。

第一个字母“M”是指模块（Module）。掌握连接器、机壳等“关键零组件”的技术之后，富士康进入“模块”化制造阶段。所谓模块就是将无数个散乱的电子元器件由导线相互连接，科学排列组合，各自发挥特性，达到一定规格化的产品整合状态，形成电子产品的整体功能。虽说每部电脑都由几大部件组合起来，但“模块”与“组装”却有不同的含义，组装只是零件的简单结合，模块却是科学排列后的整合，使各元器件形成最佳排列，互相配合，不仅能减少组建的数量、节省成本，还能发挥更大效率，富士康的“准系统”就是供组装的模块化产品，内存模块、电池模块、散热模块等电子零件也包含在模块化的制造过程中。

第二个字母“M”是移动、复制（Move）的意思。从工程设计到全球出货，不管哪一个组装层级，富士康都可以快速模块化，在时间上领先竞争对手。从“零组件”到“模块化”再到“快速整合出货”的方向上看，富士康颠覆了台湾制造行业“向上”的整合方式，走“向下”路线。所谓“上”、“下”是指产业链条内上、中、下游的垂直分工关系，富士康这类代工企业属于下游，需要向上游买零组件，主机板厂商等也会向上游买连接器等部件，下游企业只有具备一定的系统设计与组装能力，才能具备市场竞争力。郭台铭认为：“制造业有两种整合：发展与协力厂商竞争，叫顺向整合；发展与客户竞争，叫逆向整合。而逆向整合可以使发展的空间更大。”富士康具备将零件、设备、技术、经验、员工等各要素从一种产品迅速转移到另一种产品的能力，从手机到电脑甚至到汽车，彻底打通，复制成功。

2006年11月24日，郭台铭在并购普立尔成立机光电事业群大会上进一步指出，CMM既是一个有效的模式，也是一个有效的平台。这就好比战争中的航空母舰，既具备有效支援远程飞行，进行空中打击、空中保护和反潜作战的强大优势，同时又是一个能整合各种资源的巨大平台，它包含供应链平台、技术平台、制造平台、采购平台、财务科技平台、客户平台、专利平台、资讯网络平台等子模块，既能有效满足客户海量需求的产品和服务，又能提供国际化、跨产业、全方位、低成本和高效率的系统解决方案。

在此后的几年内，富士康将CMM模式进一步深挖、延伸，在其前后分别加上字母“e”、“s”，整合成eCMMS模式，e本意是指“信息流”（eHub），

"S"是指"服务"(Servce),eCMMS 模式是指利用互联网技术,从设计、生产到出货流程将更快速、有效,在此前的基础上强调信息流和服务的作用。

经过探索与实践,郭台铭又将 eCMMS 运用到其他管理活动中:全球营销规划和支持;新事业规划推动和发展;全球物流供应链系统推动和开发;全球财、税、法、关务系统的开发;核心制造技术的开发;全球运筹干部的培育和输出。eCMMS 已从富士康依靠组装扩大经济规模、利用零组件获利的赢利模式转化为征战全球的"核心武器",成为企业的长期竞争力。

经过多年的潜移默化,CMM 模式早已根植于富士康员工的内心,甚至有员工离职后曾打算将其应用在农业现代化过程中。事实上,这种具备高科技含量的制造整合模式不仅适用于 IT 行业,也适用于所有领域,包括日常生活。

↘成本控制是企业的基本功

在市场竞争日益激烈的当今商战中,"价格屠刀"不可避免地成为各企业见效最快、杀伤力最强的利器,而且由"必杀技"逐渐演进为常规招式。郭台铭深谙此道,视低价为取胜法宝。

从进军连接器开始,富士康就以低价令业界侧目。一位早期与富士康合作的中游厂商采购员回忆说:"富士康的价格大约可以降到海外厂商的一半。"尽管那时富士康的规模不大、名气不响,但由于产品质量稳定、样式齐全,尤其是价格低廉,不少厂商都愿意买富士康的连接器。业务员经常对客户说:"这些连接器,我们富士康都有卖,你都向我们买,我再给你便宜 20%。"

富士康的销售人员对产品价格优势高度自信,与客户谈判时往往霸气十足,直言不讳地说:"你自己做,不如我做便宜;让别人做,也不如让我做便宜。"但是也有客户不买帐,比如台湾另一家电脑大厂——精英集团。尽管连接器是电脑不可或缺的零组件,可价格却十分便宜,富士康的连接器和机壳加起来只占电脑成本的 1/10 左右。即便如此,精英集团还是觉得富士康的连接器太贵，为此专门成立一家名为“钦腾精密”的连接器公司，自力更生。运营不到半年，钦腾精密发现自产连接器成本太高，产品售价远高于富士康，销路日渐萧条，入不敷出。于是扼腕断臂，下狠心将未来的连接器订单全部交给富士康，但有一个要求：富士康必须帮忙提升技术，改善质量。

于是，郭台铭通过旗下的鸿扬创投以 400 万美元的价格收购钦腾精密 50% 的股权。到 1998 年，精英集团已更名为鑫明集团，公司每年 1000 万片的主机板连接器全部向富士康采购，富士康 Socket7 架构的连接器占当时全球 70% 的市场份额，实力不可同日而语。

现任富士康科技集团副总裁戴正吴自 1993 年起负责竞争产品事业群，2000 年郭台铭将该事业群改名为英文 CPBG，但“竞争”的核心意思未变。在 2000 年某天晚上举行的降低成本动员大会上，戴正吴首次提出“赤字接单，黑字出货”的理念，他说：“今天，我们为什么特别强调成本？其实绝大多数干部都很清楚这样一个事实：现在，低价电脑已经成为一种趋势，我们所能做的许多连接器产品已经是‘夕阳’产品，本身利润微薄，但客户还一再要求大幅度降价。于是行业中已经有许多小厂招架不住，面临淘汰出局的威胁。但我们还要不要做？做！肯定要做！但我们决不能做亏本的买卖。我们经常跟市场人员讲一种观念：我们要有‘赤字接单，黑字出货’的竞争能力！”

在戴正吴看来，“赤字接单”是指以低于竞争对手的价格拿到订单，经过制造、营销等各环节的努力后压缩费用，节省成本，用充满竞争力的价格向客户顺利交货，公司还能赢利，达到“黑字出货”。秉承如此理念，竞争产品事业群对每样产品的成本都锱铢必较，因为降低成本是保持低价优势的唯一出路，谁能更好地控制成本，谁就能生存下去。

全球华人竞争力基金会董事长及全球华人（北京）企业顾问中心董事长石滋宜曾为富士康担任 20 多年顾问，他在强调成本控制时举例说，某产品售价 1000 元，成本 900 元时利润是 100 元；如果售价不变，成本降低 10%，变成 810 元，利润就从 100 元上升到 190 元，增加将近一倍；如果售价不变，成本降低 20%，变成 720 元，利润就会达到 280 元，增加近两倍。

反过来说，如果这家公司要获得 280 万元利润，需要做 2.8 万个产品，但成本降低 10% 时只需要生产约 1.4 万个，成本降低 10% 时只需要出货 1 万个。从表面来看，出货量减少 2/3，省时省力，从战略高度看，赚同样的钱多花费两倍的人力物力来占领市场，成本可想而知。正因如此，富士康对成本的概念发生变化，计算公式由“利润 = 售价 − 成本”变成了“成本 = 售价 − 利润”，将成本看得更重。

郭台铭常说：“成本控制是企业的基本功，基本功做好了才能谈变化。”为了最大限度地控制成本，富士康在日常管理中精打细算至令人拍案叫绝的地步。

尽管富士康在全国各地有数十家工业园，但参观者几乎看不到豪华办公楼，郭台铭的办公室也相当简朴，一张旧办公桌、一把靠椅、一台电脑、一个纸板几乎就是全部家当。虽然富士康在内地有 80 多万员工，规模庞大，但公司所有载客、运输车辆都是租赁的，何时、何地需要何种车型都在网上公开招租，竞争者会迅速云集而来，价低者得之。租赁不仅能节约一大笔购车费和汽油费，还能减少司机工资、管理运营等费用，仅此几项，富士康每年就能节省近亿元支出。

富士康有一项很特别的员工福利：免费洗衣服。并为此专门成立恒力华衣公司，员工只要在上下班后将衣服放在指定位置，做上标记，就有专人将衣服取走，第二天将干净整洁的衣服送回原处。从待遇上看这是关怀员工，从管理上看这是一项成本策略，富士康专门算了一笔账：以 1999 年龙华基地 1.3 万人计算，厂区宿舍楼每层有 30 个房间，晾衣间就占了 6 间，达到 20%，采取免费洗衣措施后，晾衣间改为宿舍，仅此一项每年就可节省投资利息 276 万元；员工自己洗衣服难免浪费，每人每月用水达 3.8 吨，年洗衣用水 148 万元；每人每月补助洗衣费 21 元，一年就是 252 元，免费洗衣后一年可节省 97 万元。如今深圳工业园已达 43 万员工，仅免费洗衣服节省的费用高达数亿元，而员工因此增加工作时间、减轻劳动负担、提高工作效率所产生的收益尚未计算在内。

“竞争战略之父”迈克尔·波特的三大战略在管理界享有盛誉，他在“总成本领先战略”中提到：“尽管质量、服务以及其他方面也不容忽视，但贯穿于整个战略之中的是使成本低于竞争对手。该公司成本较低，意味着当别的公司在竞争过程中已失去利润时，这个公司依然可以获得利润。”正因为始终贯彻“总成本领先战略”，富士康才得以树立低价优势，在市场上进退自如，行业景气时可以提高获利能力，危机来临时可以作为抢单的“杀手锏”。

↘品质是生命，是尊严

1985 年，张瑞敏拿大锤砸毁 76 台问题冰箱的壮举震撼整个企业界，此后只要提到“质量意识”或“品牌观念”，管理学家与品牌专家都会诲人不倦地将这个经典案例反复剖析。事实上，郭台铭也有类似的惊人之举。

2002 年的某天，郭台铭在龙华 F2 区多功能厅给 1000 多名富士康员工做演讲，为了检验刚生产出的诺基亚 8910 手机的质量，他突然将手中的该款手机重重摔到地板上，然后让人拨通这部电话。结果自然是电话通了，富士康的制造能力得以显现。

同年 10 月，在上海高盛科技论坛演讲时，面对台下富士康手机代工布局是否成功的质疑声，郭台铭老调重弹，随手从口袋里掏出一部由富士康代工的超薄款摩托罗拉手机，先拿在手上给与会者展示一番，然后高高举起，重重摔下，并且将此动作重复三次。正在观众对突如其来的变故惊诧不已之际，郭台铭却不动声色地暗示台下好友、思科中国总裁杜家滨拨打自己的电话，当被连摔三次的手机响起悦耳的铃声时，郭台铭的脸上毫不掩饰地布满自信的笑容，回过神来的观众们这才热情鼓掌。

富士康手机久摔不烂的过硬品质背后是郭台铭严格的质量管理要求，他常说的一句话是：“质量要精确、精确、再精确。要像黄金的纯度一样，即使达不到 100%，也必须达到 99.99%。”郭台铭在解读“99.99 哲学”时曾举例说：“日本松下公司生产的白板笔做得很精致，手感也很好，写出来的字非常流畅，假如富士康也要做白板笔，做到松下白板笔 90% 精密度可能只需要 1 年时间，但要做到其 99.99% 的水平就要付出比一年长得多的时间。

又比如，中国制造的录像机、照相机与日本制造相比外观上相差不多，但功能上却相差甚远，要从 90% 提升到 99%，可能需要 5 年时间；从 99% 提升到 99.9%，可能需要 10 年；从 99.9% 提升到 99.99%，则需要再加一个 10 年，甚至更长时间。”

据说有一次，郭台铭老家山西晋城的干部到富士康参观学习，被公司干部演算的一道简单算术题吓了一大跳，如醍醐灌顶，恍然大悟。这道题是：如果每道工序、每个零件的合格率都是 99%，那么 10 道工序、10 种零部件组装的产品合格率约为 90.4%；如果三条生产线上的零件合格率都是 80%，三个“80%”相乘却只有 51.2%，那么组装出的产品不良率则将近 50%，如果其中某条生产线出故障，不良率将更高。虽然黄金纯度没有 100%，但是产品质量必须 100%，每架波音飞机都有上万个零部件，任何一个零部件的合格率都不允许是 99.99%，只能是 100%，毕竟人命关天。

富士康的干部话锋一转，不无激励地说：“如果一件事从做到 90% 满意到 99% 满意需要 5 年，那么从 99% 满意到 99.9% 满意也许就需要 50 年。但是只要有信心、有毅力就一定能做得更好。终极的竞争就是信心、毅力、用心的竞争。”听完这席话，晋城的干部们感慨良多，可谓不虚此行。

一旦产品质量出问题，郭台铭的处罚措施严厉却很特别。

1997 年春节之前，郭台铭在鸿海集团总部的年终大会上颁给富士康昆山厂一面写着“质量很重要”五个大字的蓝旗，这并非奖励，而是鞭策，接旗者为此面红耳赤，心情沉重。1997 年 3 月 1 日清晨 7 点，昆山厂区数千名员工顶着料峭的寒风，整齐站在食堂大厅召开“1997 年品质改革宣誓大会”。公司副总率众人喊完品质改革宣誓后，就将刺目的蓝旗授予 I/O 产品事业处经理。经理慷慨激昂地宣誓完 1997 年品质目标后，将数面蓝旗分发给电镀生产部、各零件生产部、各间接单位、一期装备部、二期厂等单位，接旗者面露愧色，各自宣誓。

对于小的质量事故，富士康进行集团通报、会议检讨后不会深究，但对重大质量事故往往严惩不贷。在 1998 年 9 月的集团月度动员大会上，就有事业群最高主管因质量问题未解决被取消参加会议资格；在另一次会议上，某事业群所有与会者因质量问题被集体罚站 45 分钟。如果某单位经常出现质量问题，上级领导很有可能将现有产品交由别人生产，新产品也不会交给该单位，到年终绩效考核时，有质量问题的单位或被降低或取消年终奖、年度绩效奖，措施十分严厉。

“失败经验交流会”是富士康的又一大质量管理特色。富士康每月的月度动员大会由各事业群分别举办，开会时举办单位必须展示质量方面的问题，并自我剖析，拿出解决方案。后来郭台铭转换方式，要求将问题和改善过程整理后编成话剧放到舞台上表演，在情景再现中让与会者看到错误出处与改善方法，加深印象。郭台铭说：“他山之石，可以攻玉；他山之石，可以攻错。”他认为“他山之石”可以是很多错误的经验，让旁人明白“事情为什么会做错，有什么样的办法把它做对”，吸取教训，这种会议也因此被称为“他山之石交流会”。

郭台铭曾说：“人可以活到 70 岁，但任何一家公司能存活 30 年就很不容易。”他认为，没有品质就没有生命，企业要活过 30 岁，必须依赖品质，没有成长就没有明天，富士康这类制造企业只有成长一条路，品质与成长都来自对“快、稳、准”的把握，“快、稳、准”是 3C 的特性，强调“稳”是应该的，但同时也要适应快速、准确的变化。在瞬息万变的时代，如果库存建立不准，产品研发预测就不准；如果对经济的景气循环预测不准，企业就只能落伍，只能被淘汰。

这番体悟是郭台铭历经多次品质事故后的深刻启发，他经常语重心长地告诫部下，富士康很多干部到海外处理品质事件都有非常难忘的经历，都有损失尊严的体会。因为一次次的质量问题，客户的质疑总会令富士康陷入相当难堪的境地，就好比警察审问疑凶时“你已经有几次犯罪前科，这次肯定又是犯罪嫌疑，你承认不承认”之类的拷问，“这非常没有尊严，非常严重。”

“客户愿意出两倍以上的价格来买你的产品，回去还很高兴，认为物有所值，这就是品质。”郭台铭大声疾呼，“品质是生命，是尊严。”

↘答案永远在现场

20 世纪末，一部标榜美国管理明星们挽企业于既倒的畅销书《蓝血十杰》风靡中国，西方管理精英们用数字化工具和创新战略整合全球资源的手段令启蒙中的中国管理者无限神往，此后美国式管理在神州大地大行其道。

然而，在美国有“管理领域伟大的离经叛道者”之称的著名管理学家亨利·明茨伯格于 2009 年对中国访问时却猛烈抨击：复制美国式管理是一种愚蠢的自杀行为，过于依赖强势领导对公司长久发展来说是一个诅咒。他说：“在美国式管理里，多年来形成一个英雄主义式的领导方式，导致高高在上的领导不知道下面发生了什么，真正的领导应该非常了解下面的所有事情。”一语惊醒梦中人，遭受 2008 全球金融危机重创之后，许多在管理路途中徘徊的企业家又将视野放到比邻的日本，丰田、索尼、松下、京瓷等一流企业再次被人提及，稻盛和夫和大前研一等日本管理大师频现报端，现场管理再次风靡。

其实在中国，现场管理的实践者不在少数，尤以台资企业为甚，富士康便是其中之一。

郭台铭常说：“真正的技术在执行的现场，先进的制造技术来自于现场。”他把科技竞争比作新的世界大战，即经济的战争、人才的战争。“今天的战场上，男人比气概、女人比气质、产品比品质、企业比生产力、国家比竞争力，技术的比拼在现场，人才成长的摇篮也在现场。检测实验室的人员一定要走出实验室，走向制造现场，参加技委会，发表不同的科技案例，学到很多的理论知识，还要回到现场去验证。就像学游泳，如果没有游泳池让你下水，你永远也学不会。”

将经典的例子信手拈来是郭台铭的演讲方式之一，他说，德国研究的磁悬浮列车技术为什么能在上海取得成功？那是因为德国实验磁悬浮列车技术选择了偏僻的小镇，那里没有人口，没有市场，所以技术不能得到应用。而上海要人口有人口，要市场有市场，能够很好的应用这项技术。同时，当初中国与德国签订协议，有一项非常重要的条款就是技术的转移。中国派一批人去接受培训，掌握了非常多的先进制造技术，包括道路的施工、轨道的铺设等，然后才回到上海施工。一项先进的技术从研究设计到引进试验、应用，完全是两码事，因为真正的问题会暴露在施工现场，真正的技术也会在应用中得到提升。德国人发现中国的施工技术不输于他们，未来的磁悬浮列车制造技术将从中国推广到全世界，所以他们后悔了。所以说，没有技术应用的舞台，任何技术的发展都将止步于实验室。

自创业时起郭台铭就经常与日本企业打交道，他十分欣赏优秀企业的先进管理模式，包括现场管理。而丰田生产方式堪称现场管理的典范，每年从全球各地到丰田所在的日本静冈县参观学习的人不计其数，丰田生产方式创始人大野耐一说："对人的智慧的浪费是最大的浪费，不能只用两只手，要活用员工的大脑。现物，现地，现时。现场能力，也就是现场工人整体的生产效率。"正因如此，郭台铭前后花费两年时间请戴丰树到富士康任职，期间他和秘书几乎每晚都要给戴丰树打电话，2005 年，在丰田公司有 13 年制造管理与国际化经验的戴丰树终于同意出任富士康国际控股有限公司总经理，将现场管理成功导入富士康。

"管理本身就是一种投资，也是一个成本，有付出才会有收获，"戴丰树说，"生产的现场管理就是合理地将生产现场的人、设备和物料等资源转化成产品过程中所需的一个手段，它必须是以最小的投入得到最大的产出。"因此他强调，身为管理者的责任就是要达成 Q（品质）、C（成本）、D（交货）、S（安全）的目标值。

戴丰树认为，管理并不是单纯的说理，上司为了执行管理而列出部属或部门的管理项目，并且在过程中要求验证，督促达成目标值，它必须要提供妥当的建议，还必须调整整体的工作，并沟通、协助解决工作上所面临的困境，从而顺畅地推动管理循环。在推动管理的过程中，为不浪费资源，一定要想法建立比较完整的作业标准与系统，从而督促所有的部门和员工切实执行。为了避免浪费，管理本身的重点不是事后补救，而是着重于事前防患于未然。

为了顺利推行现场管理，戴丰树作出四大基本要求：品质保证。"第一次就做好"是现场管理必须建立的观念。"如何做好"是必须时时与周边支援部队协商，寻求最佳答案，确保交期。每日生产安排是现场管理者之必要任务，如期交货才能确保生产持续进行。将主动权掌握在自己手里，现场主管应每日不断监督生产进度，降低成本。降低成本是现场管理之最终目标。降低各种生产费用、减少无用工时损失，维护安全。没有安全，企业本身就已不成立。“安全”往往是企业领导人经常耳提面命、全力达成的重要任务。

戴丰树的推广方式与郭台铭的管理理念显然一脉相承。自创业的第一天起，郭台铭从未远离生产一线，凡事亲力亲为，紧盯现场不放。台湾资深杂志出版人何飞鹏评价郭台铭时曾说：“不论是企业经营四大管制：工管、品管、生管、经管，还是生意形态、PC产业技术问题和人力资源管理，他都有独到的观察和洞见，我们不能想象他作为如此规模庞大的企业领导人，竟然能如此清楚每一个作业流程的细节，唯一的解释就是富士康成长太快，他亲力亲为每项细节的经验犹新。一旦老板知道每一个细节，组织里就不存在任何模糊的空间，工作者更没有瞎混的空间，这就是富士康让外界感觉一切上紧发条的原因。”

对于制造业而言，员工的创造性和技能水平是成败关键，现场人员对制造的广度和精度理解越深，企业就越有可能突破极限，实现飞跃，这正是现场管理的根本出发点所在。从这个角度来看，富士康还有一定距离，至少在一线员工的创造性与思想性方面，还有上升空间。

↘谁拥有技术，谁就是赢家

在讨伐“跳楼悲剧”的诸多檄文中，不少学者和评论家抨击富士康没有科技创新，昔日的高科技标杆被毫不留情地斥责为“没有技术含量的搬运工”。所谓“众口铄金，积毁销骨”，暴风骤雨之际，富士康却无人应声辩护，沉默是金。

“2009年，富士康在美国财富杂志‘全球五百强’的排名由上一年的第132名升至第109名，在著名的Thomson Reuters美国专利排名中，富士康以1060件美国专利名列全球25强的第14名，为华人唯一入榜企业。”

或许看过这则报道之后，批评者会对富士康有新的研判，至少语气不似当初那般斩钉截铁。

2004 年，郭台铭将“富士康企业集团”更名为“富士康科技集团”，以展现科技公司的形象。到 2006 年年底他又有新打算，希望有一天能把“科技”两个字也去掉，他说：“一个名叫‘发财’的人发没发财我不知道，但是他爸爸那一代一定没有钱，不然儿子就不会叫‘发财’了，那些叫‘来弟’的人，一定没有哥哥。同样，我们叫‘富士康科技集团’，也一定是在科技方面有待强化。比如说 PC 是指个人电脑，因为它不是属于个人的，所以才叫 PC。哪一天它真的个人化了，‘个人’这个字眼就应该拿掉了。这就如同你早上出门的时候要说‘我开着个人汽车，带着个人老婆去上班’一样，很不妥当。因为汽车已经属于个人了，老婆也是个人的。富士康哪一天真正有了科技，名称中的‘科技’两个字就可以拿掉了。因此，我们千万不能自满，更没有资格自傲，毕竟我们离真正的科技，还非常的遥远，还有很长的路要走。”

话虽如此，但这恰好说明郭台铭对研发的自信和对科技的痴迷。事实上，早在 2003 年鸿海集团就以 1780 项专利正式取代台积电成为台湾年度智慧财产权（IP）通过最多的公司。截至 2004 年 6 月，鸿海集团已提出 1.7 万件专利申请，并获得 1.2 万件专利技术。2005 年，富士康在深圳申请专利 2350 件，占全市专利申请量的 11.2%。其中发明专利 1750 件，占 74.4%。这一年富士康在大陆的专利申请量为 2700 件，其中发明专利 1820 件，占 67.4%。富士康由此获得当年度大陆专利申请量第二名、专利核准量第一名，获台湾地区专利申请量和核准量双料冠军。

2006 年 4 月，富士康被全球顶级专利品质评鉴机构 IPIQ 专利积分卡评定为全球电子与仪器领域专利前三强。到 2006 年 9 月 30 日，富士康在大陆的专利申请量累计为 12600 件，版权登记为 1000 件，商标注册为 360 件；富士康全球专利申请量达到 32400 件，核准量 17250 件，其中电脑连接器专利累计已达 8000 件。而 1995 年富士康的专利申请量仅为 270 件，核准量为 160 件。短短 11 年间专利申请量增长 118 倍，核准量增长了 108 倍。

近年来，富士康除了在专利数量上突飞猛进，专利层次也日益提升。

到 2007 年富士康的专利申请累计如下：热传导 2600 件，纳米技术 600 件，网络通信 400 件，无线通信 1200 件，平面显示 3000 件，镜头模组 900 件……在 3C 领域也有大量的专利积累。

在这一大堆枯燥数据的背后，凝结着富士康科研人员的智慧和汗水，在无数个孤寂的日子里，失落与激动交替上演。2006 年 10 月，第八届高交会（中国国际高新技术成果交易会）隆重召开，在富士康展台前，东京大学毕业的李军旗博士举着一片小小的手机照相机介绍说："这个镜片的材质并没有特别之处，但它的加工精密度却是纳米级的，光洁度误差要小于 5 纳米，一根头发丝的直径是 8 万纳米，也就是说误差要小于头发丝的两万分之一。"这就是由他负责研发的 SGT-n 纳米级超精密加工机，它的诞生标志着日本企业长期对该技术的垄断历史由此终结。

与生产手机、电脑等 IT 产品一样，生产镜片也要先做模具，模具精密度越高，镜片的质量就越好。SGT-n 超级磨、车、削纳米级仪器就是为制造镜片的纳米级模具研发的专用设备，可理解为"模具的模具"，这种设备在全球由少数几家公司垄断，所有技术完全对外封锁。富士康采取软硬集成，材料、加工、测量、控制技术系统取优的方法，终于在较短的时间内研发成功，已先后将其应用在数码相机、打印机、复印机、传真机、扫描仪、手机、汽车、医疗设备、传感器、DVD 读取器等光机电一体化产品领域，终于打破日本独资企业长期垄断我国 97% 以上办公自动化设备市场的尴尬局面。

专利水平的提升离不开郭台铭对科技与研发的重视。富士康每个事业群下都设有技委会，2002 年还将部门研发的奖金额度从 30 万台币提高到 300 万台币，一次性提升 10 倍，郭台铭对研发的投入决心可想而知。鸿海集团技术长陈杰良不免感慨："我们现在有的工程师拿到的专利奖金，比他的薪水还多呢！"

富士康对科研人员的重视还体现在细节之处。据说 2004 年 6 月举行的鸿海集团股东大会是有史以来所有股东、记者感觉最舒适的一次，端庄亮丽的大礼堂内到处摆着红色丝绒椅子。郭台铭看着众人满足的神情，连忙解释说："这是我们给研发工程师做教育训练用的。"他一向力主节俭，为了提升研发水平，毫不犹豫地花钱将土灰色水泥外墙的餐厅装修成培训礼堂。

即使在2008年全球金融危机富士康直面亏损深渊时，郭台铭依然强调："不景气就缩减成本的触角一旦伸进研发，那是杀鸡取卵。在这个时候一定要把研发经费丢进去，下一波再起来的时候，谁拥有技术，谁就是赢家。"

21世纪是一个日新月异的知识大爆炸时代，企业要想获得长远的发展，就要依靠科技创新。纵观当今中国制造业，似乎已经到了竞争规则的"拐点"，依靠规模竞争的历史终将远去，取而代之的是"创新和科技为王"的时代。

↘选对客户，全心服务

20世纪80年代初的一天，郭台铭突然接到大洋对岸美国芝加哥密歇根湖畔的某家笔记本电脑公司的质量投诉，说富士康的电脑连接器有问题。这是全球最早的笔记本电脑公司，当初能拿到订单是因为竞争对手无法交货，客户无奈之下只好交给富士康，因此十分不易，郭台铭十分重视，决定亲自去一探究竟。

异国他乡此时正寒风呼啸，气温在零下二三十摄氏度，到现场后郭台铭发现，问题出在没有做零下50摄氏度的严寒测试。台湾气候温暖，产品性能良好，可在美国的冬季就会出故障。在了解了情况后，郭台铭当面向客户做检讨，然后将所有问题产品全部挑出来，同时通知台湾工厂立即将所有产品加一道严寒测试程序。三天后，合格产品全部空运到美国；两周之内，所有产品都全部撤换完毕，客户生产未受到影响。

即便后来富士康规模不断扩大、影响力不断提升，遇到客户的重大投诉事件，郭台铭还是会亲自前往客户所在地当面致歉，真诚不减。总裁严格要求至此，销售人员也并不轻松，郭台铭对业务员有两个基本要求：一是只会对别人说我的东西比别人便宜，交货又比别人快的业务员我不需要；二是一定要能在第一时间弄清楚谁才是决定下单的关键人物。

在富士康销售人员的笔记本电脑里通常都有一份"秘密联络图"，也就是客户人员名单，包括关键人物的职位、履历、学历、年龄、爱好、家庭状况，甚至详细到有几个孩子。如果业务员拜访之前没有清楚明晰地画好客户权力组织图，一定会被领导骂得狗血喷头。通过这些缜密的商业情报，富士康能及时了解到客户关键人物的职责范围、内部关系、权力结构变化和未来发展趋势。

除此以外，富士康对销售人员还有七项职责要求：选对客户并建立分类制度；建立良好的上中下层关系；找到新产品开发的机会；竞争对手分析；抢夺订单并配合客户交货计划；忠实传真，及时汇报相关情况；负责回收应收账款。另外，销售人员还必须深入了解产业知识，具备分析产品优劣的能力，必须清楚工程服务及生产制程，能快速准确说出富士康和竞争对手产品上的不同之处。

要成为一名优秀业务员，取得客户信任至关重要。郭台铭认为那些油腔滑调的业务员最难得到客户的信任，他教育新业务员工说："要先从小订单开始，说到做到，你把小的做好了，客户就会慢慢把大订单交给你。"

获得信任的另一大秘诀是严格为客户保密。外界都知道富士康为微软、思科、索尼、诺基亚等客户代工，至于生产何种产品、多大产量、多少价格业内并不知晓，除了不得已而公开的客户外，富士康还为哪些客户代工就更鲜为人知。保密不仅出于隐藏富士康自身的竞争意图，还在于双方签订的严格保密协议，一旦有员工下载并通过电子邮件外传机密，客户将索赔数百万赔偿。

在富士康的众多客户中，大多是竞争对手，比如诺基亚与摩托罗拉、戴尔与苹果、思科与华为等，为了避免泄露彼此技术机密，富士康为每个客户分别设立一个事业处，各客户的事业处只做这一家的订单，而且各事业处之间不能互相往来，即使在同一栋厂房，各楼层的生产员工都不能随意走动，对其他单位的生产状况毫不知情。

有人说："客户就是上帝。"也有人说："像满足情人那样满足客户。"还有人更狠："让客户满意到绝望为止。"客户至上的理念已成为企业界无可辩驳的最高信条。但是郭台铭认为，比客户满意更重要的是选对客户，他在评价富士康时总说："四流员工，三流管理，二流设备，一流客户。"

如果客户选错了，一切服务都无从谈起。

作为必胜绝技，郭台铭选客户有三大步骤。

第一，研究客户是否与富士康存在竞争关系，或者受惠于富士康产品的物美价廉而增强实力，成为自己未来的强劲对手。郭台铭透露，他为此花费大量时间来研究客户有没有长期的企图心、未来的策略是什么、愿景是什么等关键问题。

第二，如果确定没有竞争关系，不会成为潜在敌人，就要评估客户的潜力。包括其市场地位、优势劣势和目前策略，如果这家公司符合竞争位置，富士康就可能全力支持。郭台铭强调，就算是小订单选客户也很重要，有些订单我们愿意接，就是因为看好这家客户。

第三，富士康判断客户有一个简单标准：市场占有率超过 30%。富士康会将客户分级，第一等级是全球市场排行前四名的公司，第二级是全球五到二十名的公司，第三级是地区性市场领导品牌，第四级可能是通路商组装市场等，依次类推。郭台铭强调，一定要紧盯世界第一级客户及其长期竞争力。

所谓“疑人不用，用人不疑”。一旦选定客户，富士康会全力支持，帮客户赚钱。一名离职的富士康业务员表示：“我在富士康学到最多的，就是帮客户赚钱的观念！如果客户不赚钱，你做得再好都是错的！”大多数厂商能做到“交期准、速度快、质量好、成本低、仓储运送完整”就已经相当不错了，可这些对于富士康而言只是基本要求，如果客户搭配的其他零组件不合适，富士康会主动帮忙改善，甚至和客户一起打开市场，提高赢利能力。不少客户都说：“和郭台铭合作过的人几乎都升官发财！”

直到 2001 年，富士康营收首次突破 1000 亿台币，记者问郭台铭成长的关键是什么，他依然回答：“选客户。”他在全球的顶尖客户都是很好的情报来源，这让他知道市场需求的未来变化。但是经过几十年风雨无阻的前行，他自己也积累出大量判断客户实力和市场前景的经验。

郭台铭说，他将毫无保留地把这些经验移转给接班人。

↘从学习上找根源

熬过 2008 年全球金融危机之后，“学习型组织”再次成为炙手可热的词汇。尽管这个理念在中国已传播十几年，却一直波澜不惊，2009 年下半年,《第五项修炼》修订版再次畅销，这是学习热潮勃然兴起的佐证。比尔·盖茨的“学习力 = 竞争力 = 生存能力”、杰克·韦尔奇的“你可以拒绝学习，但你的竞争对手不会”等名言警句成为不少企业高挂的新标语。

36 年来，郭台铭始终坚信“工作中学习，学习后工作，做比说重要，习比学有效”，一直将学习作为富士康取胜的重要手段。

1986 年之前，富士康的客户主要是宏碁、台达电子、光宝等本土企业，占其主要营收的 90% 以上。为了进入全球前十大连接器厂行列，郭台铭开始以投资生产系统软件来降低成本，他从美国迪吉多和麦克唐纳公司引进 CAD/CAM 软件系统，还引进大量 CNC 镜面放大加工机、光面线切割机及各种研磨机、高速连续冲床机。富士康还专门成立对日工作小组，聘请日籍顾问帮忙引进精密机械制造技术。

自创业第三年起，郭台铭就倾其所有到日本买机器设备，学制造技术，尤其在模具方面投入最多。他总说日本企业是老师，经常到日本企业参观访问，请日籍技术人员到富士康任职，推行管理和技术理念，同时派优秀员工到日本高校留学、到名企实习。1988 年，富士康开始推行日本企业的“5S”（整理、整顿、清扫、清洁、素养）管理体系，并在这一年以“颜色管理表”首度获得宏碁公司“卫星体系工厂”第二名。

那段时间，郭台铭总喜欢主动找戴尔计算机前亚太区采购管理总部总经理方国健、前德州仪器亚太区总裁程天纵、前台湾飞利浦总裁罗益强等跨国公司的职业经理人聊天，吸取企业管理和运营体系经验，了解市场发展趋势，孜孜不倦。“不懂就要问，想保住面子的人，最后会连里子也输掉，而且别人也不会把所有事情都告诉你。”郭台铭以自己的例子告诫部下：“成功途径：抄、研究、创造、发明。”

郭台铭喜欢用小鸟学飞的故事比喻学习，他说：“老鸟会从很低的地方把小鸟往下放，小鸟刚开始会掉下去，但慢慢就会愈飞愈高愈远。像老鸟教小鸟飞时，一定要小鸟自己去飞。”引进顶尖设备必然逼迫富士康的管理能力要同步提升，一股无形的力量推着员工学习、进步，虽然设备商会教给员工基本的操作方法和维修保养知识，但是熟练掌握提高操作水平还需加强自我学习，决不能产生依赖。

品质管理几乎是所有制造企业最头痛的问题，富士康也不例外，郭台铭认为，品质往往喊起来容易，口号响亮、规定全面，尽管一再开会强调，但实际做起来依然问题频出。要想彻底解决，还需从“学习”上找根源。

首先，品质与安全只停留在口号、标语上，略懂皮毛就以为自己全知道这叫做“知之不深”。小时候郭台铭有一次左眼患病，医生拿起药水非要滴右眼不可，他以为医生搞错了，提醒说是左眼患病，不是右眼。但医生还是滴了他的右眼，并告诉他这样医治是因为他知道眼疾有传染性，只治左眼没有用，必须预防右眼才能做到深度治疗。郭台铭感慨：“一个‘知之不深’的医生就不会这样做”。

其次，设计、制造和品质管理人员只知自己单干而无暇他顾，以致顾此失彼，全盘皆输，这叫做“知之不全”。“人的身体构造是一个非常优秀的‘品质系统’，每一个器官都是一个最好的传感器，假如你用吸管喝开水，开水刚一沾上舌头你就会哇哇大叫，再不敢喝。其实，开水只要烫到身体任何部位，都会马上警示：开水碰不得！每一个部位都是身体这个‘品质系统’的品检员。所以在品质与安全的学习方面，应该把每一名员工都造就成品检员和安全稽查员。”他举例说：“你擦拭冲件的油污，你只知道‘擦’是你的任务，‘擦三次’是你的目标，这还不够。你应该了解：擦三次能不能擦干净？如果擦一次能干净为什么还要擦三次？有没有比擦更好的办法？”所以，做任何事一定要了解整个过程和目的，不能孤立地做事。

再次，员工也在不断学习、持续改善，可品质和安全事故仍不断发生，这是因为“知而无用”或“学不致用”。所谓“一朝被蛇咬，十年怕井绳”就是因为人们知道被蛇咬的痛苦和危险，所以才时刻注意避免再被蛇咬，这样的经验学习是很有用的。郭台铭回忆说，小时候老师常常带我们去远足，到了精神病院我们觉得自己是正常的人；到了医院觉得自己是健康的人；到了监狱觉得自己是自由的人。这样的旅行学习就是为了教导我们日后要努力去做一个精神正常、身体健康、人生自由的人，如果学而无用、学不致用，就会造成很大的学习成本和代价。

最后，大家已经习惯于成本高昂和代价巨大的学习，这是不能提倡的一种方式。美国联邦调查局曾做过调查报告：98% 的盗窃犯和诈骗犯都不能安享赃物赃款，因为他们几乎都被抓进监狱，这些罪犯从中应体会到：付出青春和自由的人生体验和学习代价太不值得！平时对品质和安全漠不关心，只有等到客户大批退货、拒绝再下订单或者同仁断了腿、断了手、出了车祸、丢了人命才痛定思痛、大张声势地检讨一番，这种学习方式成本太高，代价太大！

从以上四大学习误区中郭台铭得出结论：不正确、不严谨、无品质的治事与治学方式要彻底检讨改善。失败是一种希望，但重复失败却是一种绝望。学习要付出代价，代价有大有小，以最小的代价去学习是全员的责任，必须依靠大家深入、扎实地去努力，花拳绣腿和虚张声势是下一次失败的征兆。

在富士康内部，自上而下的学习观念早已深入人心，每个员工内心都有一个朴素的逻辑："赚不到钱是因为没能力；赚钱不多是因为能力不强，没有能力是因为没有学习，要想增加收入改变生活，就要持续学习提升能力。"同时，富士康对员工的教育投入也相当惊人，在业界众所周知。

↘前10年壮大企业，后10年培养人才

2004 年岁末的贺岁片《天下无贼》并不像如今的《唐山大地震》这样炒得火热，不过一句幽默感十足的名言却流传至今——"21 世纪什么最贵？人才！"甚至被许多企业家在优秀员工表彰大会当做开场白或结束语来引用。作为"小偷公司"的 CEO，"贼老大"葛优对人才重要性的认识无疑是十分精准的。

至于"最贵"这个上限到底是多少钱，每位企业家开出的价码不一，郭台铭的出价是："教育培训不用做预算，需要多少就使用多少。"1995 年

3 月富士康内部杂志《鸿桥》创刊，郭台铭为创刊号题写“十年树木，百年树人”八个大字，以古人的爱才观念来表明自己的态度。

郭台铭曾讲过一个故事：第一次世界大战结束后，战胜国要求战败国德国只能保留 3 万人的军队，士兵都退伍回家，只留下 3 万名连级以上的军官，25 年之后，德国军事实力如日冲天，悍然发动第二世界大战。为何在短短 25 年内，德国能恢复元气迅速崛起？因为它保留了军队的精华和骨干，留下的 3 万人中每个人至少能立即培养 150 人，3 万人就能带领 450 万人，百万大军迅速壮大。

因此，郭台铭反复强调：“前 10 年壮大企业，后 10 年培养人才。富士康要在大陆更大地发展，要落实管理本土化、扎根大陆的策略，必须要培养储备一大批优秀的骨干。”他常感慨：“技术的研发、人才的培育，就是从根做起。中国最有价值的不是长城，不是黄河长江，而是长城的坚毅精神和黄河哺育出来的炎黄子孙，他们是我们的人力宝库和智慧之源。人才本土化，是从根做起的重要一环。”他认为富士康的成功之处不仅是建立起多处巨大的生产基地，更重要的是培养出了成千上万的人才。进军大陆之后，富士康用 10 年时间培养干部队伍，在以后的发展中迅速扩张，几年内扩张到几十万人，技术和管理骨干作为中坚力量起到带兵作用。

郭台铭有句名言：“人才是历练出来的，而非天生的；人才是机会创造出来的，而非刻意培育的；人才是船到桥头有责任者自然成就的。”为此，他将员工的素质归结为“虚、飞、韧、合、贴、新”六个字，也可视其为富士康选材的基本标准。

虚是指以虚造实、以智胜力。未来将是虚拟实景大行其道的世界，在世界存活第一要有想象力，第二要敢于尝试新事物，第三必须用头脑做事，最重要的是任何看来不可能的事，有知识的个人和团队都可以创造出来。

飞是指如虎添翼、连跑带飞。“速度”将是未来最有利的竞争武器，个人学习与自我成长、团队协作与群组竞争、产品开发与技术升级、企业运作与产业转型等，只有那些掌握最细科技、领悟速度竞争诀窍的个人与组织才可能在竞争中拔得头筹。这样的个人与组织不但要走得快，而且要跑起来，甚至于快得飞起来。

韧是指长期经营，坚忍不拔。沉稳、坚韧、不怕失败、用于探索、对前途充满信心。个人的事业追求和公司产品的制程改善、市场开发等，没有坚忍不拔的恒心，成功就无法保证。

合是指合纵连横、网络生存。就从业品质而言，建立融合且互援的人际网络关系是个人依存于团队的关键；就技术层面而言，掌握并运用最新数码智能技术是个人新竞争力的显著特点；而一个企业要在市场策略和营运手段上凌驾对手，必须强调并追求供应链竞争优势。

贴是指贴近顾客、倾听心声。市场是一只看不见的手，但它时刻都回荡着必须倾听的声音。在过去的世纪里，我们不敢得罪客户或顾客，未来我们得更加小心翼翼地去服务客户。

新是指创新求变、日新月异。经营人生和经验事业，创新是永恒的主题。“新”是“虚、飞、韧、合、贴”理念及行为的最高准则。如果未来不是新的，那么追求未来实在是徒劳无功的愚行。

选拔合适的人是人才战略的第一步，通过系统的教育训练在磨砺中培养人是其中关键。在业界，不少人都有这样的感觉：“富士康是一所大学。”郭台铭在大陆各厂区建立十多个大型员工培训中心，每年投入巨额培训经费，逐步形成“工作中学习、学习中工作”的培养方式，建立一套完善的培养模式，具体包括以下五大项目。

学历继续教育。富士康在 2001 年 1 月成立深圳市富士康先进制造生产力学院（IE 学院），聘请美国德州大学理工学院教授兼院长陈振国博士担任院长，所有追求进步的员工都有机会报名参加学历教育，费用均由公司支付。富士康计划进一步扩大办学规模，面向社会公开招生。

网络学员培训。富士康建立起以深圳为中心、覆盖亚、欧、美三大洲的网络学院，不管员工在全国乃至世界各地，不管何时想学、学什么内容，都可以跨越时空界限无缝对接，便捷学习。

海外实习和留学。为了提升员工能力，满足国际化发展需要，富士康长期对员工进行英语、西班牙语、日语等语言培养，适时派往海外学习、工作。2006 年富士康先后从 IE 学院派出 9000 多人到捷克、巴西、墨西哥等地，这一数字还在逐年上升。

职业技术培训。富士康开设工管、品管、生管和经管四大系统核心技能和技委会专业技术培训项目，通过现场辅导、专业技术研习、讲师技能训练、内部员工技能培训等方式提高水平。

管理技能培训。培训体系包括工管、品管、生管和经管四大管制系统，涵盖整个集团运作模块。

著名科学家阿基米德有句名言："给我一个支点，我将撬动整个地球"。对于郭台铭而言，科技创新是推动企业发展的"杠杆"，而人才就是最关键的"支点"，他据此认为，成功需要"策略、决心、方法，再加上有好的人才与组织去执行。"尽管富士康在基层员工管理与培养上还有欠缺，但在观念上，郭台铭无疑是在往正确的方向前进。

第七章

经验揭秘：速度决定一切

↘边建厂边出货

“看千年，看西安，千年古都；看百年，看北京，百年古城；看十年，看深圳，十年变化；看一年，看龙华，富士康速度。”这是富士康内部非常流行的一句话，每有员工以此描述富士康飞速发展的商业奇迹时，无不神采飞扬，倍感自豪。

无论是富士康在深圳的龙华厂区还是观澜厂区，都能见到一排排五六层的白色厂房，而且无一例外地布满各种裂纹。这并非建筑设计师的“印象派艺术”风格，而是后期填补裂缝的水泥浆痕迹，据相关人员介绍，所有厂房在建筑结构、设计上并无不妥，但在施工过程中由于工期太紧，未等墙体完全干透就在外表刷涂料，立即上马生产线，投入生产。

“旧伤未愈”的老厂房是富士康飞速发展的见证者。为了按时完成四面八方飞来的订单，富士康员工增长速度相当惊人，2003年底龙华厂区不过五六万人，可到2007年上半年就达到30多万人，平均每年翻一番。老员工回忆说，在急速扩张的年代，富士康曾创造过一周内招聘8000人的最高纪录，为了解决新进员工的住宿问题，整个龙华镇的楼房几乎全被富士康员工租住殆尽，有时还将周边的其他工业园区整体租下来，建筑工人24小时加班，在厂房加装照明灯管，搭建上下铺，改建卫生间。有时新员工进来而床铺未及时解决的话，就先安排在地上铺着凉席应付一晚，第二天再搬到床上。据说床铺最紧张时，公司还将上下两层床铺改装成上中下三层，狭长的宿舍看起来就像火车的卧铺车厢。

住宿问题尚能对付，生产却丝毫不能松懈，必须按质按量按时交货。眼见订单马不停蹄地飞来，厂房却未建设完工，怎么办？郭台铭当机立断：边建厂，边出货。

深圳龙华基地于1996年2月1日破土动工，可在上一年的11月10日富士康已拿下康柏大量订单，尽管郭台铭次日就宣布在台北成立铁壳事业处，展开产品研发、技术协调、零组件采购等系列工作，可要等到基地建成再投产，恐怕就违约多时了。

于是郭台铭于1995年12月12日到深圳龙华亲自选址，同时要求在台湾的技术团队赶紧试制样机。1996 年 4 月 19 日，样品获得美方认可的第一个机种“DDT”在台北量产，当月下旬，第一货柜产品顺利出货。但是，康柏的大订单仅靠台湾工厂根本不能如期完工，眼见距 6 月 30 日的交货期只剩下两个月，郭台铭立即下令在深圳厂区投入生产。

当时的龙华工地还一片泥泞，钢筋、水泥等建筑材料散落一地，郭台铭只得将黄田厂作为临时生产基地，5 月 1 日，临时招聘的员工被安排到黄田厂的两条组装生产线开工；5 月 8 日，客户方派业务经理亲自到黄田厂督战，毕竟新员工技术生疏，需要更好的技术指导；5 月 11 日，黄田厂生产的第一货柜产品出货。尽管工人日夜忙碌、废寝忘食，可堆积如山的订单依然令郭台铭一筹莫展。

到 6 月的最后一周，产线工人早已连续加班多日，疲惫至极，从其他生产线抽调的 30 名员工和培训中心的 60 名学员也已冲锋一周了，订单依然堆积，眼看距离交货只剩 24 小时，却还有一万台产品未完成。此时，郭台铭亲自赶到生产线，担任生产组长，带领所有干部到生产线当作业员，组装出货。

30 日晚上，分成两班的作业员和干部们轮流冲锋，人歇线不歇，从总裁到基层员工，人人奋勇争先，汗流浃背，终于赶在次日早晨 5 点 57 分将最后一台产品组装下线，提前 3 分钟顺利交货。

这便是在富士康广为流传的“黄田决战”。

时任富士康烤漆厂厂长李清墩回忆龙华厂区初建时说，那时他刚进富士康，条件非常艰苦，不但没地方做饭，而且也没地方吃饭，只得将在外面做好的饭用车拉过来，大家就随便蹲在工地上吃。由于要日夜抓紧时间装机器，可安装设备不齐全，工人们只得肩挑手抬，挥汗如雨。

作为亲历者，李清墩对“黄田决战”的激动场面记忆犹新，他说：“厂房日夜赶工，基本框架建成后设备已经安装调试完毕，员工随即上线，投入生产。这时厂区内除了仅有的一栋厂房外就是工地，其他什么设施都没有。新厂动工两个月后，第一批产品就已顺利下线，装箱上船运往美国。订单大量涌来，一两栋厂房根本无法满足需要。所幸还能到别的地方租厂房，安上临时生产线，加班赶货。无论采取什么办法，都不能耽误交货时间。”

李清墩记得第一次见到郭台铭是他到工地催工期时，看到工人的安装进度，他表示对工人有80%的信心；第二次来时机器已经安装好了，郭台铭与他开玩笑说："只要你保证三天后能生产出产品，回台湾后我帮你开车。"十几年过去了，一切恍如昨日，辛勤的汗水就像富士康这台大机器的润滑剂一般，滋养它飞速发展。

经过龙华基地"边建厂，边出货"的成功实践，郭台铭决定创建自己的建筑队伍——富士康科技集团营建事业处。无论是此后北京、天津、昆山、杭州、山西等国内的厂区还是匈牙利、捷克等海外基地，富士康的厂房和宿舍、食堂等所有建筑都属于自建，十几年间已陆续建成几十处工业园。自己建设厂区不仅能保证质量、节省材料，还能提高建厂和出货的速度，无论订单多厚、工期多短，都能统筹兼顾，顺利出货。

"边建厂，边出货"为郭台铭速度制胜的理念提供强有力的佐证。在后来富士康的发展中，速度优势被发挥到极致，业界对此屏息凝视，却又望尘莫及。

↘抢到订单，步步领先

成吉思汗是郭台铭敬仰的大英雄之一，他为此曾专门赶到内蒙古探访"草原霸主"的后人，想知道八百多年前成吉思汗是如何一路打到欧洲去的?

后人的解答是：太阳往哪里下山，成吉思汗就往哪里打。冬天往西边靠"南"打，因为北边俄罗斯的大地冰天雪地；夏天往西边靠"北"打，因为靠南边的沙漠地区酷热难耐。就这样，欧洲人最敬畏的成吉思汗及其子孙率领蒙古骑兵一直往西横扫，直捣欧洲心脏，几乎把当时已知世界80%的土地纳入帝国版图，有历史学家指出，成吉思汗开创了人类历史上第一个真正的全球化时代。

郭台铭对"顺着太阳落下"的战略深有感悟，他认为成吉思汗赢在方向、赢在策略，其速度是关键，"方向、时机和程度都要靠速度来完成。平的世界的竞争制胜，必须仰赖速度和效率。"郭台铭强调，成吉思汗的部队每一个人都带三四马，三四马轮流跑，战士在马背上一边日夜兼程，一边睡觉休整，而敌人总是按常理去研判战情，结果往往遭到措手不及的毁灭性打击。他由衷感叹："这样的统帅和军队，如果不能征服世界，那人类发展的史诗就黯然无色了。"

在这个市场竞争激烈的时代，"大鱼吃小鱼"的观念已落后陈旧，"快鱼吃慢鱼"才是至理名言，谁的反应慢、效率低，就必将被淘沙大浪卷入海底。对于制造业尤其是代工企业而言，订单意味着一切，谁先拿到订单、拿到更多订单，谁就有机会胜出，否则，只会落后挨打，淘汰出局。因此，郭台铭要求富士康的业务员要异常凶猛，主动出击抢订单，并时常告诫部下："一步落后，步步落后；一招领先，招招领先。"

2001 年，整个 IT 行业一片萧条，戴正吴在竞争产品事业群新干班讲话时将郭台铭的"抢单要求"进一步强化，"竞争产品事业群的目标就是抢订单"，他直言不讳地说，"你们现在来竞争产品事业群上班，订单就有了吗？不容易，对不对？你们能上班，订单是靠争取来的，不是天上掉下来的！台湾正在面临不景气，很多公司都深具实力，但就是少了订单。台湾要争取订单，要用策略，怎样服务好客户，怎样培养好自己的技术能力，用怎样的策略拿下这个订单，这些都是各公司面临的挑战。富士康在 2001 年这样不景气的情况下，仍然要繁荣成长，这可大不一样啊！这还是体现了竞争的精神与挑战的斗志。"

这种彪悍的抢单风格并非此时才形成，早在 1994 年抢下 LG 的苹果机壳订单时，郭台铭就小试身手。

1994 年，富士康开始争取苹果电脑 iMac 的机壳订单，凭借模具精良、大量生产、成本控制等能力，苹果日渐注意到这颗制造业新星，可此前的委外订单基本交由韩国大厂 LG，富士康想拿到供货权并不容易。当时负责此事的张新蓓博士回忆说："当初苹果希望 LG 能提供样品给我们参考，但 LG 好像还故意一直拖延，不肯给呢！"比遭遇 LG 狙击更难的是技术瓶颈，工人要在 iMac 半透明机壳上打几百个直径不到 1 厘米的散热孔，而且不能变形。在做好模子再钻孔还是一体成型的选择上，富士康倾向于后者，速度更快，成本更省。

到 1999 年，富士康机壳的出货量达到 1300 万台，占全球 13% 的市场份额，五年间从零开始，每年增速都达到 15% 以上，从 LG 手中成功抢到苹果一半的订单。除此之外，富士康还在 1996 年到 1999 年三年间为康柏生产 600 万台电脑机箱，1999 康柏已成为全球最大的电脑企业，康柏从全球 225 个供应商中精简优选出 9 个最佳供应商，富士康名列其中。

自此以后，郭台铭一发不可收拾，全球 IT 领袖企业的大订单先后从其他厂家落入富士康之手。1999 年，富士康抢到思科、IBM 伺服器订单，成为全球最大的网络设备供应商；2001 年，富士康抢到索尼 Play Station 游戏机订单；2002 年，富士康抢到英特尔 P4 连接器订单；2003 年，富士康同时抢到诺基亚和摩托罗拉这两家死对头的订单；此后，苹果的 iPod 与 iPhone 的手机订单也不断涌入富士康……

富士康凶猛抢单的竞争精神引起台湾业界的恐慌，大家纷纷表示：“只要郭台铭踏入一个行业，这个行业就完了。”有同行认为正因为富士康抢了别人的订单，才导致无以为继，最后关门歇业。

虽然郭台铭坦承“部分所开发的产品必须跟客户争夺市场”，但业界苛责的批评显然难以接受，他反驳说：“有人说我抢人家主机板的订单，以华硕为例，是我最先做惠普、戴尔的主机板 OEM 订单之后，华硕才来接的；索尼的 PS2 也是我先做，它才进来的，我做机壳、连接器，过去都是不起眼的，我做起来了，大家都做了，就成了台湾的大产业。大家都说我抢别人的订单，照这个情形来看，应该是别人抢了我的订单才对啊！”他越说越气愤：“广达接苹果、康柏的订单，英达接康柏的订单，都是我介绍的，大众、神达的康柏订单，也都是我介绍的。所以明明是它们来抢我的订单，怎么就变成我抢它们的订单了？”

直到 2009 年 6 月，关于富士康抢单的新闻还在台湾 IT 业内炒得沸沸扬扬，有报道说郭台铭杀入笔记本电脑阵地向代工龙头广达宣战的新闻，披露富士康不仅在年初抢下苹果订单，还从广达挖走 60 多位研发工程师，林百里与老友郭台铭从此结怨。

在商业竞争中，对于“谁不动”、“谁先动”早已分不清楚，谁有理谁无理也无法评判，郭台铭与同行的抢单恩怨始于何时已无从考证，将终于何处也无法预测，不过可以肯定的是，诸如“抢单大战”之类的同城纷争绝非台湾 IT 业独有的景致。在广东顺德，美的、格兰仕、容声与科龙“混战”；在晋江，安踏、匹克、特步、361 度“斗法”……越是产业集群密集的地方，抢单大战就越激烈。

毫无疑问，损人不利己、破坏行业规则的不正当竞争行为将摧毁商业土壤，应该严厉批判；但积极主动、拼搏进取的良性竞争对优化产业结构、加快产业集群升级速度大有裨益，值得鼓励。富士康的抢单，明显属于后一种策略。

↘飞机速度

2010 年 2 月 5 日，郭台铭的湾流 G550 型私人飞机通过当局核准，注册编号为“B99888”，能在台湾 18 个机场相互起降，关键是可直航海峡两岸。至此，郭台铭的“湾流 G550”成为首架台湾籍私人飞机，这也意味着台湾首架获准“直航”两岸的私人飞机即将起飞。

据说郭台铭本打算申请“99999”的注册编号，寓意为“九五至尊”，后来改成“99888”，意为“又久又发”。在此之前郭台铭已拥有四架湾流 G4 型私人飞机，每架造价约 10 亿台币，“湾流 G550”装备十分华丽，里面配有真皮座椅、餐厅、高科技娱乐与通讯系统，每次飞行可穿越 7000 海里，准坐八名乘客，属于湾流黄金级的商务客机，可谓全球 CEO 最爱的顶级私人飞机，造价约在 15 亿元台币。

关于郭台铭的飞机故事首次曝光是在 2007 年 1 月 24 日，参加完国民党原主席连战之子连胜文的婚礼后，身陷绯闻的郭台铭与影星刘嘉玲一同乘坐自己的私人飞机返回香港，被守候多时的娱记拍个正着。2008 年 8 月 6 日，北京奥运会开幕前两天，郭台铭与新婚 11 天的爱妻曾馨莹及家人乘私人飞机抵达北京，面对媒体询问，郭台铭解释说：“我绝对不用鸿海的钱买，我用自己的钱买，我的钱花不完，干嘛不买？！”

如果有人据此认为郭台铭买飞机是为了满足一己私欲的话，恐怕误读了这位严谨总裁的良苦用心，在郭台铭看来，飞机代表速度，它意味着富士康为掌握客户而全速前进。早在2003年股东大会上，郭台铭就表示要购买私人飞机，而且出手就是两架，股东和高层领导出于安全考虑，一致反对。经过三年等待，郭台铭在2006年斥资5亿元人民币购买私人飞机；四年之后，他成为两岸直航私人飞机第一人。

关于郭台铭与飞机的故事始于1989年。当时康柏电脑在亚洲还没有办事处，郭台铭为了开拓市场、拿到最关键的康柏公司的订单，专门在美国建立营销办公室和一条小量生产线，亲自在一线试制客户所需的样品，老员工回忆说："我还记得赶出货时，连郭夫人也会亲自卷起袖子帮忙包装产品呢！"除了生产的忙碌外，郭台铭坐飞机在洛杉矶与休斯敦之间来回往返整整两年，终于拿到第一张订单。对于他来说，如此高密度长时间的"空中飞人"煎熬，显然是件痛苦的事情。

1995年，迈克尔·戴尔到华南访问，郭台铭以安排戴尔与当地政府官员见面为条件获得开车送他去机场的机会，在途中郭台铭对戴尔说："反正离下一班飞机起飞还有很长时间，不如你到我们工厂看看吧！"就这样，戴尔以无奈的心情被郭台铭"绑架"到厂区，转完一圈后，看到设备先进、管理科学、规模庞大的生产线后神采飞扬，加上郭台铭"超级热情"的态度，合作协议基本达成。

不过，还有更经典的故事。据说有一次某同行厂家由协理带队，静候在中正机场等待客户下飞机，然后把他接回台北与老板亲自面谈。令他吃惊的是，在出关大厅处居然看到广达董事长林百里带领一批高管亲自出马，争夺同一家客户。这位协理当场信心掉了一半，还未交手就大伤士气，可他依然故作镇静，故作笑颜与林百里打招呼，一起等客户。尽管广达铁定抢走订单，可自己与客户见一面打个招呼总可以吧！

飞机终于降落了，众人一拥而上，客户满面春风地出来了，不过令众人惊愕的是，与他一路谈笑风生的还有郭台铭。见此情景，众人不知所措，只得无奈地望着郭台铭将客户接走。

郭台铭捷足先登的秘诀在于"客户权力组织图"。业务员要从中分析出有效信息，对一些关键人物的行踪及时掌握，这样一来，关键客户因什么任务要到什么地方出差以及出差时间、飞机航班号、甚至飞机票的座位号都十分清楚，郭台铭就能在同一班飞机上与目标客户“不期而遇”，甚至并排坐在一起，一路愉快洽谈，飞机尚未到达，订单已基本敲定。

惊心动魄的“在飞机上抢客户”的计谋并非郭台铭的独创，据说在索尼决定配额及标价的最后一天，台湾某公司CEO通过特殊渠道拿到竞争对手的报价后，当即派主管乘最后一班飞机前往日本东京，连夜赶到索尼游戏机部门所在地。到第二天一早索尼负责游戏机业务的主管出门时，该主管早已恭候多时，手里拿着最新报价单。这场商战的结局不言而喻，日本比中国台湾早一个小时时差，当竞争对手报价到索尼时，那位乘飞机的主管早已拿走订单了。

这个故事在业界流传甚广，争抢客户已到了如此争分夺秒的境地，一向追求速度制胜的郭台铭不可能毫无触动。

以往自己搭飞机总是专门选班次最晚、票价最低的航班，十分节俭，但为了客户，他必须买一架高档的私人飞机，比如波音FX喷射机等。当2003年郭台铭打算买私人飞机的消息传出后，各大航空公司老板纷纷致电给他，连鼎鼎大名的长荣集团也包括在内。

在拥有私人飞机之前，郭台铭一直喜欢乘坐华航的飞机，主要原因是早年总是坐华航经济舱跑全球业务，感情深厚，他尤其喜欢华航“胸怀千万里，心思细如丝”的广告词，华航周年庆典时，曾特别邀请郭台铭录制一段影片激励士气，他欣然应允。

纵观郭台铭三十多年来与飞机的故事，几乎都与客户有关，他曾说过一句名言：“让我们拯救水深火热的客户吧！”在瞬息万变的商业竞争中，速度决定成败，以飞机速度来帮助客户解决问题，与其说是拯救客户，不如说是在拯救、发展自己。

↘982原则，永远比对手快一步

48 小时完成产品设计，24 小时试制出样品，6 周量产新机种……富士康在不断刷新 IT 行业的世界纪录，能改写速度奇迹的，只有自己，绝无旁人。

1999 年之后，富士康昆山厂区的“I/O”连接器部门专门成立“加速加工中心”，帮助客户处理应急件、零星修改件、夜间急件等，像 Cable 模具等产品从设计、开模、试模到送样都提供“24 小时项目”支持。该厂区某副理自信地说：“富士康不仅有大厂的支持和制度，也有小厂的价格优势和弹性。”

由于 IT 产业持续多年畅销，进入 2001 年之后，客户订单不仅交期短、批量大，而且越来越密集，这对台湾代工厂商是个不小的考验。据相关资料显示，1998 年台湾代工厂从接单到出货平均需要 32.7 天，到 2001 年已缩短至 27.3 天。其中，电子类企业降至 19 天，大型电子厂商逐步达到“853”的境界——85% 的产品 3 天内出货，到 2007 年基本能达到 985——98% 的产品在 5 天内出货，正因如此，台湾电子产业才能笑傲全球。不过，也有不少人对此深表痛恨：“现在的订单已经短到不合理的地步，以前还有 12 天的出货期，如今缩短到 3 天就必须出货，这对台湾厂商来说，简直就是一种成本负担。”

富士康可谓“提速运动”的领军者。2001 年美国某电脑公司将 P80 订单交给富士康时，要求两个月出货，而大多数公司一般需要四个月才能完成，整整缩短一半。可令客户没想到的是，富士康进一步提速，6 个星期就生产出一个新机种，不到一个半月就完成任务。快速量产新机种的一大秘诀就在于富士康强大的模具能力，郭台铭自信地说：“单是一个电子机壳产品，大大小小的模具大概要 50 至 60 副，彼此的大小尺寸还要搭配，而富士康要做到全球三大洲都有出货地点，就等于需要开三套模具，准备 100 多副，做好以后，马上就可以制造出上百万个产品。”

除了大量出货、提速生产的优势，富士康试制少量特殊样品的速度令人惊诧。在富士康美国小型工厂内，不但能及时供应客户临时订单等少量出货，而且如果需要修改，硅谷的设计人员会按照客户要求修改式样，当他们休息时，有16小时以上时差的亚洲员工正好上班，接力研发，第二天就能将新方案送到客户手中。

2002年，富士康的游戏机产品十分火爆，一名曾参与游戏机产品谈判的离职员工回忆说，有一次，他们和某公司的采购部门及市场营销部门开会，会议刚开始，富士康的员工才发现对方提供的规格出现错误，如果立刻指出错误，会让该公司采购部门在营销部门主管面前没面子，对富士康今后能否拿到订单还可能产生负面影响。于是，富士康员工主动揽责，向对方道歉，并且承诺第二天保证拿出修改后的设计图，客户采购人员对富士康员工急中生智的做法十分感谢，营销部门主管也满意地宣布散会。第二天，富士康方面果然按时拿出新方案，再次令对方的采购人员深表感谢。

郭台铭借用思科CEO钱伯斯的话说："这个世界上，没有大的打败小的，只有快的打败慢的！"他强调，一定要比你的对手快一步，市场竞争将日益残酷，以前PC产品还有一定规格，可在消费电子产品市场并没有固定的采购过程和规格，完全由消费者喜好和市场趋势来决定，因此速度就是全部。比如说某产品如果突然大受欢迎，比的就是"快速爬升产能"的能力，而所谓的"快速爬升"就是实时量产，关键是启动时的爬坡要快。

"爬坡"的挑战也给富士康带来不少订单机会，2004年有分析师针对富士康的一系列并购行动指出，富士康并购网络通讯及光驱等公司就是要让产品的研发出货速度更快。而有了这种速度才可以实时"变现"，也就是全球运筹的"Time To Money"。郭台铭曾指出，富士康做一台PC赚几十美元，但如果都从大陆或台湾出货并运到全球各地，一台PC光空运费就要四五十美元，而在当地货出一台就省一台。速度的提升带来的巨大效益不仅在于能够赶上市场节奏，快速赚更多的钱，还能大大降低成本。

戴尔是富士康的主要客户之一。迈克·戴尔在自传《Dell的秘密》一书中指出，戴尔擅长用"投入资本回报率"为衡量标准来计算每个零组件和每个供货商之间的成本关系，从距离到时间的成本都能从中算出。以PC零组件价格为例，平均每周要降低0.5%到1%，戴尔希望在最短时间内把产品交到顾客手中。而在富士康内部，郭台铭经常强调：经营稳定的创新力，建立在强化客户服务满意度、提升新产品开发速度率、增加新产品营收比重率。

这种思想与戴尔的要求十分吻合，戴尔希望产品在市场上停留的时间不断缩短，富士康必须跟上客户的脚步才有更多机会。1998 年，康柏存货最多 8 周，而富士康的客户只要存一周就够了，因为不管是美国还是欧洲，富士康都能在一个星期内补货。如今，富士康已经做到了“982”的境界——98% 的产品在 2 天内出货。

郭台铭常说：“速度快的人赚钱，速度慢的人卖库存”。在他看来，卖最新的科技产品只要一般的业务员就够了，但是库存一定要最优秀的业务才卖得出去。而这种优秀业务人员的薪水成本又比较高，里外一算，速度快的企业竞争力将成倍增加。因此，在“速度上永远比对手快一步”的理念下形成的速度优势已成为富士康的强大竞争力。

↘快速通关，负数库存

“我快变成卖菜的了，”戴尔电脑前 CEO 罗林斯曾经感慨说，“手上的产品如果不赶快卖掉，马上就会变成一堆‘废铁’，就像生鲜蔬果一样不能久放。”

日新月异的数字化变革让戴尔率先采取“直销模式”以应对市场变化，其他 IT 企业也纷纷效仿，产品出货的速度日益加快，在市场停留的周期日益缩短。为了让代工企业跟上自己的出货速度，戴尔提出四大要求：运送能力、库存周转速度、全球营运的支持度、通过网络的销售方式。对于富士康而言，这四大能力主要体现在快速通关上，通关越快出货就越快，库存的压力将降到最低，周转速度随之加快。

自 1978 年改革开放以来，深圳海关公路通关业务每年都以超过 10% 的速度不断攀升。在 1992 年到 2001 年十年间，沙头角、皇岗、文锦渡三处公路口岸的进出境车辆由 446 万辆次增加到 931 万辆次，数量增长一倍，经深圳各口岸的进出口货物总价值超过 1000 亿美元，位居全国之首。深圳海关平均每天有25000只货柜进出，素有“天下第一关”之称，IBM一位副总裁曾据此风趣地说：“深圳到香港的公路如果塞车，全球PC就会缺货。”

在2001年之前，深圳海关一直实行核发《登记手册》进行备案的监管模式，传统的纸面手册从备案到核销结案要先后经过外径、海关、银行、税务等多个部门，经过17道手续，耗时快则15天、慢则40天不等。为了顺利报关成功，富士康需要16名报关员每天用8辆小货车运送大量的同一手册往返海关办理业务，效率与速度之低不难想象。

2001年1月12日，深圳海关向富士康颁发保税工厂匾额，鸿富锦保税工厂正式挂牌运作，富士康由此成为我国第一家保税工厂。所谓保税工厂其实是一种具有现代报关观念和科技设备的海关营运单位，挂上这块匾额之后，富士康将极大提高通关的效率。

2002年，深圳海关正式推动“电子口岸”的联机设置，实行“联网监管”。通过EDI电子数据交换报关系统，深圳海关能直接与富士康联线。在货物进关之前报关流程就已启动，海关人员能直接从电脑上掌控，进一步抽查。以往报关所需的35本传统纸质备案合同合并为一本“电子账册”，通过电脑联网将加工贸易合同的备案时间缩短在一天之内，紧急合同2小时就能完成。由于网络升级、手续简化，富士康的报关员锐减到4人，以往需要几天的进口报关作业流程只要5分钟就能解决，各项业务都能在网上完成，十分便捷。

如今，在富士康西大门处，每天进出的集装箱大货车达6000多辆，络绎不绝的车流一直从龙华厂区绵延到深圳海关关口处，全国最有效率的运送能力在富士康得到充分体现。自1996年以来，富士康每年都以50%以上的速度增长，这是郭台铭“速度”理念的最佳诠释，他每年都给各事业群下达营收指标：业绩每年至少增长30%，因为IT产品定价每年都以30%的速度下降，而工厂又不能增长30%的人力，只能增加30%的订单，提升30%的效率，才能保证利润不会下滑。另外，在保持30%增速的同时还必须做到均衡生产，这样才能保证原材料库存不会有太大压力，一旦生产过快产品积压或生产太慢原材料出现堆积，企业将跌入万劫不复的深渊，正如郭台铭所言：“库存是企业的坟场。”

事实上，富士康在生产线上的许多产品不但没有库存呆账，甚至出现负数。戴正吴解释说，备料零件一进发货库房就被领走，甚至时间还没到，下一批出货单就已经到了发货库房。这要归功于富士康严格的会计查核系统，要是备料到一定时间（这段备料时间比一般业界标准要短很多）还没有出货，就会马上打成库存滞料，先折价一半。要是没有准确计算进货、出货时间，严格执行时间表，财报上的业绩就会很难看，所有人年底都拿不到奖金。富士康的生产单位几乎都有这种从进货到出货准确达到预定数目的功力。而为实现消化库存达到零库存的目标，生产制造的速度也是非常关键的。如此严格的库存管控，显然受益于丰田生产方式中的JIT（Just In Time，准时生产方式，又称无库存生产方式），戴正吴在丰田历练多年，早已深谙其中的奥妙。

以30%的增速带动规模扩大能为富士康节省更多成本。因为每次订两三万个零件肯定比订两百个零件的折扣更低，而订购的次数日渐频繁，达到一定量后折扣更低，因此富士康总能比同行以更低的价格拿到同等质量的零件，几乎是业内最便宜的。另外，产品早一天出货就早一天上市，价格降低的幅度就会更小一些。降价是行业的大势所趋，富士康只得靠速度拼命赶到降价的前头，争取以更高价格出货，也是郭台铭与其他同行在理念上的不同之处。对于富士康来说，成本不只是看得见的机器、厂房、原材料、人员工资，还包括所有组装、物流和人员训练等费用，成本领先来自于规模经济、范畴经济、学习曲线效果及产品设计与制程技术。其中，速度来自于"学习曲线效果"与"产品设计与制程技术"的完美结合。

富士康并非某种产品或某个行业的领跑者，它大多数时候是在扮演跟随者的角色，往往在产品滞销、利润微薄时杀气腾腾地冲进来，这就需要规模效应发挥优势，否则不是被龙头企业"踩"死，就是被其他追赶者"乱棍打死"，根本没有喘息的机会。只有靠速度带动规模才能产生轰动效益，形成市场优势，站稳脚跟，将对手逐一杀退，凯歌而还。

富士康用高效率的通关速度、负数库存的周转节奏创造规模效益，拉升利润空间，继而保持增长势头。这种别具一格的速度理念不仅值得IT企业借鉴，也适合于所有行业。

↘e-Hub让供应商和市场零差距

郭台铭的霸道与富士康的严厉在业界人所共知，比如主管犯了错误要在他面前罚站，员工在军训中经常出现体力不支晕倒等，因而富士康在控制成本过程中用到的规模经济、军事化管理都很难符合弹性、变化等要求，没有人会相信这头大象能自如跳舞。

为了快速调整、适应客户快速多变的要求，郭台铭将物流和信息中心建到客户身边，主动与客户缩短距离就是与市场缩短距离，富士康把这个物流信息中心称做“e-Hub”。

此前业内十分流行“Hub”的概念，意指发货中心仓库或物流中心，2001 年 7 月，富士康美国最大的 Hub 在休斯敦设立，距离前康柏电脑总部不到半小时车程，相当于康柏自己的发货中心。休斯敦 Hub 与富士康组装生产线只有一门之隔，无论生产线做到什么程度零件都能及时供应，但只要货物跨过仓库大门就等于出货，富士康就可以向客户结账。

Hub 其实就是一个小型物流公司，靠出货、进货的“周转率”来自负盈亏，生产线只要拿到零件几乎就等于出货，库存等于“零负担”。富士康把“Hub”直接建在客户身旁，一方面提供客户快速服务，一方面减轻客户的备料负担，客户需要就直接让富士康提供，简便快捷，还能降低成本。

对于富士康而言，芯片组、中央处理器、内存等关键零组件的价格十分昂贵，如果Hub管理不到位，仅货物折价的损失都会令郭台铭无法容忍。为了科学管理，他投资上千万美元建立信息平台，用富士康研发的软件，靠“e 化”来预测库存、掌握存货进度。自此之后，富士康在“Hub”前面加了个字母“e”，尽管增加一个小写的英文字母看起来微不足道，可这其中却大有文章。

富士康很早就和客户一起开发计算机系统，也就是所谓的“e 化”，它不但将全球所有工厂连接起来，还能协调研发、制造、采购、行政、法务等部门的关系，它就像富士康的中枢神经一样保持灵敏的反应速度。此外，客户也有一套操作系统与供货商连接，比如早期康柏的供货商开发系统、戴尔的供应商调查 / 评价系统等，一般说来都涵盖四大步骤，从设计定义到开发及系统确定再到试产，最后才是量产。这些系统基本都能做到在制造的同时实现与质量、设计工程继续互动。依靠“e 化”的神经系统，富士康能将世界各地的工厂统筹安排、迅速协调，同时发动全球攻势并非难事。

富士康是如何在完全陌生的一线市场建立起全套的神经系统的呢？首先，与客户一起开发系统。客户往往要求很严格，在如何布线、如何将 SAP 系统继续发展方面都必须达标，在完成与客户联机时要同步完成内部流程改造，信息人员必须在规定期限内重新导入信息系统。其次，整套新系统要有安全性。对内而言，要把不同的客户与后勤支持、行政管理等资源用同一套标准连结起来。

例如，在富士康收购捷克进军欧洲心脏时，公司的信息部门刚经过改组，没有顾问，也没有时间训练新员工，可信息系统建设又不能延期，所有信息人员只能夜以继日，力争赶上惠普在欧洲出货的订单，这样就能第一时间从较近的捷克出货。

不过捷克工厂的“e 化”显然比其他市场更困难，富士康在当地建造的是“多样少量”的厂房，主要信息进入后分流会相当麻烦，而且富士康在欧洲有 26 个国家市场，各地语言不统一，以前的内部流程都是用英文或中文，但在欧洲不但要把所有数据和流程“文件化”，还要再变成捷克文。富士康信息人员只有熬夜赶工，像打仗一样完成任务，最后终于通过集团要求的“955”标准——95% 的订单在 5 天内出货，又在半年内达到“982”标准——98% 订单，2 天内出货。

富士康“e-Hub”建成后，每周都有 100 多个货柜的零组件在此交易，甚至还能发货给其他组装厂，这样厂商就能避免零组件价格波动的压力。富士康员工信心十足地表示，公司存货不会超过两天以上。但郭台铭的要求更严格，产品停滞只要超过十五分钟就要设仓管制，不管是零件、物料、组件还是半成品，只要走出发货中心还没有成为成品出货，都要在电脑上管制、随时能查到流向。而出货、销货的定义相当明晰，出货就是从制造地到发货仓对客户尚未收钱的一段，销货则是从发货仓到客户仓对客户收钱的那一段。

在信息高速发展的今天，没有信息流的物流中心无异于一座废墟，富士康员工也深刻明白这个道理。如果接到1000台机器的订单，富士康管理人员在供应商一端就会思考何时零件开始进货、何时进行组装、在哪里组装等，并在第一时间用电脑算出成本。如果欧洲工厂需要零件而在亚洲厂区还有“呆滞库存”，系统就会阻止欧洲工厂下订单，尽量让亚洲工厂提供零件，减少库存。

而在工厂一端，员工也在思考采购多少零件最节省、哪种零件从哪里进货最便宜等，也会在第一时间用电脑算出成本。在各地区总部会通过信息系统管控质量和厂商备料、交期规划等，直到产品出厂后，还得考虑如何运输、如何追踪，怎样让产品安全到达客户指定地点最省时省力，所有这些，全部都靠“e-Hub”解决。

在郭台铭的管理词典中，“交货”的定义是指适品、适质、适时、适量。通过“e化”富士康能顺利实现“两地研发、三地制造”，这就好比参加接力赛，第一棒刚起跑，第二棒已经在跑道上准备，第三棒正在跑道旁热身。正是这种完美的统筹协调能力，保证了富士康的神奇速度。

郭台铭常说：“我比客户自己更关心客户！”他通过“e-Hub”将物流和信息流紧密结合，不仅加快了富士康的全球化进程，还缩短了客户与市场的距离，从而缩短了富士康与市场的距离。

↘向管理要速度

郭台铭经常向员工提起美国黄石公园的鸽子。

在美国的那几年，每年夏天郭台铭全家都要到黄石公园游玩，他女儿最喜欢喂鸽子。有一年他突然看到禁止喂鸽子的告示，大惑不解，就去问管理员是什么原因。管理员告诉他，前一年冬天，一场大雪之后，鸽子全都死了，因为鸽子平时习惯了人类喂食，失去了自己觅食的能力，结果没有人喂食鸽子全都无力过冬了。

对此郭台铭深有感触，他认为竞争环境是最重要的。从教育的角度看，家长不能在事业上帮孩子不见得是坏事；从员工培养的角度看，工作中训练、挫折中教育、竞争中思考才是创新人才的正确训练方式；而对于商业竞争而言，企业就需要在变幻莫测的市场中经受考验，越战越勇。

戴尔是一家要求苛刻到令人难以容忍的企业，他们的采购人员与供货商谈时往往会问：“根据我们的预测，目前需要470万个零件，但也可能增加到580万个，你们的产能如何？盖一座厂需要多少时间？问对方是否能做到，我们会消耗你们产能中的比例有多大？如果产品组合从15英寸屏幕改成17英寸的时间比我们预期的还要快，或者我们还需要更多的量，你们该如何处理？你们能做到吗？”这种近乎傲慢的谈判方式不仅没有难住富士康，反而争取到更多机会。

在2000年之前，戴尔的供货商超过140家，但2000年以后戴尔90%的原料需求只需要不到40家类似于富士康这样的供货商提供。郭台铭说：“把资源都放在所选择的客户上，而客户选择正确了，富士康也可以大幅成长。”戴尔也认为形成这种“单纯而紧密”的关系并不容易，“厂家必须对自己投资，以赶上我们。”不管戴尔的要求如何变化、节奏多快、订单多大，富士康都会按时交货，因为交期就是命令，是对客户的承诺，按时交货不仅是利润要求，也是由商家的立命之本——诚信所决定。

“有困难才有机会，有挑战才有创新”是郭台铭的名言之一。IT市场变化愈来愈快，困难和挑战同时并存，诚如郭台铭强调，经济发展面对的是新思维、新科技、新生态，只有靠自己和自己竞争，才能克服恶劣环境生存下来。

2001年，富士康拿到美国某公司P80电脑订单，这是富士康进入准系统后最重要的订单。P80电脑共有300多个零组件，涉及金属材料、塑胶材料、黏性材料、冲模、塑胶模、压铸模、润滑剂、金属抛光、组装加工等多个领域，共有300多道工序，结构十分复杂，材料采购范围包括台湾、东南亚、美国、欧洲等国家和地区，几乎遍及全球。从开发到量产再到大量出货，要生产出外形别具一格、优雅大方且集机构、金属零件、高抛光不锈钢为一体的P80电脑并非易事，可客户只给富士康两个月时间，设计时富士康提出能够节省60%时间的简单制程，却遭到客户强烈反对，并继续添加更苛刻的条件。

在生产过程中，P80 电脑也是问题不断：

首先是供应商经常缺货，而且零部件质量不稳定，客户要求产品表面全部精抛光处理，不能有碰伤、刮伤。为尽快高质量完成任务，富士康颠覆常规的生产方式，制作出一种泡沫保护盒，生产时将产品的金属部分放入盒中保护起来，只留下有待加工的部分，员工可以直接从流水线上将产品拖到下一工序，不需要用手去拿。如此一来，作业员操作时无须担心碰伤产品，提高生产效率。

其次是产品质量要求高，制造相当复杂，一旦出问题很难找到根源。为了直接反映出异常现象，直接找到问题源头，富士康给每台产品制作了一张管制卡，所有岗位和工序全部显示，产品完工后到相应工站签上工号，一旦出问题后能直接找到相关责任人，实现对所有制程品质和效率的及时管控。

除此之外，生产线上经常会临时出现此前从未碰到过的新问题，为了现场迅速解决，在赶工 P80 电脑的两个月内，相关部门负责人吃住都在车间，24 小时不间断守候，发现、处理问题。为加快进度，他们一天只睡四五个小时。

两个月后，P80 电脑终于按期交货，投入市场后，好评如潮，客户新订单蜂拥而至，有些小批量的产品交货期缩短到 12 小时，任务十分艰巨。作业员不得不加班加点日夜奋战，以最快的速度把产品交到客户手中。

经 P80 电脑一役，富士康的管理和生产水平得以提升，品牌影响力再次推高，客户也将升级后的 P79 电脑订单交给富士康。与 P80 相比，P79 零组件品种更多，连接线像头发丝一样精细，制程也更复杂。但此次客户在设计时听取了富士康改进制程提高效率的意见，因而合作相当顺畅，不仅提前交货，还节省了大量人力物力。此后客户再次升级换代，将 P79 替换成 Q26，质量要求更高，制程更复杂，一度让刚进入准系统领域的富士康难以适应。但先后翻越 P80、P79 两座大山之后，设计人员的思路更宽广，作业员的熟练程度更高，富士康的体力更充沛、耐力更顽强，仍然实现按质按量按时完成订单。

企业无论大小，都必须面临全球竞争，机会与挑战并存。为了抢占先机，郭台铭以速度要求提升管理水平，又用更科学的管理加快生产速度，相辅相成，堪称经典。自 1998 年起富士康就将“速度”放在核心位置，在全球开发、全球制造和全球交货等各项能力上日益精进，从未让戴尔、惠普等全球品牌企业失望，并将挑战和困难迅速转化为成长机会。郭台铭说：“把战线在全球拉开，才能好好拉大和竞争对手的距离。”

在此需要总结的是，速度取胜的关键在于企业的执行力与企业家的掌控力，富士康的速度优势，源于郭台铭雷厉风行的果断作风与绝对服从的铁血文化。

第八章

铁血帝国

↘独裁为公，民主是最没有效率的管理

“他的右手腕上时常戴着一串从成吉思汗庙中请来的念珠，他奉这位13世纪的蒙古征服者为偶像，”一向注重细节的《华尔街日报》在报道郭台铭时描述，“极富个人魅力的郭台铭在下属中很有威信，他以军阀的铁腕管理着鸿海精密。”

郭台铭说：“任何一个组织重要的不是管理，而是领导。怎样才是成功的领导？我不晓得。但我可以告诉你怎样的领导不成功：不身先士卒的领导、朝九晚五的领导、遇事推诿的领导、希望讨好每个人的领导、赏罚不分明的领导。”他曾在美国做过调查，几十年来经营不错的公司成功经验都不在管理方面，而在于领导。他还尝试过培养很多员工，给他很多训练，让他做优秀的领导，但结果无一例外的都失败了，因为管理可以训练，领导没办法训练。

正因为领导相当重要，因此郭台铭对高层主管要求十分严厉。比亚迪老板王传福回忆起拜访郭台铭的情景时说，当时两个人在房间里会谈，富士康各部门经理都站成一排守在门外，当谈到某个具体问题时郭台铭会喊一声负责此事的部门经理的名字，随后就见一个人低头走进来，汇报完毕后再恭敬卑谦地站在原地。

一位财经记者在记述郭台铭开会的情节时描述：郭台铭坐着，他面前只有一张椅子，二十几名博士全部站着，郭台铭逐个发问，到最后他会让讲得最好事前有准备的一位坐下讲话，其他人继续站着，直到会议结束。专栏作家信怀南回忆说，有一次他去郭台铭的会议室开会，一位员工站了足有半个钟头，郭台铭发现后问：“你站在那里干什么？”员工回答：“董事长你没有叫我坐下来。”

据台湾了解富士康的人士透露，高管在半夜两点钟之前是不允许关手机的，郭台铭如果要讨论某件事情，相关人员必须随叫随到，如果一时找不到人，他还派人不停打电话，直到Call到为止，因此部下也戏称这种电话为“索命连环Call”，富士康的干部几乎没有下班回家后未被主管的电话叫回办公室的经历。一位管理人员无奈地说：“没办法，谁叫我们是跨国公

司？”此外，郭台铭下达的命令各部门主管必须在15分钟内答复，在欧美等其他时差较大的市场，负责人也必须在8小时内做出回应，否则“老板很生气，后果很严重”。

作为领导的领导，郭台铭更是严于律己，以身作则。创业早期，为准时交货，郭台铭经常冲锋到生产一线，与作业员一起插件、组装，破点皮流点血对于他来说早已司空见惯。多年来他每天工作时间几乎都超过16个小时，白天马不停蹄地开会，到晚上还会驾驶一辆配备自行车铃的高尔夫球车在龙华科技园内巡视，二十多年如一日。有时候会停车下到生产线察看运营状况，或协助工人维修设备。总裁拼命至此，员工更不敢怠慢，一位资深业务经理说：“富士康的业务员，没有回家吃晚饭的权利。总裁都不回家吃饭，你为什么要回家吃饭？”

“总之，身先士卒是领导统御的诀窍。最困难的我就先跳下去，这几年来，打重要的战争我一定自己去做。只是再过几年，我会找一些人来分担领导的责任，我会退到二线去，并不是避免受伤，主要是给各事业群领导磨炼、独当一面的机会。我要培养综观全局的人，他一定领导过，如果没有领导过，没有人会听你的。领导就是一场实验的战争，所有经验的积累。”郭台铭总结说，“领导人要以身作则，任何困难的事，半夜不睡，在现场的人里一定有我。另外，独裁为公，我跟大家讲为什么这么做，讲完了就做决定。”

无论在富士康内部还是公开场合，郭台铭并不避讳“独裁”的帽子。“民主是最没有效率的管理。民主是种气氛，让大家都能沟通。但是在成长快速的企业里，领袖应该带着霸气，”他说，“今天英特尔讲十倍速时代，基本功做好才能谈变化。微软讲创新，其实背后是纪律。所以我认为，如果今天你讲民主跟纪律，我认为纪律会比民主重要。不过，我们应该照顾员工，而且员工做错，要给他机会。鸿海的员工只要是因为想做事而做错，不会受罚。受处罚的都是不想做事的。”

在他看来，顾问、专家都解决不了实际问题：“什么叫顾问？顾问是抓起你的手拿你的表来看几点钟，告诉你几点钟，然后向你收费的人。什么叫专家？专家就是发生错误的时候用美丽辞藻和语言来解释错误不是他造成的人。”在这位讲求实用主义的总裁看来，“计划不如变化，变化不如一通电话。”不管是民主还是独裁，专家还是顾问，目的都是为提升管理效率服务，哪个管用就用哪个。

据说，在富士康内部很少开决策讨论会，重大决策往往由几个核心人物磋商，再由郭台铭拍板决定，通常都是短时间决策并迅速执行。尽管高度集权和强硬作风的“铁腕统治”令富士康决策迅速，行事高效，但难道没人说郭台铭霸道吗？“不了解我的人觉得我很霸气，其实我这个人很温柔，”郭台铭坦荡地说，“我跟大家讲为什么这么做，任何困难的事，讲完了就做决定。”富士康高管人手一本《郭台铭语录》的小册子，其中就有这样一条：“领导者必须具备为了大众利益而充当独裁者的决断力”，这就是郭台铭通常所说的“独裁为公”。

正因为有不断被实践验证的正确决策和企业高速成长的惊人业绩，郭台铭铁腕治企的威信和贯彻到底的决心才得到部下的一致拥护，几乎每位高管都认为：“当他开口要做一件事情，不要去怀疑他说的是真的还是假的。”一位在富士康工作十多年的老员工在反驳外部关于“独裁阻碍企业发展”的观点时说：“你宁愿选择跟着一个积弱不振、苟延残喘的皇帝，还是一个版图不断扩张的大汗？”

“凶是凶，不会不讲理，尤其他会给你一个几十亿的做事机会；一个人做事没有舞台，也就没有梦想。”富士康国际副总经理甘克俭对郭台铭的这番点评代表了大多数高管的看法。对于追逐梦想、渴望舞台的人来说，跟随一位“独裁”领袖建功立业或许是天底下最大的幸福。

↘富士康比较像一支急行军

在我国企业家队伍中有这样一个特殊群体：他们曾驰骋疆场，后来转投商海，在没有硝烟的战场上继续征战，业界称之为“军人企业家”，柳传志、任正非、王石、郭凡生等便是其中的代表者，柳传志曾说：“企业成功跟我有一定的关系，但我在军队里养成的性格影响更大。”在企业家与军人之间，许多优秀品质是共通的，不少人甚至将军队的管理方式植入企业管理中，谓之为“军事化管理”。

郭台铭也属于这个群体。毕业后他先在台湾复兴航运公司实习一年，然后到金门服兵役，退役前曾任陆军炮兵排长。据战友回忆，郭台铭刚入伍时个头较大，身材偏胖，因而动作比较慢，其余的人睡午觉时他还必须将枪举过头顶、绕着篮球场跑步，不然的话就得顶着烈日罚站。一般战士总会因此抱怨班长、排长，但郭台铭却不怕吃苦，对处罚也毫无怨言、绝对服从，总是以“反正不怕折磨的胖子”自我解嘲，受罚完了就静静地坐下休息。尽管当时他并未意识到军旅生涯会对日后管理企业有重大影响，可是当他对商海经历作总结时，便会发现所有的成败荣辱皆与军人气质密不可分。

在外界看来，富士康与军营并无两样。新进员工的第一课就是军训，内容包括站军姿、走队列，一般为期一周左右，无法适应者会被立即淘汰，因此在富士康厂区经常能听到受训人员齐整的口号声。在富士康相关资料中这样写道：“富士康在长期的经营过程中产生的是一种上行下效的执行力文化，公司强调‘没有管理，只有责任’。公司组织新进员工进行军训，主要在于磨炼意志、锻炼身体、严明纪律。由于集团不仅有制造部门、研发部门，还有生产单位，服务单位、销售单位，各自的管理风格并不雷同。实际上，正是这种严谨中蕴含灵活、自由中不乏纪律的文化，推进了集团十多年的长期高速发展。”用时下的流行语来解读这段话就是：“扛不住军训的战士不是好员工”。

一位与富士康打过多年交道的客户回忆说：“中午休息时间一到，所有灯光都突然熄灭，静悄悄的，所有人都开始休息，我们只好跑到一个会议室角落继续小声开会。”他还发现，每张办公桌上连茶杯摆的位置都一样，室内没有多余的装饰，厂房也多以白色和浅蓝色为主，简直就像一座大军营。一名内部行政主管认为：富士康其实比较像一支急行军，很多后勤支持、制度法规都没有跟上，就往前一直冲营业额，跟不上的人就自然淘汰，这似乎是内部不言明的制度。

信怀南说：“在郭台铭的血液里，有军事管理的基因，例如他曾经跟我说过，Management 这个词翻译成管理不好，应该翻译成管控。而且把他的客户分为一军、二军、三军，所以绝对是军事管理的作风。这在台湾和大陆实施起来可能会有很大的区别。”传达命令时，郭台铭经常拿起签字笔顺手在身后的白报纸上写下对产业结构、市场趋势等方面的想法。白报纸就放在木架上，与部队野外教学所用的别无二致，写完一页可翻到下一页，在台北土城办公室内有三个白报纸架，郭台铭可以一边给部下布置任务一边随手记录下来，他说：“白纸黑字既清楚、又留下记录。”这样一来部下对他交代下来的任务更不敢马虎，否则拿白报纸对质。

一位曾在军校学习过的富士康高管说：“富士康的干部会议就像军官团开会！”此言不虚，2003 年 SARS 全球横行时，富士康召集全球高管举行电视会议，没想到中途信号突然中断，郭台铭勃然大怒，当即下令将负责电视会议的员工名单做成标签，要求只要信号再中断一次，就抽签一次，抽到谁就当场走人。当事者无不心惊胆战，连气都不敢出。

2006年6月中旬，《第一财经日报》曾因《富士康，机器罚你站12小时》一文在社会上引起极大反响，郭台铭认为文中内容与事实不符，愤然将该文的作者和编委二人告到法院，要求查封二者的财产，并赔偿富士康 3000 万元人民币损失，此时立即掀起舆论一致讨伐富士康的浪潮。三个月之后，富士康表示要发扬“和谐发展、善意解决”的精神，以“充分尊重新闻工作者社会职责”为由撤销诉讼，不予追究。

在《富士康，机器罚你站 12 小时》的报道中披露，富士康有“12 条军规”：车间里不允许说话，据说会影响效率；如果谁在楼梯上躺着睡觉，将被记过处理；上厕所不得超过五分钟；生产线上没有凳子，大多数作业员都必须站立工作；如果每月加班时数超过上限，超过部分为义务加班；无论有无货车经过，下班时必须从人行道回宿舍，不能走车道；下班后忘记拔电脑插头罚款 1000 元；调换部门时员工电脑要被拆开三次，严格检查机型内外编码是否匹配；大部分会议在周末或下班后的休息时间召开，不参与一律按旷工处理；严禁员工携带笔记本电脑、MP3、U 盘等进入厂区……

这是 2006 年媒体对富士康的直观描述，四年过去了，尽管不少管理方式有所改变，但军事化管理的思路没变，而且这种思路早在郭台铭创业之初就已注入基因。当时为了培养出整齐划一的流水作业流程，富士康采取严厉的军事管理制度来管理员工。“哪一次行军的时候不昏倒几个人啊？难道下雨天或大太阳天就不出操了吗？”在郭台铭看来，“失败的人找理由，成功的人找方法。”正是这种管理风格，打造出一个有变革能力的组织，将员工的所有潜能以严明纪律和预定程序不断挖掘出来。

以治军之严治企，往往能达到高节奏、高运转、高效率的管理成效，深受管理学界推崇，许多并非军人出身的企业家也趋之若鹜，一时间“满城尽带黄金甲”。尽管“跳楼事件”令富士康的军事化管理倍受质疑，但可以想到，短时间内不仅郭台铭不会丢弃这件“法宝”，其他同行也会继续贯彻这种理念。

↘赢在企业文化

在企业管理界流传着这样一句话：“一流企业做文化，二流企业做品牌，三流企业做产品。”不管郭台铭对二三流企业做什么，持何看法，但一定认同“一流企业做文化”的观点。

2006 年上半年，郭台铭到日本进行为期两周的参观考察，期间曾接受日本知名媒体《日本产业经济电子新闻》专访。记者提问时单刀直入，毫不避讳：“富士康集团为什么会有这么快速的成长，你们的核心竞争力是什么？是凭借模具开发技术，还是凭借雄厚的资金？是制造和研发设计能力，还是供应链管理？”要知道日本民众在经济方面向来自信，此前该媒体只采访过唯一一家外资企业那就是美国的 Google，富士康为第二家。

郭台铭的回答显然让骄傲的记者倍感错愕：“都不是，这些都是富士康成功的‘果’，而不是‘因’。富士康最强的核心竞争力应该是企业文化。富士康赢在企业文化。”他将富士康的企业文化总结为如下四大特征。

第一是辛勤工作的文化，每个人都要脚踏实地、辛勤工作；

第二是负责任的文化，工作交给你，你就应该把事情做好；

第三是团结合作并且资源共享的文化，就是同仁工作时团结合作，但又彼此分享资源；

第四是有贡献就有所得，也就是一分耕耘一分收获的企业文化。

郭台铭告诉日本记者："这四个特征中，辛勤工作、负责任的企业文化是跟日本人学的。可我跟你们有些不一样，所以我还是不会输给你们，甚至会比你们做得更好。比如，团结合作的企业文化，你们做到了，但你们无法做到'资源共享'。因为日本是一个岛国，地理环境使得人们容易形成狭隘的、处处设防的思维方式；又如，一分耕耘的企业文化，日本人做到了，但做不到'有贡献就有所得'。因为日本企业多由大财团和银行控制，员工不容易得到分红配股，更不会有红利。"他最后强调："我相信只要集团全体同仁认同这种企业文化，我们就不会输给日本人，也不会输给美国人。富士康就一定会拥有更加美好、更加充满希望的明天。"

在郭台铭看来，企业文化就是生活在一起的一群人所共同拥有的价值观，而富士康的企业文化是全体同仁长期工作在一起久而久之形成的共同认可和尊重的价值观。2000年，他在一篇题为《未来世纪，智者的盛宴》的文章中指出："富士康目前在中国建立了九大科技工业园，在巴西、墨西哥等地方也有工厂。集团目前已经开始进军印度，有100多位印度同仁来到深圳龙华园区受训。无论是大陆人、台湾人，还是印度人、巴西人，或是其他国家或地区的人，大家聚集在一起，都需要一种共同的价值观作为黏合剂，只有企业文化才具有这样的凝聚力。富士康的企业文化是一种融合的文化，讲求集合、整合、融合。富士康锻造了一个文化的大熔炉，不管是山西人、山东人、湖南人，还是四川人，经过文化融合以后，我就会把他们派到全球各地去历练。"

"你要知道梨子的滋味，就要亲口尝尝。"这是郭台铭解读事必躬亲的名言。印度工厂的员工到深圳龙华基地实习最不习惯的是每天吃中国菜，所以还得准备印度菜。为了建设印度基地，他不仅亲自到现场考察，还主动吃印度菜，他说："从我开始调适起，我们要认识印度，就要从吃印度菜开始。"于是，儿子媳妇甚至连母亲都要跟着他吃印度菜。对于郭台铭而言，并非因为喜欢印度菜他才坚持吃下去，而是因为国际化的需要，他在股东大会上指出："你怎么移植富士康的文化到巴西去？怎么移植到印度去？就从吃印度菜开始。"在他看来，民族文化与企业文化的传播往往要从最微小也是最困难的事情开始。

在富士康内部，所有员工都是"工作狂"，加班成为企业文化的一大特色。虽然台干可以三个月回台湾探亲一次，但不少人都放弃机会，即便回去也是因公事出差而已，来去匆匆，他们宁可多承担一些责任，忍耐更多思念、孤独之苦，郭台铭将这类台干和其他外派到世界各地的员工称为"现代苏武"，十分形象。为何在富士康非得加班呢？在其招募员工画册的"企业文化"中有如下解释：

一般来讲，从成本考量，应该没有几家企业愿意安排大量加班，除非是订单很多，因为按国家劳动法规定，加班要付加班费。富士康各生产单位，因订单多的原因，往往有加班的需求，但同时有调休、轮休、年休制度。就连集团总裁也是每天工作十几个小时，各事业群的高阶主管们也因每年要增长 30% 的压力而不敢有丝毫的懈怠。富士康从上而下倡导的是一种勤勉、奋进的文化。在今日的中国，要悠闲就永远做不了白领和金领。所以在富士康工作，累的感觉是会有的，然而您再仔细想想，市场竞争如此激烈，天底下有多少事不需要付出艰苦的劳动？在您埋怨工作做不完的时候，又有多少人在为找不到工作而苦恼？

从这段文字中我们不难看出，"加班"将富士康企业文化中辛勤工作、负责任、团结、贡献的这四大特征全部囊括，可以说"加班"是传播、巩固富士康企业文化的绝佳载体。而有业内人士对富士康加班原因毫不留情地指出：郭台铭晚上 10 点前不离开办公室，他不离开，他的部下就不敢离开，部下的部下就不敢离开，所以富士康将加班变成一种常态。这种说法也符合企业文化的成因，自上而下地推动，由企业家的个人习惯演变成企业常态，继而积淀成一种文化。

美国畅销书作家吉姆·柯林斯在《基业长青》一书中曾指出："伟大公司的创办人通常都是制造时钟的人，而不是报时的人。他们主要致力于建立一个时钟，而不只是找对时机，用一种高瞻远瞩的产品打入市场；他们并非致力于高瞻远瞩领袖的人格特质，而是致力于构建高瞻远瞩公司的组织特质，他们最大的创造物是公司本身及其代表的一切。”优秀企业家应该成为这样的“造钟人”，看重企业的基业长青而不是个人的荣辱得失。

企业文化就是这样一座时钟，可视为关乎企业兴衰成败的神器。

↘不靠制度靠责任

在三十余年的改革开放历程中，企业界经常讨论管理难题，其中问得最多的问题是：“中国企业家的失败是否存在着总裁大于制度这种‘老子天下第一’式的传统误区？”

郭台铭应该属于“老子天下第一”的推崇者。在富士康内部，有员工甚至怀疑“郭老板故意不建立制度”，为了最大限度发挥员工的战斗力和反应速度，他一直没有强调制度，或许是制度会阻碍成长的速度。不过，大多数员工表示理解，“主要是外界变化太快，有制度其实等于没有制度。”一位高管说，他曾编写过 Guide Book（指南）、驻外工作守则之类的书，但是过三个月就不起作用，因为竞争状况又发生新的变化，一套静态的制度并不适用于高速成长的企业。

在富士康，完成任务似乎比遵循制度更重要，一名高管说：“老板最重视的，就是出货有没有准时送到，质量有没有让客户满意！”郭台铭常说：“真正的英雄都死在战场上了，只有活下来的人回来领英雄奖章。”话虽如此，可是只要是打了胜仗而且“活下来”的员工，都会得到郭台铭的“奖章”，因为他们完成了任务。在绩效导向和务实低调的企业文化中，结果比过程和制度更重要。一位高管说：“世上本来就没有一个完美的组织。”他认为许多代工大厂都重视流程和各种原则，因为不会犯错，但是也少了弹性和突破的机会，富士康就擅于在不同游戏规则之间找到新的市场。

既然静态的制度难以发挥效用，那富士康又如何做到靠任务管人呢？郭台铭认为就两个字：责任，经常强调“没有管理，只有责任”、“权力给你，责任要负”等理念，并将领导理解为“坐在管理职位的人，要有责任教会下面的人”。他说：“‘教不严，师之惰’，如果连续发生质量问题，事业处的主管要罚站，并且是在同仁、部署面前罚站。要面子就不能让质量走样。告诉处分从上而下，今天如果教师出了问题，一定罚校长，不会罚教师。员工会想，今天如果我做不好，上面的人就要帮我背责任，所以我要想办法做好。如果不会做，上面的人就会跟我一起做。在这些关系中，非常重要的一点是，作为领导、主管、负责经营的人，都要以身作则，真的错了，你必须要先负责任。经营公司最重要的是上行下效，上面重视什么，下面就执行什么，质量出了问题，主管就要罚站。”

1997年之后，富士康的增长速度和员工规模都成倍增长，郭台铭希望高管能挑起责任，严格执行各种命令，让能力、权力和责任良性互动。比如富士康的来料加工和组装业务需要许多零部件厂商协助提供报关手续，如果某一家协助厂商提供的通关数据不完备，富士康的整个运输流程都会受到影响，从而阻碍产线进度。郭台铭认为，物流不通畅一定是主管的责任，主管没有严格要求部下和供应厂商正确执行，供货商只负次要责任，他们有责任完成客户要求，因此他强调："签字就是牵制"，部门落实责任的第一步就是学会控制并严格要求属下。

"有负责任的主管，才会有负责任的下属"，郭台铭说，"下属不懂的事情就不要让他做，要问清楚弄明白，懂了再做！"领导有教导的责任，让部下拥有责任意识和负责任的方法。有媒体认为郭台铭管理方式过于严苛，他辩解说："我认为富士康的管理严而不苛。我处分的步骤是：错第一次，口头提醒，因为不教而诛是不对的；第二次，会郑重告诉他犯错了；第三次再犯，就一定处分。如果我第三次还不处分，往后我的话就会成为耳旁风。"看来尽管"独裁"领导，但郭台铭在管理上还是循序渐进，以教导部下负责任为主。

可是，为什么大多数主管既有很强的责任心也严格遵守作业方法，可产线上仍有不良品流出而遭到客户投诉、退货呢？郭台铭解释说，主要是责任意识和做事方式赶不上外在的技术进步，外在要求水平不断提高，所以要负责任就要全方面了解、引进并掌握更先进的设备，用更先进的技术支持。他认为负责任不是死守原来的做事方式不变，而是要用更新的技术来辅助管理。

郭台铭说："一个人只要给他责任，让员工背着责任做事情，他们只要肯负责就不用管，这是我们的文化。"强调任务和责任，淡化制度的束缚是富士康军事化管理的一大特征，郭台铭就是希望通过不断强化干部、员工的责任心，从心理、流程、文化等各方面持续灌输，然后靠先进的科技来检查任务完成、责任落实的情况，让每个人都能在工作中将责任心贯彻始终。

在日常管理中，我们常发现这样的现象：有些员工能力很强，却不愿意主动担责任，很难为企业创造价值；有些员工尽管能力稍逊一筹，却能全力以赴、尽职尽责地完成各项任务，以最佳精神状态斗志昂扬地投入到工作中，将潜能发挥到极致，所以说，责任比能力更重要。

不过，责任终究是管出来的，责任心要逐步培养，仍需要在制度管理上下工夫。富士康要想将责任根植于企业文化、在管理中以责任意识领先对手，就必须朝着建立现代化、职业化的企业制度迈进。

↘没有管理，只有执行

有这样一个问题：一流的点子加上三流的执行水平与三流的点子加上一流的执行水平相比，哪一个更重要?

选择前者的人，注重细节，凡事深思熟虑；选择后者的人，尽管考虑不太周全，却能通过敏捷行动灵活转变，往往能取得成功。事实上，企业经营最忌讳的就是犹豫拖沓，不愿意给自己设置许多思想障碍，进而影响决策。

郭台铭经常强调："我的字典里没有管理，只有执行。"在他看来，企业管理的关键不在于有多么完善全面的制度，而在于员工对规章制度的执行程度。执行力的前提是流程设计，富士康在每个环节都会制定严格流程，重点在于落实和贯彻，而且必须做到效率高、行动准、品位精，这些要求是所有人包括郭台铭本人在内都不可打折扣的。

以富士康的财务管理流程为例，如果严格按流程办事，协助厂商不仅能顺利供货，而且能第一时间收到货款，可一旦不符合流程，比如环保不达标、与富士康备案资料上的型号、时间、数量等要求不一致，就会麻烦不断，找任何人托关系走后门都不行，只会被无情拒绝。因此了解富士康的协助厂商都清楚，只要按照流程指导严格执行就可以，无需担心拿不到货款或受人为因素影响供货进程，这是不可能的事。

一旦发现问题，郭台铭一定会从源头着手，找出流程中的破绽再下手，绝不放过任何漏洞。据说有一天早上，郭台铭召集六七名主管开会，商讨亟待解决的问题，随着讨论的深入，他发现问题更多，就又命令其他四五名相关主管参加讨论，可越讨论问题越大，他又要求相关人员加入，如此来来回回几趟，到最后有二三十人参加会议，并一直从早上开到半夜，长达 18 个小时。

有人评价，郭台铭的成功关键归根到底在于“执行力”，可他却说：“要谈执行力，王永庆就是最好的代表。执行力中最重要的元素就是毅力，这点我绝对比不上王永庆先生。你看，一个人每天跑 5000 米，持续 50 年，这点我就做不到。我想我跑两个星期可能就放弃了。光生活习惯他就让我十分佩服。他的企业屹立不摇，靠的就是执行力。我佩服的另一点是他非常注重流程，他花很多时间在设计表单与流程上。王永庆有一句名言：任何一个好的科长，经手的表单不论是请假或付款单，一定要做到六成的退回率。因为很多人填表都不实在。在企业里，任何一个表单都能填写得明确、详细、把关严格，执行力做得好，竞争力马上提升。”

除了台湾本土，郭台铭还举出国外的例子。比如美国UPS的快递人员，每天要走几步路、弯几次腰，在出门前都规定得十分清楚；麦当劳，每天开店要花十五分钟，从第一分钟到第十五分钟的流程规定事无巨细地表明清楚。再说日本，有一家非常有名的饼干公司每天有大量客人前来参观。游客出于对产品的好奇或羡慕，总忍不住用手去触摸饼干，有些人上完厕所经过生产线也要摸一下，可饼干生产对制造过程的环境卫生要求十分严格，如此一来难免影响产品质量。为了监督客人便后洗手，该公司在水龙头和厕所门上安置一套光系统，不洗手就无法出门，这样就彻底杜绝饼干的触摸污染现象。三个例子都在说明一个问题：标准化、系统化是贯彻执行的基本条件。

郭台铭说："没有纪律，富士康就没有明天！"像富士康这样80多万人的大厂，完全靠标准化、系统化难以做到彻底执行，因为大多数质量或安全事故还是人为造成，所以执行必须强调纪律。生产制造要强调纪律，研发更要重视纪律，郭台铭常说："走出实验室，就没有高科技，只有执行的纪律。"事实上，即便没有走出实验室，郭台铭对实验室内科研人员的纪律要求也更严格。

富士康的研发文化可以简单理解为五个字："纪律加研发"。有人批评富士康留不住研发人才，研发难以融入富士康文化，郭台铭回击"这些人不懂高科技"。他说："研发不仅需要纪律，而且比任何部门都更应该重视纪律。研发的每个步骤、研究的每个报告分析、研究过程找到的任何缺失、实验的验证都应有纪律。有人说研发人员不能骂、不能催，我绝不同意。很多谣传说我常骂人，其实我很少骂人，我只是告诉员工哪里做错了，若一再犯错才会处分。我承认我是走强势领导风格的，但这是领导风格，不是骂人。"而且，"高科技更需要重视纪律。一个人搞研究，当然能随心所欲，但一群人的团队做研究，没有工作方法，没有纪律能做得下去吗？我们要的是能团队合作的人才，不要天才，因为天才型的研发人员到哪家公司都会令人头痛，天才就该让他留在天上。"

富士康贯彻执行力有三大"法宝"：分层负责；带领下属执行；数字管理。在此思想指导下，公司经营部门分为四个层次：经营层、规划管制层、执行层和作业层。经营层负责经营事业，公司将每年的成长机会转化为数字，让每位经营者了解自己必须要达成的经营指标，完全实行数字化管理；规划管制和执行层级的人员要将任务分配下去。执行层的人有任何困难，经营层和规划管制层都必须帮助，共同达成，亲自参与的每一位高管都必须跟执行层共同作业。富士康要求任何环节出问题主管必须先到现场处理，由上到下负责，责任由领导者承担。

富士康的执行和纪律观念仍然是军事化管理的一部分。纵观富士康这支军队，不仅强调执行和纪律，还通过目标任务管理培养员工的责任心，使加班成为一种常态，为了提高行军速度，郭台铭选择"独裁为公"，以身作则。可以说，以军事化管理为核心的铁血文化对于富士康多年来的高速成长急剧扩张功不可没，然而，所谓“成也萧何败萧何”，尽管现在彻底抹杀铁血管理的功绩不合时宜，但是不可否认的是，富士康由此带来的矛盾已积重难返，甚至到了病入膏肓的地步，必须重新审视。

可是，为何全中国实施独裁领导、军事化管理的企业不计其数，可偏偏在富士康引发跳楼悲剧？可见，富士康的积弊，并非仅此而已。

第九章

富士康的宿命

↘一切远未结束

古罗马小赛列克曾说："对一艘盲目航行的船来说，任何方向的风都是逆风。"

2010 年 5 月，年近 60 岁的船长郭台铭发现把握富士康方向的"罗盘"不灵了，富士康还是当初那个高速成长的富士康，熬过"千年的风霜"，外界"涛声依旧"，却不能"重复昨天的故事"，因"12 连跳"被推倒舆论的风口浪尖，"船长"本人也恍如一夜间苍老十岁，白发丛生，眼睛黑肿。

5 月 23 日，由 12 名网友自发组成的观察团在"卧底"富士康调查员工工作、生活状况后将"第一阶段观察报告"披露于互联网，目的"只为了解真相"。在 3000 多字的报告中，观察团肯定了富士康的 11 大优点，比如准时支付薪资、伙食保障、提供住宿、为员工购买保险、培训技能等，也列出富士康"九大罪状"，包括：超时加班，与员工签订霸王条款，工会制度形同虚设，保安部人员没有持证上岗，管理方法粗暴，非法打骂和限制人身自由，歧视底层员工，工资偏低，缺乏归属感等。该报告一经出路，各大论坛争相转载，网络上讨伐之声一浪高过一浪，痛批富士康是"血汗工厂"。

在 6 月 8 日的年度股东大会上，从未向媒体低头的郭台铭面对此起彼伏的闪光灯时极不适应，却一改往日强硬的态度，十分客气地说："照得我没办法看文件，已经照很多了，可不可以请到后面坐，等一下再来拍照。今天是股东会，不是记者会，所以请到后面，不要影响到股东会的进行，谢谢。"记者仍然不依不饶，继续拍照，郭台铭终于难抑怨怒："希望大家彼此尊重，你尊重我、我也尊重你，你这样照，我真的看不到，你们有工作权，但股东有股东权，所以请到后面坐。"

"打落牙齿和血吞"的隐忍态度并非郭台铭的性格使然，在此前一段时间，他一直怒批媒体丑化富士康形象，他抱怨说："我几乎不敢打开电视，因为没有一个台不在骂我，包括香港、台湾、大陆的媒体。"在他看来，记者之所以在自己最困难时煽风点火、落井下石，就因为他"常常给人家认为是一个不讲理、霸气，是一个没有爱心的人，所以墙倒众人推……"在富士康帝国被跳楼梦魇笼罩的阴霾中，郭台铭四面楚歌，身心俱疲。

除了媒体、社会的拷问，郭台铭还得面对政府压力、死者家属的控诉及80万员工父母的疑惑，尤其是苹果、惠普等“衣食父母”的调查更是令他坐立不安。“我除了道歉还是道歉，除了痛惜还是痛惜。”郭台铭边鞠躬边道歉，“我们在跟时间赛跑，希望通过自己的努力减少不幸事件的发生，但是我们真的没有把握，”他说：“现在公司内部压力特别大。等忙完这阵，高管也将进行心理辅导，当然也包括我自己。”

自5月中旬开始，郭台铭绝口不提抢订单、抢客户之类的口头禅，一心想着如何从“跳楼事件”的危机中走出来，员工安全已成为他和富士康每天关心的头等大事。他命令在富士康所有员工宿舍及工作区的高层建筑都架设安全防护网，“既有天网也有地网”，内部称其为“爱心网”，预计全部铺设将达到150万平方米。郭台铭说，拿到实施方案时他还未细看就签字同意，虽然这个方法很笨，但是只要能挽留生命就在所不惜。

除了硬件上的防护措施，富士康更注重情感上的沟通交流，在第一时间建立24小时通报机制，针对员工工作、生活、情感、交友、心理等异常状况建立信息员制度，由车间主管、宿舍管理员、室友及时反馈；同时，富士康还设立员工关爱热线78585和员工关爱信息平台，由专人负责联络，每条信息都必须及时处理；另外，富士康加紧推动“心灵之约”系统工程，落实心灵驿站、心灵家园、心灵视窗、心灵物语、心享网站、心灵空窗、心灵热线、心灵港湾八大项目建设，开设心理咨询室、宣泄室，开展员工心理健康拓展训练，为员工播放励志、情感、成长类电影，舒缓紧张情绪。

在管理措施上，富士康建立联席会议制度，每天下午5点在员工关爱中心召开由行政总经理主持的专项会议，人力资源、党委、工会、卫生、安全等部门主管及专案人员都不得缺席，现场解决问题。为保障员工休息时间，富士康执行“周休一”制度，即每周至少休息一天，对超时加班现象严格管控、稽核。同时连续两次上调员工的薪酬及工资，提高收入水平；推动员工救助工作，对困难员工、患病员工、工伤员工及其家属及时发放慰问金，改善生活条件。

虽然郭台铭采取的是“最笨的方法”和最稀疏平常的措施，但是效果极佳，至少“跳楼事件”引发的“破窗效应”被堵住。7 月 23 日，人力资源和社会保障部新闻发言人尹成基在二季度新闻发布会上面对记者询问富士康事件调查结果时表示，各方针对此事可能存在的问题进行了全面检查，采取了一系列积极措施，使事件得到比较好的解决。经过积极工作，目前事件已经平息。富士康事件似乎由此终结，灵魂从此安息，痛楚逐渐冰释，一切回归常态。郭台铭末路英雄的形象，也在搬迁与转型的变革中悄然扭转，太阳照样升起，王者再战江湖。

可是，一切远未结束。如果无法找准富士康跳楼事件背后的“命门”，没有人敢断言悲剧将不再上演、郭台铭将从此高枕无忧。在通往未来的道路上，尽管富士康神秘、封闭，一定还藏着人们尚未知晓的答案，但通过“跳楼事件”的还原、挖掘，人们不难窥见亮丽表象中的灰暗，那是整个中国制造业焦虑不安的根源。

一个必须澄清的事实是，富士康只是一面照妖镜，而不是妖魔鬼怪。

↘加薪不是长久之计

珠三角地区不少企业在熬过 2008 年全球金融危机的寒冬后，本打算迎着暖阳重整旗鼓，却遭到“民工荒”当头棒喝。在员工短缺危机深重的东莞，32 个街镇，随处可见“厂房招租”或“大量招聘普工”的横幅，为制造业举办的专场招聘会提供 11000 多个岗位，进场求职却只有 4100 多人。在 2009 年很长一段时间内，只得如无米之炊的巧妇，在焦躁不安中度日如年，比 2008 年更痛苦。

不过，不少敏锐的学者并未对这些企业持同情态度，而是一针见血地指出“这是民工荒能即将退出东莞之前的集体呻吟，越是没有吸引力的产业和企业越难招人。”在华南农业大学经济学院教授罗明忠看来，珠三角地区的“民工荒”其实是一个伪命题，根本原因在于工资福利不高，一线工人平均劳动时间在 10 个小时以上，只有加班才能拿到想要的工资，可老板们还觉得员工每月拿 1800 元以下理应满足，却对超负荷劳动的现实视而不见。据相关数据显示，尽管多年来我国经济快速发展，可居民分配份额却不断下降，在改革开放以来的 22 年内资本报酬比重反升两成，这意味着劳动者的收入并未随着财富的增长而提高，“工资性收入的合理增长”成为公众最迫切的意愿。

对于珠三角地区制造企业的一线员工而言，工资水平已成为择业的唯一标准。

正因如此，在处理“跳楼危机”时，一向果敢独断的郭台铭出招凌厉，在一周内连续两次宣布大幅度加薪。2010 年 6 月 6 日是星期天，郭台铭在龙华厂区结束当天上午的会议后下午按惯例休息，会上并未透露加薪方案，令公司高管和外界没想到的是，郭台铭连夜与综合管理部加班拟定出富士康二次加薪计划。第二天，富士康国际发布公告，从 10 月 1 日起，深圳地区一线作业员的基本工资每月 1200 元提升到 2000 元，而四天之前，郭台铭刚宣布从自 6 月 1 日起员工整体薪资水平提升 30% 以上。据说当富士康宣布第二次加薪的消息后，美国花旗环球证券立即表示“加薪幅度高得令人不敢置信”，可行事风格以“快狠准”著称的郭台铭再次以非常规方式重新掌握主动。

连续两次加薪对富士康来说意味着什么？据说在加薪之前，富士康高管曾为端午节是否给员工发粽子、发多少个粽子大伤脑筋，如果每个员工发两个粽子，80 万人就需要 160 万个，先不说成本和开支，单就生产而言，这需要多少食品企业来配合才能保证安全、卫生，人实在太多了，任何一件事操作起来乘以 80 万，都是一件惊天动地的大事。

根据粗略估算，富士康每年得为加薪多支付 50 亿元人工成本，这意味着公司大约 1/3 的净利润化为乌有，这不仅令企业背负巨额成本，还存在代工客户利润转化、长期盈利的问题，当外界对此表示忧虑时，郭台铭不以为然：“外面讲会吃掉多少利润？太小看鸿海了！”据郭台铭透露，他在“第 5 跳”后就开始思考，发现 90 后员工要的是更有尊严、更有希望的工作。因此富士康决定由从前的“跟随者”转型为“破坏性的创新者”的角色，并希望工资水平可以与国际级的企业媲美。

郭台铭说：“我们认识到作为电子制造业全球领袖的责任，并非常认真地履行这一责任。加薪是为了维护员工尊严，加快经济转型，支持富士康从制造业领袖不断升级为科技业领袖的长远目标，并团结、留住我们最优秀的工人。正在采取措施，确保工作场所标准和报酬为同类最佳。”通过速度快、力度大的连续两次加薪方案，郭台铭不仅能安抚并凝聚员工的工作热情，避免大规模人员流动，还能借此取得政府和社会的肯定，不失为快速、有效、直接的危机公关方案，更为关键的是，郭台铭根本不给同行喘息的机会，由富士康连续加薪而引发的涨工资风潮悄然蔓延到整个华南地区，“羊群效应”初现，不少民营企业对此怨声载道，苦不堪言。

深圳市台商协会会长公开表示反对，富士康加薪非常不合理，破坏行业秩序，台商协会没人能够理解。据说深圳同行并没有盲目跟风涨薪，因为其他企业很难承受。不过，几乎就在富士康宣布第一次加薪的同一天，本田广东佛山零部件工厂员工集体罢工，此次罢工导致本田在中国的四家工厂全部停产。本田零部件公司先后两次提出加薪方案，都未达到员工要求，惨遭拒绝。此后，在台商云集的江苏昆山也爆发员工要求提高待遇、福利而罢工的事件。由此可见，富士康的加薪并非简单的企业行为，而是在社会变革中引爆劳资矛盾的导火索。

郭台铭说，为了加薪之事，他有三个晚上睡不着觉。他认为从富士康事件到本田车厂罢工事件，都意味着中国社会要发生结构性的改变，既然如此，他决定干脆让薪资调整一次到位，将富士康提升为中国大陆各区高薪资制造业的前五名，这个想法让富士康转换成主动出击的企业，一跃成为中国劳动薪资调升的推动者。

这种看法与此前外界的各种猜测大相径庭，之前有人认为富士康的加薪计划是在内部没有经过任何论证的情况下由郭台铭拍脑袋做出的决定，还有人指责郭台铭的初衷是想在撤离深圳之前先把水搅浑，给竞争对手一个巨大打击，那些实力不强的小工厂将会被淘汰，整个制造产业重新优化。

不可否认，富士康的加薪计划对于整个深圳地区的制造业工人来说是件大好事，深圳市政府在 6 月 9 日就宣布自 7 月 1 日起将基本工资统一上调到 1100 元，整个城市劳动力的收益将因此受惠。经济学家指出，中国工资的调整终将波及全球经济。

郭台铭加薪的初衷是为了应付暂时的危机，不过如果能借此促使富士康由廉价成本优势往高科技创新企业转型，并顺势加速制造业洗牌步伐，那将是一箭三雕的妙计。不过，加薪并非长久之计，如何消化由加薪带来的成本上升、利润下降的压力，是郭台铭未来半年工作的头等大事。

↘人与机器

20 世纪 30 年代，卓别林主演的《摩登时代》在美国引起轰动，主角夏尔洛作为时代的悲剧人物，被不断加快的传送带弄得精神失常，卷入巨大的机器齿轮中、被有毛病的吃饭机器不停地扇耳光……1946 年，《财富》杂志刊登《无需人的机器》一文，“自动化工厂”这一新概念震撼工业界；20 世纪 60 年代中期，美国空军制作出一部名为《现代制造：命运的效能》的宣传片，管理人员通过话筒向工厂下命令，随后生产、装配、运输都实现完全自动化，解说词讲到：“现代制造缩短了命令的链条，消除了人工错误、沟通障碍，并且极大地减少了社会罢工的可能性。”

在西方工业进化史上，人与机器的关系是管理者始终无法突破的永恒命题：不知是机器被工人操控，还是工人被机器绑架。如此这般诡异的悖论，一直在富士康上演，尽管郭台铭试图以合格的“工业人”让机器具备人的灵活性，但是在机器的轰鸣声中，流水线上的工人不过是一颗微不足道的螺丝钉。郭台铭超越同行之处在于能将所有优势发挥到极致，令其恰到好处地融合，富士康因而登峰造极，成绩斐然，可是，处在社会转型中的大背景中，这种走钢丝式的“极限运动”稍遇风吹草动便会身陷如临深渊的境地，“跳楼事件”只是一个突破口而已。

2006 年，某跨国公司总经理被富士康挖走，其主管震怒之余专程赶到深圳拜访，就想弄明白在待遇优厚、工作轻松的环境下部下为何还要背弃？在富士康转完一圈，这位主管彻底服气了，倍感震惊地说：“这是个骨头里能榨出油的企业。管理上了不得，几十万人的工厂，能够随时调动。”至此，他才理解部下的感受，以前只管理三四百人，到富士康后领导数万人，成就感不可同日而语。

其实，要在富士康做到高阶主管并不容易，其干部架构从低到高依次为线长、组长、课长、副理、经理、协理、副总经理、总经理、副总裁、总裁，升迁路径明晰但等级森严，要想获得晋升，就必须在现有位置上有突出表现。在富士康绩效导向与任务管理的制造文化中，以最快的速度搞质量、低成本完成职权范围内的订单是最直接的能力体现方式，因而在富士康上下每个人都在高速运转。对富士康长期关注的心理分析师杜思遥说："如果将富士康看做一个人，他选择了一种很累、很苦但很有效率的活法。他的特质、文化，带有一种焦虑感，代工类企业都有类似性格。"

这是某位富士康一线作业员的作息时间表：6：50 起床，洗漱花 10~20 分钟，吃早餐花 10 分钟，然后步行到厂房，穿上统一的工作服；8：00 准时上班，中午 11：00 下班，吃中饭花一个小时，然后回宿舍休息；下午 1：30 上班，5：30 下班，吃晚饭花一个小时，然后上晚班，直到 8：00 下班。在富士康的三年内，他每天都像钟摆一样雷打不动的在上班、下班、吃饭、睡觉、上班的轮回中苦熬青春。

与作息时间一样精准和重复的是他每天在生产线的劳作方式，面对冰冷的机器，日复一日的按照编好的程序机械操作，从生活到工作，从吃穿住行到站立坐卧，所有人都带有明显的富士康标志，每个人随处可见自己的影子。北京师范大学心理学院教授刘翔平在评价富士康跳楼事件时说："就算一个正常的人，一天的生活除了必要的吃饭睡觉就是在生产流水线上，谁都受不了，更不要说自身容易患抑郁症的人，很可能就会产生痛苦和绝望。"他认为连续发生自杀事件的根本原因在于员工劳动时间太长、造成身心疲惫后很少与人沟通交流，没有社会、文化生活，苦闷无法排解。

与工作的枯燥、繁重相比，更令一线员工烦恼的是还得忍受粗暴的管理方式。就在 2010 年 5 月富士康处境危难之际，一段 2009 年北京富士康 20 多名保安殴打一名员工的视频上传到网络后被网民疯狂下载，"跳楼事件"似乎能从中找到解码；而车间内不准交谈、喧哗的禁令让同事间的感情十分冷漠，人性在生产线上被逐渐遗忘，有员工评价生产线长时义愤填膺地说："她一句话里带三个'他妈的'，根本不顾别人的尊严。"一位女员工在丢了钱包之后，饭卡、门卡和钱全都没了。她本想求助室友怎么补办各种卡，室友却一脸漠然，避而不谈，这让她根本就提不起借钱的勇气，又不忍打电话让家人担心，只好挨饿两天，难过时独自在宿舍嚎啕大哭，直到家人打电话问及近况时，才忍不住含泪倾诉。

在蜂拥而至的订单面前，所有人只顾着完成手中的工作，却忘记了身旁的同伴，这并非心有余而力不足的无奈，而是互相传染冷漠的可怕习惯。不可否认，IT 行业瞬息万变的特性决定了富士康等代工企业必须高速运行以应对未知变化，但这并非企业人性缺失的借口；不可否认“富士康跳楼事件”存在“维特效应”，自杀行为本身具有一定的模仿性和传染性，但这不是造成悲剧的主要原因。郭台铭一直强调管理要“合情、合理、合法”，但在军事化管理中却总将“法”放在第一位，以纪律和责任作为重要手段，强硬多于柔性。与外在因素相比，富士康的用工制度缺陷和军事化管理方式、企业文化缺位更值得追究。

企业管理专家姜汝祥认为，富士康是一种资源占有型的发展模式，通过大规模机器化将生产做到极致，做出世界一流的产品，显示出中国 OEM 企业的最高级，但是它彻底将员工当成机器，郭台铭把自己当成“机器皇帝”，把个人的霸权建立在机器和生产之上。他措辞严厉地抨击：“富士康自杀事件背后是中国一些企业在多年发展中对民工阶层的剥夺或者说是掠夺性的开发。从开发的角度我们应当感谢这个时代，而从掠夺的角度我们应当诅咒相当一批企业家阶层在良知上的泯灭，这种泯灭更大的背景是社会性的道德沦丧与金钱至上。”

在中国制造转型的节点上，“富士康跳楼事件”将企业管理中“人”的问题重新摆在企业家面前，在工业化车轮滚滚向前的同时，人性冷漠的心灵危机令人不安。

↘大企业病：规模与效率悖论

20 世纪 90 年代，“21 世纪属于中国”的呼声在国际上此起彼伏，自谦内敛的中国人在推却中逐渐接受这个观点。2001年，日本通产省在一份白皮书中指出，在彩电、洗衣机、冰箱、空调、微波炉、摩托车等产品中，“中国制造”在世界市场份额中均名列第一，继而得出结论：中国已成为“世界的工厂”。七年之后，当精彩绝伦的北京奥运会万众惊叹、改革开放三十年的成就震撼全球时，“中国制造”变成“中国创造”，“世界工厂”的光环早已锈迹斑斑，80后们甚至觉得这是种耻辱的称谓。

尽管年轻人觉得很没面子，可所有的企业史和经济变革都符合一条定律——伟大是熬出来的。不难预见的是，在未来的岁月中，“世界工厂”的步伐将会延续很长一段时期：以低端制造业为主的出口模式“吃力不讨好”，大量廉价劳动力日夜劳作只换取微薄收入，价廉物美的商品输出后一直遭到外国无情的指责、报复，代工贴牌与初级加工的道路越走越窄……尴尬的现状令企业家们伤透脑筋，虽然转型迫在眉睫，但是传统的羁绊和包袱并未完全放下，如何突围？

作为“世界工厂”的典型代表，尽管近十年来富士康销售额每年都以30%以上的增长速度高歌猛进，可净利润却每况愈下。据富士康国际财报显示，2008年全年净利润为1.21亿美元，同比狂跌83%；2009年全年收入72.41亿美元，同比下滑22%，净利润仅有3900万美元，同比下滑68%，毛利率和净利率分别只有可怜的5.9%和0.55%。如果将富士康的净利润分摊到全球80多万员工头上，这一数据更是惨不忍睹，简直可以忽略不计，谁曾想到如此庞大的代工帝国，竟是这般凄凉。

众所周知，富士康国际主营业务为手机代工，近年来随着比亚迪等竞争对手的崛起，其低价优势并不明显。据比亚迪电子2009年财报显示，员工人均成本为2.74万元，仅比富士康国际低500元左右，但收入却高达111.99亿元，同比增长31%，净利润达7.59亿元。尽管比亚迪电子的收入只有富士康国际的1.5倍，但净利润却达到将近20倍，赢利能力差距悬殊。虽然两家企业上市板块的财务数据不能全面反映整个集团的真实情况，但是窥斑见豹，至少从比较中可以定论，富士康的赢利能力在利润率下降的行业背景中并不乐观。

业内权威人士表示：“2000年前后，富士康开始爆发性增长时代工业的行业利润率超过 20%，而现在这个行业的利润率也就 5%~6%。”由此可见，富士康在“赤字接单，黑字出货”的成本控制理念和全国建厂、全球并购的大规模扩张成为“全球代工之王”后，将自己逼到“规模日渐扩大，利润率薄如蝉翼”的尴尬境地。

富士康前执行顾问信怀南说：“富士康不是血汗工厂，不过它是一个压力锅。”在 2009 年的鸿海股东大会上，郭台铭放言 2009 年营收依然要延续每年增长三成的目标，并慨叹：“超过一兆的公司一年要增加三千亿营业额，就好像每年要生一个二十五岁孩子一样。”当郭台铭在客户和竞争对手的博弈中压力陡增时，他会身先士卒、殚尽竭力，同时将压力自上而下逐级分解，最终落到一线作业员头上。

利润率低的原因并非富士康规模太小单位成本过高，恰恰相反，不断膨胀的员工队伍令深圳的两处工业园不堪重负。虽然有五座游泳池，可如果不限制人数的话，大家都争先恐后地下水，人满为患，根本寸步难行；尽管投资 1500 万元修建大型体育场，可据说 2007 年明星林志玲到富士康演出时 5 万员工争相目睹，蜂拥而入，居然将草皮踩得破败不堪，只好花 600 万元重新铺设；虽然心理发泄室内有两个贴着主管照片的橡皮假人可供员工痛打，但园区有数十万员工，这两个木偶怕是还未等心怀不满者宣泄完一天的怨气就已是粉身碎骨了。富士康固然建设不少生活、娱乐设施，但面对与日俱增的巨大需求，个人空间不断压缩，慷慨大方自然就变成吝啬苛刻了，欢乐放松也就变成压抑焦虑了。

如此同时，管理上的问题日益凸现。当管理范围扩大到全球时，郭台铭的命令能否像以往那样迅速、准确地到达并落实、执行？富士康商务长李金明对此深有感触：“这是我们最苦恼的事情之一。”总裁的“军令”按要求必须在 24 小时内传达到一线员工那里，事业群主管会随机抽查，一旦有员工不知情将会追究上一级领导的责任，可如今富士康 12 个事业群中只有一个能达成目标。PCEBG 部门资深副经理万红飞认为，线组长是兵头将尾，提高他们的素质是集团当前的重点。他们管理责任大，可能力不够，这是制造业普遍存在的问题，但富士康是个放大镜下的企业，不能和小公司比。而问题的关键，还是速度过快与规模过大，几乎所有线组长都由普工提拔起来，由于员工流动率高，大多数普工熬两三年就能担任，可面对每天都无法做完的订单，谁还有时间学习管理手段？

郭台铭曾说过，公司小的时候，弹性是优势；公司大的时候，制度是优势。但也有员工表示不同看法：“我们的问题在于制度太完备，考核员工的方方面面，课长线长照着做就行了。制度越完善，管理越规范，就越难有个人发挥的空间，所以，管理也就成了生产线的附属物。”军事化管理的突出特征在于以集权为手段的从上到下的垂直管理模式，在20世纪90年代曾一度成为我国企业家热捧的管理秘籍，巨人的史玉柱、太阳神的怀汉新、三株的吴炳新、飞龙的姜伟等保健品大佬都借此搞“人海战术”迅速崛起，这种方式在企业发展早期曾发挥过“船小好掉头”的优势，有利于打造团队执行力，效率也很高，但是，随着企业不断发展，规模扩大，集权式管理显得呆板僵硬，企业反应迟缓，员工激情受挫，日渐成为企业发展的障碍。

规模和效率这对孪生兄弟又是天生的仇家，规模产生效率提升利润，可突破界限又会令边际效益下降，规模缺陷从此产生。尤其是数十万一线作业员处于企业内部重压和外部社会转型期时，规模扩大的弊端显而易见：急功近利、机构臃肿、效率下降、管理不到位……富士康的“大企业病”日益严重，举步维艰。

↘反微笑曲线

20世纪90年代初，宏碁电脑创始者施振荣创造性地提出“微笑曲线”理念，这既是对管理学界无法替代的历史贡献，也是他本人的荣幸，此后这条曲线不仅超越IT行业顺利移植到所有企业管理中，还跨越台湾海峡成为中国制造走向中国创造的法宝，并得到国外同行的大力称赞，尤其在日本知名度极高。

在用来分析和阐述企业价值逻辑的“微笑曲线”中，横轴从左到右分别代表产业的上、中、下游，也就是零组件生产、产品组装与分销，纵轴则代表附加价值的高低。以市场竞争形态来说，曲线左侧是全球性竞争，胜败关键在于技术、制造与规模，右侧是地区性竞争，胜败关键则是品牌、营销渠道与运筹能力（如下图所示）。

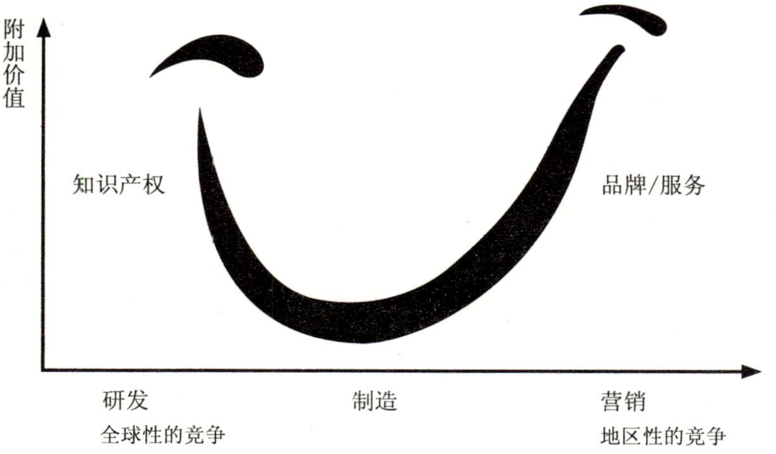

其实，每个产业都有一条“微笑曲线”，随着附加值高低分布而产生不同形状，其决定因素是进入障碍与能力累积效果。以 IT 行业为例，生产微处理器或自创品牌进入门槛较高，必须经过多年累积才行，而电脑组装却很容易，因此组装电脑随处可见，利润不高。在曲线左边的研发包括技术、制造和规模，而在右边的营销则包含品牌、渠道与服务，以当前的发展趋势来看，各厂商在其余四个因素的能力上相差并不大，关键在于成本与速度，而在这两项因素中后者更为重要。施振荣认为：“速度本身就是成本，速度快可以降低成本，产品周转快、库存少，可以加速资金周转的效率，但是降低成本却不见得可以加快速度。”

郭台铭的观点与施振荣不谋而合，熟悉“微笑曲线”后就不难理解富士康“速度为王”的根本原因。他始终牢牢抓住微笑曲线下凹的“制造”环节，希望借此创造附加价值，有人据此认为富士康打破“微笑曲线”模式，靠专业、精准、敏锐的商业嗅觉和持之以恒的质量控制成为组装、制造业的“代工霸王”。其实，富士康模式与“微笑曲线”并不矛盾，施振荣强调研发和营销两大附加值增长点，但并未抛弃加工制造环节，而富士康也并不是仅仅给高科技大品牌企业打工而已，郭台铭并未忘记微笑曲线两个制高点：研发和营销创造的价值。从2002年开始，他多次强调要把“制造的富士康”打造为“科技的富士康”，不仅加强研发投入，还自建销售渠道，希望往微笑曲线的左右两端延伸。

不过，财经作家吴晓波却提出一个截然不同的观点，他认为郭台铭其实走了一条反过来的“微笑曲线”：“他把制造业还是放在顶端，他其实没有品牌，也没有科技，而他认为能够卖钱的就是科技，没有高科技和低科技，所以它倒过来。”在他看来，这种模式的代工企业已近黄昏。

不可否认，富士康曾以超强的制造能力令业界惊叹，但处在利润链末端的不利位置为企业今后的走向布满阴云。业内人士指出：“从2009年各季度报表来看，诺基亚利润下滑超过六成，它一定会挤压供应链的利润空间，而诺基亚手机订单占富士康国际总收入比重接近五成，在这种形势下，代工模式非常被动。”该人士认为包括富士康在内的台湾代工巨头都将在2010年出现业绩下滑的现象。

郭台铭对此也有未雨绸缪，提前部署：从外销转为重点开拓内销市场，从精密制造转向科技服务。为了打开内销市场，富士康由3C走向新3C，打造赛博数码、鸿利多等营销渠道；为了开展科技服务，他制定了包括无线应用、太阳能、环保科技、医疗生物技术等多项发展计划。分析人士指出：“富士康从制造环节开始向上游的设计、研发靠拢，同时向终端销售环节延伸，将从微笑曲线的最低端分两个方向同时向更高的利润环节靠拢。这种大而全的模式很好地适应了电子产品生命周期越来越短、流通速度越来越快的特点，所以富士康如果成功，相信能够开创制造业的一种新商业模式。”

已近花甲之年的郭台铭能否在十年内走出一条漂亮的“微笑曲线”还有待观察，不过从短期来看，富士康仍然困难重重。在研发端，全球一流品牌商对代工厂共同筑起一道技术防线，下订单时，供应链各个环节都是由客户操控，涉及到芯片供应或其他核心技术，也会设置技术壁垒和技术保密流程，富士康无法掌握核心技术，独立生产最终产品。

在品牌方面，富士康通路事业部董事长胡国辉的说法很有代表性：“我们不但要在整个产业链里面提供非常有价值的服务，同时还要提供全球90

万人的就业，这不是一个简单的使命。而如果我们要做自有品牌，就会陷入两难的困境。”

在渠道方面，尽管郭台铭自2001年开始通过各种方式整合出数码捷豹、赛博、鸿利多等渠道公司，但多年深耕后仍与目标差距极大，由制造转到营销、渠道建设，还有很长一段路要走。尤其是遭受2008年经济危机之后，代工行业转型的未知风险和黯淡走势被不断放大，令人堪忧。

多种迹象都表明富士康基本具备借助研发和渠道由代工制造向自有品牌转型的条件，但这需要机会，更需要勇气。

↘苍狼终将消失

在2008年的“倒闭风暴”中，我国珠三角地区成为“暴风眼”，许多企业在“民工返乡潮”、“过冬”、“救市”、“外企老板人间蒸发”等充满恐慌色彩的新型流行语中“亡也忽焉”。

为了走出金融危机的迷雾，广东省政府在“劳工荒”、“电荒”、“油荒”以及土地、劳动力、能源价格等大幅上涨的严峻形势下痛定思痛，大胆提出“腾笼换鸟”的发展新理念，实施产业转移和升级战略。一时间“候鸟”成群北飞，往中西部转移几乎是所有制造型企业的唯一选择。

富士康虽然未被换掉，但它已经由此前的“金丝雀”变成普通鸟了，不可否认富士康曾对深圳作出巨大贡献，但热心于产业升级、发展高科技的“世界之窗”对代工模式的兴趣已大不如前。据深圳个人纳税数据显示，在深圳富士康40万员工中年收入12万元以上的中高层管理人员只有3200余人，比例不到0.8%，与高新科技企业差距极大。2010年两会期间，深圳市政府表示，在面临土地、能源、环境、人口“四个难以为继”的背景下正在推动新一轮产业升级。

深圳大学产业经济研究中心主任魏达志认为，富士康对深圳经济总量有贡献，对加工业产业链配套设施的建设有促进，但如今深圳人口密度全国最高，城市已不堪重负，产业结构急需调整，必须逐步淘汰低附加值的加工制造业。富士康转移出去正是解决由城市饱和、资源日渐匮乏带来成本上升问题的必然结果。

深圳市都会城市研究院社会发展研究中心主任陈宏显然也同意这种说法，他认为拥有 40 万就业人口的富士康给深圳创造的 GDP 远不如只有 4 万人的华为，而且富士康还牵制政府很多精力和金钱，据税务部门的相关数据显示，富士康的主体鸿富锦 2009 年纳税 59995.52 万元，而华为纳税高达 226249.98 万元，是前者的 3.8 倍。

除了政府产业升级的要求之外，企业内部压力也是富士康加快内陆建厂步伐不可忽视的原因。回顾郭台铭的发迹历程，跳出台湾地区进军大陆无疑是决定因素，富士康得内陆土地、人力、原材料低价的地利、人和优势和社会、经济快速发展的天时脱颖而出。但是，随着深圳的政策优势不再、人力成本提高等不利变化，深耕十多年的富士康由立足到壮大之后不断北迁东扩，走向全国，尽管“腾笼换鸟”对富士康并未造成太大冲击，但在此之前富士康已经在华南、华东、华中、华北、东北的深圳、佛山、烟台、昆山、武汉、太原、廊坊、秦皇岛、沈阳等城市创建完成数十家科技工业园区。对于郭台铭而言，北迁能充分利用大陆市场的人口红利、降低成本、改善管理，加上各地政府的优惠政策，富士康搬迁板上钉钉。

因此，“跳楼事件”并非富士康北迁的根本原因，悲剧只不过加速了搬迁进程，从一开始选择低成本扩张模式那一刻起，富士康就决定了将不断搬迁的命运。早在 2003 年，富士康就将龙华工业园定位为“研发为主、小量生产”，预计只留 10 万 ~15 万名员工。然而 7 年过去了，“由硬变软”的升级之路并未成行，按照原计划到 2010 年富士康有 70% 的产能应该转到内地，深圳只保留 30%，但截至 5 月底深圳厂区和内陆厂区的比例仍然各占一半，由此可见这一计划推行起来并不容易。

当“跳楼事件”发生后，富士康曾一度传出将搬迁到越南等地，这并非郭台铭在逆境时的气话，而是大势所趋，随着内地工人工资和物价上涨，尤其是 2005 年人民币大幅升值之后，中国大陆的低成本优势已经被越南、泰国等后起之秀追平甚至反超，不少台资制造企业将工厂搬到东南亚，像候鸟一样继续南飞。

对于这种以高速度、低成本的方式在复制领先者的模式上抢占市场的商业模式，台湾明基电子兼友达董事长李焜耀多年来一直在进行深刻反思。在他看来，全球化时代冲击与人力成本提高导致竞争态势大不相同，单纯依靠“人海战术”来提升竞争力的“苍狼精神”以及“掠夺式”经营不可持续。“整个社会都在增强鼓励苍狼式、游牧式、斯巴达式的经营模式，不少人都在鼓励、支持往一个扭曲的主流价值方向前进，部分厂商到其他国家把人当狗管、对员工指东叫西，这是一种赤裸裸、最原始、最暴力的管理方式，却被台湾及许多亚洲厂商拿来当成竞争的利器。”他认为，“苍狼的精神不见得是对台湾有利的，经营管理还是应该回归到人的原点，在企业、股东、雇主与员工之间，寻求最大的利益平衡点。”他呼吁，唯有通过提升更高附加价值，既有狼的精神，又有鹰的高度，才能为后世留下价值。

苍狼一直在追逐肥沃的草原与充足的水源，当草吃完了、水喝光了，它们就要换个地方。所以这些苍狼型的厂商目前落脚在大陆南方或是华东的广大生产基地不是终点，也不会是久居之地，而是追逐成本降低的中继站而已。但是李焜耀断言，苍狼必定消失，因为“草原总有被吃尽的一天”，最后生存的是“懂得生活文明的人类”，用文明手段、用文化思考、用具有历史观的企业经营模式，才能继续生存。

宏碁创始人施振荣也有类似看法，他认为目前还没有任何国家或地区能够完全替换中国作为“世界工厂”的地位，中国制造没有办法马上取代。这就意味着如李焜耀所说的“苍狼”还将横行一段时期，不会立即消亡。

同为台湾电子企业的领军人物，郭台铭的经营智慧和商业远见并不比二位同行逊色，他必定知道富士康的苍狼模式终将退出历史舞台。如果富士康这一轮大规模搬迁只停留在方位移动而不是产业升级，那么苍狼终将无路可退，只得坐以待毙。

↘觉醒的新一代

“当火车开入这座陌生的城市，那是从来就没有见过的霓虹，我打开离别时你送我的信件，忽然感到无比的思念……有没有人曾告诉你我很在意，在意这座城市的距离。”随着那个怀抱吉他的忧郁、帅气男孩陈楚生在快乐男声一夜成名之后，这首名为《有没有人告诉你》辛酸而感伤的情歌迅速红遍大江南北。在他乡漂泊的少男少女们无一例外的被这种充满挣扎与渴望的词曲所击倒，它激起了80后一代人始终被压抑的青春欲望。

据相关报告显示，2007年富士康在中国大陆的员工人数超过75万人，其中75%具有中专学历，年龄在16岁~24岁之间。换而言之，富士康的一线作业员有75%以上是80后甚至90后。深圳市政府秘书长李平在总结“富士康跳楼事件”时认为：“这些员工大多属于80后和90后，思想观念不成熟，涉世不深，经历磨炼不够，心理比较脆弱，对情感纠纷、环境变化、工作生活压力调节能力不够。从企业来看，富士康集团相同年龄段的员工如果聚集在一起，加上企业管理文化建设等方面的问题容易使他们情绪产生叠加效果。从社会层面看，这些员工远离家乡，缺少亲人、朋友的关心，社会服务、关爱、支持、援助也不够，容易产生一些意想不到的事情。”显然，如何正确管理、培养80后、90后员工已成为富士康必须面对的课题。

中国三星经济研究院战略管理组研究员张沈伟认为，相对上一代员工，80后、90后可能本身面临的生活压力没有那么大。比如改革开放早期的农民工务农收入很低，富士康的工作机会对他们来说可以获得相对稳定的收入，养家糊口的压力让他们比较容易服从，因而比较容易管理。但是，现在的80后农民工早已解决温饱，父母都有收入，家庭负担没以前那么重，他们不仅追求工资收入，还希望能有一定的休闲娱乐，对时尚新潮的城市生活同样有追求。在张沈伟看来，80后、90后本身是在相对开放平等的环境中成长起来的，他们更加叛逆和独立，对于军事化的层级制，可能天生很反感。

相比父辈而言，新一代产业工人不再毫无怨言、一味服从，他们“不安分”的性格并非“退化”而是“进化”。业内人士对跳楼事件评价说，这某种程度上也是青年工人的觉醒，是不再认同流水线方式的极端表现，虽然不可取，但管理者必须从中读出觉醒背后的困惑，因为企业终将面对觉醒的一代。管理专家彭剑锋也认为，一代人会比一代人强，转型时期，他们的心智模式也有一些改变，这种改变恰恰未必是坏事，以自我为中心的人，往往原创能力更强。他自嘲说自己那代人是最虚伪的一代，见人说人话，见鬼说鬼话，80后、90后起码不会活在人格分裂中，更自由、自在、真实。

虽然从调查中并不能得出跳楼自杀与工作压力有直接联系，但面对这代人既出色又出格的性格特征，郭台铭的军事化管理显得不合时宜。如果说上一代产业工人以中庸之道或奉献精神支撑着军事化管理的成功的话，那么个性张扬、追求自我的新一代产业工人显然不那么听话，他们是否甘心屈从军事化管理而放弃个性、改变禀性值得怀疑。一旦严苛的管理方式将员工的远大理想与创新智慧逼到无路可退的地步，大多数人就会选择以离职或更极端的方式反抗。当80、90后员工以无法阻挡的趋势成为新时代的制造业的主流时，企业要么主动变革，设计更科学合理的平台适应他们的需求，要么被他们所摒弃、淘汰。

另外，新一代产业工人肩负着改变父辈生活质量与个人前途命运的双重压力。对于刚大学毕业、甚至中专毕业就体验残酷社会的稚嫩面孔而言，尤其是在富士康这类管理严格、劳动强度大的制造型企业，梦想与现实的天差地别瞬间形成的心理落差可想而知。当遇到无法解决的问题或犯错误受到呵斥时，难免自暴自弃、心灰意冷，在多种负面情绪压力的轮流碾压下，心理会愈发脆弱、急躁。他们会将不满情绪通过网络、媒体散播，必将对企业声誉形成负面影响，一旦这一途径都无法喧嚣，难免不会有更极端的情况发生。

据说2008年深圳市举办职工技术运动会时，富士康有13个员工在叉车比赛中进入20强，按规定可以转为深圳市户口，但令人意外的是获奖员工竟无人愿意要户口，当负责此事的领导询问原因时，有员工反问：“我买得起深圳的房子吗？我在深圳养得起小孩吗？要户口有什么用？”最后，富士康只得将奖金提高到5000元，市政府再奖励3000元，才让获奖员工满意而归。对于一家企业而言，显然不具备调配行政资源与社会资源的能力，从这个意义上看，富士康要解决问题还需当地政府在公共资源、保险福利方面给予支持。

尽管人们习惯给新一代产业工人冠以 80 后、90 后的标签，但从本质上看，他们与 60 后、70 后并无区别，他们都要立业、成家、追梦，都渴望融入城市，获得更大的发展空间和更体面的生活。为此，清华大学社会学系教授沈原一针见血地指出："不能再以农民工的身份为借口，以平均低于第三世界的工资水平来支付他们的劳动报酬，使他们无法在城市中安家生活，漂泊徘徊于城市与农村之间，过着无根无助、家庭分离、父母无人照顾、孩子缺乏关爱的没有尊严的生活。"富士康跳楼事件并非个案，也不单单靠改善管理或心理干预就能解决，新一代产业工人的成长背景以及由此产生新的社会问题，更应该值得关注。

抛开社会学的问题不谈，就企业内部管理而言，富士康有必要向运动品牌李宁学习。2010 年 6 月 30 日，李宁公司揭晓了名为"李宁交叉动作"的新标识和"Make The Change"这一更具国际化气息的新口号，此后"90 后李宁"的宣传物密集推出。CEO 张志勇表示，此举是为了顺应年轻消费群体、特别是 90 后不断求变的心理。虽然同样是要变革，但有所不同的是，李宁面对的是 90 后客户，富士康面对的是 90 后员工。

然而，包括富士康在内的所有企业都必须重新认识，这觉醒的新一代。

第十章

同行者的力量

↘何享健：雄心壮志与控制哲学

在改革开放拉开序幕的第六个年头，中国人的创业热潮出现井喷：柳传志在中国科学院计算技术研究所创办联想；史玉柱在安徽省统计局喊出“如果下海失败，我就跳海”的悲壮誓言；李经纬在三水县酒厂开发出“中国魔水”的健力宝；李东生在简陋的农机仓库里开始TCL的漫漫征程。后来，人们将1984年称为中国现代公司的元年。

在此之前，台湾的郭台铭已于1974年创办鸿海，生产塑料零件；广东顺德的何享健则更早创业，在1968年以“生产自救”的名义创办北滘街办塑料生产组，生产塑料瓶盖，这是美的集团的前身。最有趣的是：创业之初，两人都选择以塑料产品起家。1980年，郭台铭进入家电行业，生产电视机和收音机；同年，何享健也进入家电行业，打造出第一台电风扇。1991年，鸿海股票在台湾上市，第二年，美的股票在深圳挂牌，成为全国第一家完成股份制改造的乡镇企业；后来，两人都在各自企业推行事业部制，在全国各地建立生产基地；进入新千年之后，两家企业的国际化步伐明显加快，并将蜕变家族企业形象，靠现代化、职业化的管理制度完成接班人选择。两人虽然生在不同时代、不同地方，但是在经营企业的过程中，战略思路和时间节点都惊人的相似，在此不得不套用一下人们在形容精英人物时常说的一句话：“英雄所见略同”。

然而，尽管两者商业路径相似，过程却有天壤之别。

创业42年来，何享健一路历经艰险，几度沉浮，多次在破产、倒闭的边缘涉险过关，十分不易。1981年，中国开始改革开放后的第一次宏观调控，此后三年社队企业大面积关停，何享健的企业终于在1984年因资金短缺而濒临倒闭，终因产品创新而化险为夷；1997年，美的营业额在上年突破25亿元后下跌到20亿左右，“美的因效益不佳将被科龙收购”的传闻四起，何享健果断变革组织架构，推行事业部制，平安渡险；2004年，家电行业沉浸于集体狂欢的浮躁和喧嚣中，何享健一口气拿下重庆通用、广州华凌、合肥荣事达等家电企业，还收购云南客车、湖南三湘客车进军汽车领域，并布局电力、高速公路、锅炉等十多个行业，美的顿时因盲目扩张陷入困境，冷静之后何享健当机立断："一年内不准谈新项目。"

反观郭台铭36年的创业历程，可谓顺风顺水，一马平川。1988年之前，他经过数次产品转型，大胆尝试，终于发现模具立业的捷径，扎根IT制造；1988年进军大陆之后，产品布局和各地工业区建设都与中国经济开发政策十分吻合，未有失误；在国际化并购过程中，尽管吞下多家知名企业的生产工厂，但都不似"敢死队长"李东生那般极具冒险成分，因而有惊无险，即便是2008年的金融危机和2010年的"跳楼事件"，对富士康而言都是小溪而非大河，都能轻松趟过。

或许正因为这些经历上的差别，造就了两位企业家迥然不同的经营理念和处事风格。何享健谦卑温和，低调稳健，谨小慎微，以"宁愿走慢一两步，不能走错半步"为座右铭，他曾表示，美的拥有一整套并购系统模式，没有十足把握不会轻易出手。当收购谈到五六成，部下才会向他汇报；谈到七八成时，才叫他参与谈细节；谈到八九成了，他才去实地考察。郭台铭霸气独断，勇于开拓，敢想敢干，强调"速度制胜"，他曾说过，鸿海不仅有老虎的力量，也有狐狸的灵巧，更有两者"速度取胜"之长。

另外，尽管都属于制造业，但家电与IT行业的不同特点也决定了二者风格上的差别。正如何享健所说，IT业发展太快，家电业相对稳定，核心技术多年来并没有突破性的革命，尤其是白电，洗衣机的工作原理没有变化，空调的工作原理也没有变化。技术的突飞猛进，知识更新变革，对这个行业的影响有，但不是决定性的，家电业比的就是企业的管理能力、市场能力、品牌能力。由于技术更新较慢，何享健放弃速度，稳中求进，选择在管理、营销方面下死工夫；而IT行业瞬息万变，产品升级换代飞快，在郭台铭看来，富士康在产品设计、原料采购、仓储运输、定单处理、批发经营、终端零售以及生产制造的"6+1"链条上，必须用最短的时间整合，将成本降至最低；另外，对于产业新机会，一旦看准就得快速执行。关于"速度"二字，郭台铭说："在这个行业里，竞争是非常激烈，要持续地做到领先，必须养成这样的习惯和个性。"

从企业经营的普遍规律来看，大多数人在创业初期处于蓝海，因缺乏竞争而能获得较高利润，就会抢抓一切机会、调动一切资源大发其财，争分夺秒，即便出现决策失误，也因船小好调头而及时调整；但是当企业做大之后，随着更多企业进入，竞争日渐激烈，利润率下降，企业规模变大，稳健比速度更重要。然而，无论美的还是富士康，虽然处在不同行业，但都属于低利润的制造型业，利润率基本在5%以下，有效率的增长显然比快速扩张更重要，从这个角度来说，郭台铭应该有效控制节奏，稳中求胜。毕竟富士康规模庞大，一旦战略失误，就会伤筋动骨，陷入危险境地。

包括何享健在内的大陆第一代企业家们自经商伊始，几乎总是伴随政治运动起起伏伏，颠沛流离，尤其是在风雨如晦的"十年文革"期间，整个社会几乎都陷入无法可依的法治废墟，企业家的权益根本无从保障。他们只能"战战兢兢，如履薄冰"地在政治运动无暇顾及的缝隙里艰难生存。与后代企业家以及郭台铭等台湾企业家群体相比，他们对"野蛮生长"的理解更生动、更深刻，也更珍惜这来之不易的大好局面。

对于立志开创百年基业的企业家来说，既要像兔子那样一路狂奔，又要像乌龟那样脚踏实地；既要有雄心壮志，又必须精通控制哲学。

↘王传福：追赶者的梦想

在深圳龙华，比亚迪与富士康之间不仅空间距离不远，而且在产品线布局上也相当接近。在代工领域，以同样的成长路径和战略布局迅速崛起的比亚迪日渐威胁到富士康的行业龙头地位，而且不只在前面章节所述的汽车行业，其实双方早已步入全面竞争阶段，未来彼此的商战将更加惨烈。

王传福1966年生于安徽省无为县一户普通农民家庭，排行老七，童年经历比郭台铭更加坎坷。上初中时，王传福父母相继去世，兄弟姐妹8人顿时陷入生存困境，哥哥被迫中途退学，担当养家糊口重任，姐姐很早就出嫁，唯一的小妹妹被含泪送他人寄养。1983年，王传福考入中南矿冶学院（后改名中南大学）冶金物理化学系，"知识改变命运"的真理此后在他身上逐一被验证。四年后，他考上中科院北京有色金属研究总院研究生，毕业后留在该院工作，专注于电池研究。

1993年，北京有色金属研究总院在深圳成立比格电池有限公司，被破格提拔为研究室副主任的王传福又被派往担任总经理。受南国创业氛围影响，1995年2月，王传福借250万元资金，带着20多名员工创办比亚迪。当时一部“大哥大”卖到两三万，技术经验老到、商业嗅觉敏锐的王传福意识到，手机普及是大势所趋，手机充电电池需求量也会水涨船高，结合自己电池研究的专长，该领域大有可为。

由于资金短缺，王传福无力配备全自动化设备，而是创造性地建立以人工为主的作业流程，此举不仅节省固定资产投入，还将成本压缩了比日本同行还低40%左右，而且比亚迪直接参与供应商材料开发环节，共同制定成本控制方案，仅原材料一项就将成本拉低40%以上。1995年，比亚迪以价格优势取代三洋，成为台湾最大无绳电话制造商大霸的电池供应商，两年后，比亚迪镍镉电池销量达到1.5亿，在世界范围内排第四位，占全球近40%的市场份额，王传福创业第三年就打造出一家年销售近亿元的中型企业。2002年7月，比亚迪以每股10.95港元的发行价在港交所主板上市，融资16.37亿港元，员工规模超过2万人。

随后的情形正如众人皆知的那样，王传福迅速“克隆”郭台铭的代工模式，以手机电池为平台，开始逆向整合产业链战略。2004年以来，比亚迪先后拿到诺基亚、摩托罗拉、三星、索尼爱立信等手机巨头订单，并逐步将产品线扩展到笔记本、汽车等领域，往3C产品代工进发。2010年，比亚迪拿下方正飞阅等电子书企业的订单。比亚迪已基本形成二次充电电池和手机部件及组装组成的IT零部件业务及汽车业务，业界将比亚迪称为“小鸿海”，日益成为富士康最难缠之敌。

正因如此，自2006年8月开始两家企业就官司不断，由富士康状告比亚迪变成双方你来我往，互相指责、攻击，法律争端的背后实际是商业的血腥味在不断蔓延。比亚迪的崛起无疑分流了富士康大量客户，而IT巨头为了制衡富士康，必会大力扶持比亚迪，这样整个代工厂商的议价能力也会集体削弱。而比亚迪也会在争取更多订单过程中，为超常规增长而低价接单，自身也承受“七伤拳”的痛苦——先伤己，再伤人，杀敌一万，自损八千。

如富士康一样，比亚迪在完成产业链延伸后就开始全球布局，尤其是在2008年借奥运会东风，步伐有所加快。2008年2月，比亚迪电子收购位于匈牙利马尔诺的一家韩资企业，比亚迪相关人士透露："整合工作已经完成，已于2008年下半年恢复规模化生产。"比亚迪收购全球工厂旨在争取全球定单，提前部署。截止2009年4月，比亚迪在印度清奈第一期生产基地已投产，二期正在扩建，三年前富士康就随诺基亚在此地建厂，如今比亚迪又杀气冲冲而来，两家企业都将战场由深圳、中国搬到印度，此后必将扩展到全球范围。

按照"半径原则"，代工企业接单能力关键在于供应链半径长度，富士康生产基地和供应链网络已遍布亚、欧、美各大洲。受此启发，比亚迪也将快速整合全球代工能力，将来不排除与富士康竞购诺基亚、摩托罗拉等全球制造工厂的可能。

除了经营策略相近，郭台铭与王传福在品质上也多有相似之处。两人都是工作狂，王传福一天工作12小时以上，郭台铭达到16小时，为了增加工作效率，他甚至自我规定每天只去两趟厕所；两人都有些霸气独裁，郭台铭以"独裁为公"作为座右铭，王传福虽然外表敦厚温和，却规定集团所有事业部总经理直接向他汇报，部下以"王总永远是正确的"为职场哲学；两人都对商业趋势判断准确，郭台铭扩张转型的每一个节点都踩准大陆经济开放布局，王传福看准太阳能和汽车业的巨大潜力后，倾情投入，几度痴迷。有所不同的是，王传福常以"汽车狂人"的形象示人，这也难怪，包括李书福、尹同跃、尹明善在内的本土汽车领军人物几乎都有疯子、狂人之内富偏执精神的雅号，这也侧面刻画出我国汽车业任重而道远的艰难处境。

以低成本获取利润是中国代工企业的普遍现象，富士康与比亚迪无疑是这方面的成功典范，有所不同的是，比亚迪正处在快速增长阶段，一路追赶；富士康作为龙头老大，提前遭遇行业盈利模式的天花板。在社会转型迫在眉睫的大背景下，富士康与比亚迪谁先找到转型的钥匙，谁就能在下一个十年的竞争中取得先发优势。不可否认未来两家企业还会以相似的轨迹前进，但核心竞争力，对手依然无法复制。

在以后的商战江湖中，比亚迪将更多以自主研发的新能源汽车为代表产品面对公众，蜕变为汽车企业；而富士康将继续扎根 IT 代工制造，以“新 3C”产品为契机逐步构筑渠道，自创品牌。或许我们应该以积极的眼光评价这两家企业家的厮杀、纷争，如果没有比亚迪的针锋相对，富士康就不会加速国际化以及转型调整的步伐；如果没有富士康的一路追打，比亚迪杀入新能源汽车的决心，恐怕也没那么坚定。

以长远的眼光去评判商战的意义，总会比一味批判更为客观、全面。

↘任正非：管理的灰度

与比亚迪相比，华为离富士康更近。

在深圳梅观高速公路龙华镇段，马路两旁横卧着两大工业区。往左走是富士康龙华科技园，30 万身着红、蓝、白厂服的员工终日川流不息；往右走是华为总部所在地，高档小车云集，贝尔路、冲之路、张衡路等科学家命名的道路和两旁的研发大楼、行政大楼、大学园楼群也有序布局，6 万员工为共同的理念拼搏。据说当初深圳市政府出于各区税收均衡考虑，将两家纳税大户划分成两大区域，于是，以梅观高速为界限的两个截然不同的“国度”划江而治。

相近的不仅是距离，还有两家企业创始人之间的关系。虽说华为与富士康都是 IT 加工贸易型企业，但郭台铭对任正非却十分推崇，并不像谈及王传福时那般怒火中烧。郭台铭说：“华为的任正非，工厂就在隔壁。一开始我们公司很多同事辞职都到华为，而且都可以拿到两倍的薪水。我就很好奇：他找去的都是申请专利，培养很多专利法务的人才。我想，这个公司对专利法务一定很重视。原来富士康在中国是申请专利最多的公司，后来被他赶上了，因为我们很多同仁被他挖去帮他申请专利。我觉得这个公司很伟大。为什么？因为他有专利方面的远见，他专利越多，竞争力就越强。”怎么都想不到此话会出自郭台铭之口，要知道 2006 年他可曾因技术专利问题状告过比亚迪，持续多年仍不肯罢休，他可是视技术机密为企业生存底线的人啊？

话又说回来，良好的关系源自两家企业合作多年。郭台铭表示，他每年总要和任正非见面吃吃饭、聊聊天，华为交给富士康很多硬件方面的订单。在他看来，任正非是非常有远见、很有思想的人。人要有远见，企业要有愿景。有段时间外界都说华为财务危机，郭台铭却不这么看，觉得华为很有发展前途，当别人不敢合作时，富士康果断伸手。

或许郭台铭只比任正非小六岁而已，属于同代人，又都是军人出身，在经营观念和行事风格上往往能形成共鸣，而且，两人在深圳创业的时间只相差一年，遭遇的政策环境基本一致，他们就像两位一起摸黑走夜路的勇士，互相搀扶，共同进步。

虽然任正非未以"独裁为公"为企业文化之根，也不以霸气、独断的形象示人，但他严厉专注、不苟言笑的管理风格与郭台铭比有过之而无不及，尤其是在推行军事化管理方面，华为与富士康难分伯仲。华为有一个传统：几乎每名员工都有一张放在办公桌下面的床垫，午休时可以方便铺在地上休息，晚上加班疲倦了也可席地而卧，醒来接着工作，这就是外界盛传的"床垫文化"，似乎比富士康的"加班文化"更严苛。

而任正非通过危机意识给员工带来的压力也比富士康更沉重。在那篇闻名于业内的《华为的冬天》中，他一直强调"失败一定会到来"的观点，他说十年来天天思考的都是失败，对成功视而不见，也没有什么荣誉感、自豪感，只有危机感。也许正是这样的意识才存活了十年。失败这一天一定会到来，大家要准备迎接，这是他从不动摇的看法，也是历史规律。

与富士康在扩张战略上的"苍狼性格"相比，华为的"狼性文化"更富盛名，任正非说："企业就是要发展一批狼，狼有三大特性，一是敏锐的嗅觉，二是不屈不挠、奋不顾身的进攻精神，三是群体奋斗，企业要扩张，就必须要有这三要素。所以要构筑一个宽松的环境，让大家去努力奋斗，在新机会点出现时，自然会有一批领袖站出来去争夺市场先机。市场部有一个狼狈组织计划，就是强调组织的进攻性（狼）与管理性（狈）。"

除了富含进攻特点的狼性特色外，任正非在成本控制方面也很有一套。2007 年华为实际销售收入为 125.6 亿美元，净利润 6.74 亿美元，利润率只有5%，长此以往，只要任正非稍微松懈，华为极有可能陷入亏损。未曾料想，任正非自创出与“狼性文化”一脉相承的“拧毛巾哲学”：“就如拧毛巾，只要拧出水来，就说明还有竞争空间；毛巾拧断了，企业也完了；只有毛巾拧干了，毛巾还不断，这才是最佳状态。”这种观点正如孙力在《竞底：中国企业之殇》一书中所说的那样：一方面要把对方打到底线，甚至踢出局；另一方面自己要逃离底线，争取更多的竞底空间。孙力批判说，竞底之战没有赢家，所有企业都逃脱不了死亡的魔咒。

2007年前后，华为因连续发生员工猝死、跳楼自杀事件而遭到社会抨击，企业形象低至谷底；2010年5月，富士康也噩梦重现，跳楼事件频发，郭台铭一夜白头。有占卜者高论：华为与富士康所在地风水不好，殊不知悲剧的症结在于“竞底”二字，这两家企业是竞底战略的典型代表，顺境时企业如鱼得水，一日千里；逆境时如大厦将倾，颤颤巍巍。然而，这也是中国企业家的死穴所在，任正非的话极具代表性，他在2006年感慨说：“18年来，公司高层管理团队夜以继日地工作，有许多高级干部几乎没有什么节假日，24小时不能关手机，随时随地都在处理随时发生的问题。现在，更因为全球化后的时差问题，总是夜里开会。我们没有国际大公司积累了几十年的市场地位、人脉和品牌，没有什么可以依赖，只有比别人更多一点奋斗，只有在别人喝咖啡和休闲的时间努力工作，只有更虔诚地对待客户，否则我们怎么能拿到订单？”

面对有几十年甚至上百年积淀的世界级竞争对手，在管理体系、营销渠道、品牌建设等全方位不利的情况下，加上重重技术壁垒，中国企业要想突围，无任何经验可以借鉴，只能以“勤能补拙，笨鸟先飞”的良训为指导艰苦奋斗。

经过多年痛苦思索之后，任正非于2010年4月顿悟，写下《管理的灰度》一文，“一个领导人重要的素质是方向、节奏。他的水平就是合适的灰度。坚定不移的正确方向来自灰度、妥协与宽容。”他说：“方向是坚定不移的，但并不是一条直线，也许是不断左右摇摆的曲线，在某些时段来说，还会画一个圈，但是我们离得远一些或粗一些来看，它的方向仍是紧紧地指着前方。”他要求所有华为干部要理解“开放、妥协、灰度”，用规则的确定来对付结果的不确定。

“灰度”是一种经营智慧，文笔不俗的任正非此时将这一管理哲学公开分享，对于郭台铭而言，恰逢其时。

↘柳传志：回归“技工贸”

正如经济学家张维迎所说：“在柳传志看似简单的理念背后，包藏着许多并不简单的内核”。郭台铭也曾在多个不同场合表示，联想的柳传志先生是他的大哥，柳传志的许多演讲、理论后来成为他为人处事的基准。因此，潜心解读柳传志与联想，或许更有助于人们认识郭台铭与富士康。

在 1984 年这个中国商业史上颇具纪念意义的年份，柳传志和中科院计算所的 11 名科研人员一起以 20 万元起家，开始了科学转化为生产力的艰难实践，11 月，柳传志三顾茅庐，聘请刚从加拿大进修回国的倪光南出任总工程师。创业初期，柳传志和倪光南这对“黄金搭档”享誉中关村，这段亲密无间的战友之情延续了十年。

创业初期，柳传志和倪光南的战略思想高度一致：走技工贸（技术、工业、贸易）道路。据倪光南回忆，在 1988 年 3 月的“中科院思想政治工作研究会”上，柳传志表示：“我们主要以联想式汉卡作为拳头产品，作为龙头，带动起整个经销。”在 1989 年 11 月 14 日联想集团成立大会上，柳传志说：“联想集团以开发成功联想汉字系统起家并由此而得名。”1990 年 3 月 19 日，柳传志在演讲中阐述联想成功的两大条件，一是国内外市场的基础，二是拼力创建了一个技工贸结合的立体结构。根据联想档案记载，柳传志在多个场合解读、传播技工贸思想，每每讲起来都头头是道。

然而，由于联想汉卡在 20 世纪 90 年代初退出市场，联想的主要收入来源于代理销售和生产制造，技术日渐被冷落。1993 年冬季之后，柳传志越来越不能容忍技术人员沉迷于技术至上的研发思想，公司用于研发的钱超过利润的 40%，却很少有技术能转化为产品，即便做出产品质量却不敢恭维。“这个事让我琢磨了很长时间，”柳传志说，“后来得出一个结论：不把销售渠道理顺，再好的技术也是不行的。”所以，联想卖过彩电、也卖过旱冰鞋，只要是贸易，都尝试做过。

据原联想控股董事长曾茂朝回忆，1994 年倪光南提出做 ASICS 专用芯片，他出面组织研究设计中心，包括上海复旦大学、长江计算机厂和上海冶金所。当时董事会其他同志不同意做，但倪光南非要坚持，并已与人签约，由于此事关乎企业存亡，所以最后还是被否决了。不久，倪光南又提出新项目，但以联想的力量根本不具备应有的环境和能力，而且并不是柳总一人反对。因此倪光南感到自己说话不算数了，技术主导地位不牢靠了，于是开始发难告状。开始是告柳传志工作作风问题，后来是经济问题。

至此，倪光南与柳传志之间的矛盾已由“技术和贸易谁更重要”的争论升级为二者谁对公司贡献更重要的辩驳。有人甚至认为，这是柳传志在刻意摆脱倪光南的影响，但柳传志解释说，这不包含私人恩怨，也不存在谁先谁后、孰重孰轻的问题。联想主管部门——科学院领导为此专门派人调查、劝说，希望倪光南与柳传志能继续团结合作，但遭到倪光南拒绝。1995 年 6 月，科学院党组免去倪光南联想集团公司董事职务，董事会同时决定免去倪光南总工程师职务。“倪柳之争”从此告一段落，柳传志带着他的“贸工技”新思路胜出。

1995 年夏天，柳传志在公司内部会议上第一次把“技工贸”改成“贸工技”，当时不少人并未在意，以为他只是随便说说而已，不知内中深意。在他看来，高科技企业的任务之一是完成把产品换成钱的过程，这是一个系统工程。这个系统包括科研、开发、采购、生产、销售、服务等诸多环节。科研是重要环节，但绝不是全部，甚至在很多情况下也不能成为最关键的环节。此后，“贸工技”在联想根深蒂固，2001 年，杨元庆担任联想集团总裁兼 CEO，强调“高科技的联想”，其实仍然是对柳传志“贸工技”思想的承继与发扬。尽管此后业界对“贸工技”仍时有指责，倪光南在 2005 年 3 月还撰文指出“柳传志的‘贸工技’耽误了联想 7 年”，但柳传志却不为所动，坚定表示：“不应质疑‘贸工技’，因为没有‘贸工技’就没有联想的今天。”

2009 年 2 月 5 日，退隐江湖近 5 年的柳传志在 65 岁时重新出山，担任集团董事局主席，希望能带领联想“绝处逢生”。在这年年底接受采访时柳传志表示，当年联想选择贸工技道路是一个迫不得已的做法，当时既没有资金积累，又不懂得企业管理，还没有销售渠道，这条路带来的好处是在1992 ~ 1993 年外国企业大举进攻国内市场时使联想能够应战，不被打倒。但联想要想真正在行业里面取得领先地位，甚至能够对中国或者人类有所贡献的话，技术创新绝对十分重要。

在柳传志看来，之所以从贸工技走回技工贸用了 25 年，是因为 IT 行业技术被 Intel、微软拿 CPU 和操作系统的标准定死了，但现在到了电脑形式发生变化的时候，普通电脑要向紧凑型电脑发展，这意味着以前的操作系统、CPU 标准可能面临调整，这样显示器、硬磁盘等电脑零组件的格局也会发生变化，并且会随着操作系统的革新而革新。这是联想好不容易盼来的机会，也是中国企业的大机会。

按照柳传志的说法，富士康也将“大有机会”。在创业初期，郭台铭也曾遇到过柳传志诸如资金短缺、管理经验不足、渠道不通等问题，但在陆续接到 IT 巨头的大批订单后，所有问题似乎一夜间迎刃而解。从经营模式上看，富士康与联想惊人相似：初期以模具起家，走“技工贸”之路；靠代工订单扩大生产规模，是为“贸工技”，毕竟富士康接单以“赤字接单，黑字出货”为理念，靠低成本取胜而非技术创新；如今，郭台铭的重点依然是自建渠道深挖大陆内需市场，在“贸”字上做文章，对于技术研发却鲜见大手笔，似有踌躇。

客观来说，“贸工技”之路对于富士康的技术提升大有裨益，客户要求往往十分苛责，精准度、稳定性、交期等指标都需要过硬的技术做保障，富士康先是在客户的带领下被动提升，后来逐渐主动研发。如今，富士康在资金、渠道、管理方面日益强大，也让该技术反哺贸易和工业，从而拉动企业实现新的飞跃。

回归“技工贸”，不仅适用于富士康与联想，也适用于所有的高科技企业，以及有实力的制造企业。

↘马云：突围还是坚守

郭台铭虽然比马云大16岁，但私交甚笃。二人都是白手闯天下，前者是全球最大的代工帝国，后者已构建全球最大的网上交易平台；前者是台湾企业家的杰出代表，后者是年轻一代的创业偶像；前者夸后者“非常优秀”，后者朝前者竖大拇指，两人惺惺相惜，逐渐从思想交流落地到生意合作。在下一个十年，双方领导的企业都有朝价值链上下游整合的巨大空间，合作前景广阔。

1999年，马云从北京铩羽而归，重返杭州。在杭州湖畔花园的家中，马云的妻子、同事、学生、朋友共18个人围着他，听这位留着长头发的热血青年手舞足蹈地慷慨陈词：第一、我们要建立一家生存80年的公司；第二、我们要建设一家为中国中小企业服务的电子商务公司；第三、我们要建成世界上最大的电子商务公司，要进入全球网站排名前十位。众人面面相觑，心里直犯嘀咕：“就凭这十八杆枪，能完成如此具体化的目标？”马云都未等众人明白过来，就掏出一沓钱说：“启动资金必须是闲钱，不许向家人朋友借，因为失败的可能性极大。”于是每个人留下吃饭的开支后，将剩下的钱都全部拿了出来，拼凑出50万元“闲钱”，这就是马云创办阿里巴巴的本金。

在此后两年间，阿里巴巴直接杀入国际市场，开拓全球电子商务市场。随后，由于经验不足，各种新问题不断出现，恰逢2000年互联网行业进入寒冬，马云只得以“即使跪着活，只要活着一天就赢了”为信念坚守。

从2001年开始，由于互联网泡沫破灭，中国互联网公司因为运作不规范成为被国际资本排斥最严重的群体，打击非常沉重。而马云因为及时将阿里巴巴转回到中国，在别人最冷的时候把门关起来将产品做好，得以脱颖而出。《IT时代周刊》在2002年评价说：过去两年，北京的互联网企业就像电梯从天堂一层层地下到地狱，几乎没有一个互联网英雄能够脱离集体疯狂，也没有一个能够逃离疯狂后的灾难。而依托杭州的阿里巴巴如今已无可争议地成为中国最好的B2B电子商务企业。

2003年，孙正义召集他所投资的所有公司经营者开会，每个人有5分钟陈述自己公司现状，马云排到最后一个。当陈述结束后，孙正义对他说："今天前来汇报的CEO，所说的话都与我当年向他们投资时说的不一样了，只有你还在说当年说过的话。"孙正义所指的马云三年前说的话，也就是1999年阿里巴巴创办时的目标：做电子商务公司。

随着2002年底互联网行业回暖，随着2004年携程、盛大网络、空中网、前程无忧、Tom、e龙等九家中国互联网企业在美国纳斯达克成功上市后，人们纷纷惊呼"互联网迎来第二春"。2005年8月，阿里巴巴完成对雅虎中国的并购，这一事件所引起的争议甚至盖过不久前在纳斯达克成功上市的百度的风头。巨大的诱惑突然摆在马云面前：彼时阿里巴巴拥有几百万注册会员，具备以电子商务为平台开拓其他领域的充要条件，几乎所有人都认为，马云该出手了！

当时马云有三大选择：一、发展短信业务，网易、搜狐等门户网站纷纷割据，抢夺业已成熟的短信市场；二、进军网络游戏领域，此时陈天桥的盛大网络刚刚起步，国内尚没有大型网游公司，马云此时进入可谓绝佳机会；三、继续走电子商务的老路，这也是众人最不看好的方式。

而马云却继续坚守电子商务，他在此后不久的一次演讲中表示：仍然坚信电子商务会影响中国经济，由于中国缺乏诚信体系，缺乏网络基础的建设，所以它会有一个蛙跳式的发展。从1999年创业起，马云就立下了做102年企业的愿望，算起来正好跨越3个世纪。从那之后，他所做的所有的事，不管是秘密布兵淘宝还是与雅虎中国并购，包括联交所IPO，都只有一个主题：电子商务。直到今天，马云仍然坚守当年的理想：做电子商务公司。不管别人骂他是"骗子"，还是笑他是"疯子"，都未曾更改，即便困苦时刻，也依然"左手温暖右手"，坚强地"活"下去。

郭台铭的偏执精神与马云有得一拼，创业36年来，郭台铭曾无数次经受来自房市、股市、证券投资等短、平、快的生财之道的诱惑，却始终扎根制造业，甘心为国际大厂代工，并恪守"不做自主品牌"的准则，夜以继日，未曾动摇。然而，随着平台不断做大，企业已走到借此为跳板飞跃的关键点，而且，"打通价值链"已是大势所趋，竞争者对平台的蚕食步伐加快，郭台铭和马云都面临同一个问题：选择突围还是继续坚守。

以阿里巴巴所在的互联网行业为例，马化腾与马云的经营思路似乎截然相反，腾讯以QQ聊天工具聚集数亿用户建立稳固平台后，一向温柔的企鹅变得异常凶猛：运营棋牌类休闲游戏，中国联众创始人鲍岳桥坐不住了；开发中型休闲网络游戏“QQ堂”，陈天桥不得不加快新游戏的开发；开通QQ邮箱，丁磊马上下了战书；以腾讯搜搜杀入搜索引擎，李彦宏的脸上浮过一丝阴云；上线门户网站，新浪高呼“狼来了”；做电子商务“拍拍网”，马云神经紧绷；开通QQ空间，一批博客网站吃不消了……

当然，商业竞争不可能温文尔雅、谦卑礼让，你吃了我的蛋糕，我恨不得要啃你的骨头。尽管马化腾只是不时扔下一些小石子儿，互联网红海却掀起滔天巨浪，老江湖们不可能无动于衷，于是我们看到：丁磊推出“网易泡泡”，新浪推出“了了吧”，搜狐推出“搜Q”，微软的MSN虎视眈眈，大有集体围剿腾讯之势。在未来的中国商海乃至全球竞争中，互联网无疑是最有潜力，竞争也最惨烈的行业之一，并购或倒闭、专注或转型、杀入海外或走进农村的大片将不断上演。

同时，以专业化的平台走相关多元化道路是大势所趋，马云也不例外。事实上，阿里巴巴以阿里旺旺为聊天工具，并通过收购雅虎中国夯实搜索引擎，借《淘宝天下》实现网易、新浪等新闻门户所不具备的“纸质新媒体”功能……

富士康早期的平台是模具，如今可以大而化之为代工能力，“打通价值链”是郭台铭正在迈出的步伐，而在方式与策略上，郭台铭可以从马云及其互联网同行身上受到启发。

第十一章

醒来，未来

↘向价值链的两端延伸

富士康“12连跳”悲剧发生之后，众多媒体互相转载一条消息：为提高富士康生产线工人工资，苹果将补贴富士康2%代工费以提高工人待遇。在此之前，苹果、戴尔和惠普等大客户都派员前往富士康调查员工工作条件，作为富士康的最大客户，苹果雪中送炭的“义举”自然博得众人喝彩。

然而，有富士康高管对此表示：“我可以负责任地说，苹果补贴富士康2%代工费纯属子虚乌有，富士康没有得到苹果任何增加的补贴。”他说：“所谓苹果宣布提高补贴2%，这纯粹是众多媒体一厢情愿的猜测，很善良也很天真。”由此可见，代工企业与世界品牌的合作关系并非外界想象的那般生死与共、同舟共济，或许在郭台铭看来，一向强势的客户没有在危难之际落井下石、趁火打劫就算最大的帮助了。

深陷危机之际，不能说客户的态度令郭台铭心寒，但至少坚定了他打通产业链的想法。其实早在2010年年初接受台湾媒体采访时，郭台铭就表示：“未来十年，鸿海不只是重视量的转变，更要重视质的改变，鸿海有能力做好的公司，绝不会只是一个代工公司而已。”代工之外，富士康将会有多大机会？

2009年秋冬，富士康宣布将斥资约21亿元在中国三线以下城市开1万家3C连锁店，正式落实“万马奔腾”计划，工作满5年的员工有资格申请回乡开办连锁店，富士康将予以资金支持与创业指导。郭台铭此举不仅能为一线员工挖掘更深远的职业前景，还能进一步延伸产业链、拓展品牌，巧妙地将老员工之间的信用链条与资金、渠道、品牌结合起来。“我们不做品牌，只卖客户的产品，中间没有库存，都是帮客户直接出货。”郭台铭理直气壮地说，“万家店成立后，集团会将它们整合在一起上市。”

家电专家刘步尘对此分析：“之所以选择进军3C连锁行业，除了寻求新的利润点之外，富士康也是在给自己代工的产品寻找销路，在和品牌商的谈判中掌握更多的话语权，同时也可以为以后向自主品牌转型做好准备。”在他看来，富士康有着过硬的3C制造水平和技术，完全有能力推出有竞争力的自主品牌产品，一旦条件成熟，富士康利用自己的渠道抢占市场必将得心应手。

2010 年 8 月 1 日，富士康的网络购物平台“飞虎乐购”正式上线运营，开始进军电子商务领域，向供应链下游发展。富士康以电子商务切入 IT 零售市场，把现代物流、电子商务、科技服务这三个结合起来，是希望将以往单靠外向型销售模式改成内外结合的两条腿走路，在 2009 年郭台铭就提出每个经营单位至少有 30% 营收来自大陆，要抓住大陆拓内需、扩消费的趋势。

“万马奔腾”与“飞虎乐购”是虚实结合，地面进攻与空中打击并用，按照郭台铭的说法，“老虎如果装上了翅膀，可以满世界飞，早上在东北吃人参，中午到上海吃人（上海人油水比较多）。”有媒体对这种“网上商城 + 线下实体店”的渠道模式高度评价说：“在不久的将来，富士康将直接挑战阿里巴巴的淘宝网和零售电器巨头国美、苏宁”。

郭台铭曾说：“我们不做品牌，在建立店面、渠道网络、架构好物流系统之后，我们只卖客户的产品，只为品牌客户完善从设计到制造到附加值服务的系统整合，这也是一个与客户不会冲突的高效率渠道，全世界最优质最便宜的科技产品将会在第一时间铺向全国，中间没有库存管理，没有批发环节，都是帮客户直接出货。”不过，据相关人士透露，“富士康”商标从第 1 类到第 40 类几乎绝大部分的产品类商标都已登记为注册商标，而且初审公告期大多集中在 2008 年、2009 年，这意味着富士康在近几年构建网络、拓展渠道的同时，已悄然布局自有品牌战略。

国务院发展研究中心研究员、著名经济学家吴敬琏在本土家电巨头广东美的集团调研时指出：“要把原来做硬苦力、做最低端的模式转变为一个价值链很长的、包含众多服务业内容的制造业，延伸它原来的价值链条。转变经济增长模式，向价值链的两端延伸，保持持续健康的增长。”延伸产业链已成为所有经济学家和企业家的共识，除了往下游要利润，郭台铭也加强了并购上游产业的步伐。

2009 年 11 月，鸿海旗下群创光电以 53 亿美元的价格收购奇美电子，与群创光电、统宝光电合并命名为奇美群创公司，新奇美的规模超过友达光电，成为台湾最大、全球第三大的 LCD 制造商。友达光电全球业务执行副总经理彭双浪对此表示：“近年来富士康的成长动能已经降低了，需要找新增长点，而代工中新增长点只有两块是郭台铭过去一直没做的，一是刚进入的笔记本电脑，一是电视机，两者都需要面板支持，所以他才不惜买下负债率很高的奇美。”

2010年6月，富士康先后收购索尼斯洛伐克、墨西哥两家液晶电视生产厂，并在内地与长虹合作，斥资272亿元人民币投资8.5代液晶面板生产线。郭台铭以并购、合资等方式打造液晶产业的思路日渐明晰，这也是金融危机之后台湾IT行业加剧洗牌的缩影。明基董事长李焜耀对此感慨：“本来经过几轮洗牌，大家都各据一方，具备世界级规模，谁打谁也不容易。可现在大家都要寻找新增长点，像台积电最近也要做LED，未来大家可能会再次撞到一起，那就难免要踩别人的脚了。”虽然他在台湾素有“防鸿总司令”之名，却与郭台铭无实质竞争，但今后磕碰恐怕在所难免。当然，富士康往下游的也并非只局限于液晶面板产业。

李焜耀在谈到富士康未来的战略规划时，曾意味深长地说：“至少不会去投资高尔夫球场。”没料到2010年2月就有消息传出，郭台铭打算投资十几亿元人民币买下台北一座高尔夫球场。看来，要猜到郭台铭将要做什么并不难，难的是看不透他将不做什么。

富士康跳楼危机并非全无好处，乐观点也可以说是危中有机。搬迁是郭台铭重新整合资源并梳理、打通产业链的难得机会，这位熬过严冬的领路人，比别人更加倍珍惜春天的温暖。

↘内迁是唯一选择

“在时间的流水线里 / 夜晚和夜晚紧紧相挨 / 我们从工厂的流水线撤下 / 又以流水线的队伍回家来……但是奇怪 / 我唯独不能感觉到 / 我自己的存在 / 仿佛丛树与星群 / 或者由于习惯 / 或者由于悲哀 / 对本身已成的定局 / 再没有力量关怀。”

这是女诗人舒婷作品《流水线》中的文字，原作写于1980年初，30年过去了，科技日新月异，社会高速发展，制造车间的场景却似乎没有改变，我们时常能看到诗中描述的情形，在这个美好而伟大的时代，难道真的是“没有力量关怀”？

企业家们每天都在琢磨：如何将高科技和自动化与生产制造完美融合？技术创新的速度加快，人力成本在节节攀升，土地价格不断上涨，如果能以先进机器设备替换工人，那将是怎样的一幅景象，至少女诗人在30年前就无比同情的产业工人，将被彻底解放。技术出身的郭台铭从未放弃过建设无人工厂的思索，尤其是在“跳楼事件”发生后，这种愿望更加急迫。

郭台铭曾到日本一家手表工厂参观考察，端详完人家以高度自动化生产出的精细、优质手表后，他深受触动：无人工厂能缩减一半的厂房面积，而且利于搬迁，车间内不用开灯，伸手不见五指，不仅省了电费，而且是典型的节能减排口号绿色工厂。他对媒体感慨说：“人要呼吸，机器不要。”在他看来，无人工厂是富士康由制造迈向高科技的捷径。

《环球企业家》评论员方儒在2010年7月中旬所发的《郭台铭无法摆脱中国制造标签的宿命》一文中透露，在富士康台北总部，一座耗资3亿元台币的无人工厂已经开工。这座具有示范意义的无人工厂由鸿海旗下的“赐福科技”经营，整个团队都是从台湾“工研院”机械所挖过来的该领域最优秀的人才。文中描述：全自动化的生产线，由机器手臂来做CPU插槽，能够非常精准、毫无误差地在两三公分见方的电路板上密密麻麻插上三千根端子，一天产量高达7000个。

对于富士康来说，CPU插槽、机壳抛光等少量关键零部件可以用机器替代人工，生产出精准度高、性能优良的产品，但数码相机、笔记本电脑、手机等IT产品往往需要几百甚至上千道工序，比郭台铭在日本参观时的手表制程复杂、困难得多。一位业内人士对此评价说：“如果真能全部自动化，苹果为什么不自己做？”

多年来富士康最大限度地发挥人工制造价值的模式早已根深蒂固，这也无形中成为“无人工厂”转型的障碍，无论是从投资成本还是时间要求、技术提升等方面来看，郭台铭都不可能在短期内全部实现自动化，在很长一段时间内，富士康仍然需要依赖流水线工人的粗壮手臂来完成订单。这也从另一方面证明，富士康将搬迁到台湾、越南建设无人工厂的规划只是小规模试验，是对未来生产方式的提前探索，而非大规模搬迁，其制造重心仍然在中国大陆，毕竟在全球范围内，无人能替代中国“世界工厂”的地位。

尽管苍狼终将消失，可在无人工厂不可大规模立即上马、深圳总部又深陷“跳楼事件”危机的双重压力下，郭台铭只能选择向内地转移产能。不过，以“格局、布局、步局”三局观作为经营哲学的郭台铭绝不会自乱阵脚，也不会以资源掠夺的方式重蹈“跳楼事件”覆辙。六七月份，深圳龙华园区的不少事业部已开始动员工人搬迁，郭台铭一改往日的严肃形象，温和劝解员工，产能外迁是一项重要的战略举措，公司将对外迁员工发放安家费，每月还有额外补贴，员工即将前往成都、郑州、廊坊等地。

据富士康公开的数据显示，2010 年第一季度富士康赴大陆地区投资金额已累计达 3.0359 亿美金，涉及深圳、上海、中山、烟台、淮安、重庆等地的 11 个工厂项目，其中深圳仍是投资的核心区域，共四个项目，占 11 个项目中的 1/3。但这只是一小部分，2010 年经台湾“投资部投审委”核准的富士康汇往大陆投资总金额为 36.6683 亿美元，除去已经汇出部分，还有 33 亿美元将陆续投入，这可不是一笔小数目。从投资计划来看，富士康的扩张力度并未放缓，而内迁早在“跳楼事件”发生前就已部署完毕，严格来说，富士康内迁与跳楼悲剧并无直接联系。

富士康大陆地区商务长李金明表示，公司此前 95% 的产品都是出口，今后将逐步做大内需市场，包括 LED 镭射激光照明灯、汽车零组件等内需产品，公司近年来在武汉、山西等内陆省市布局即为此筹谋。而在新近规划中，富士康对郑州、成都郑州各投资 3200 万美元，前者作为手机生产基地，后者将专攻机顶盒、互联网电视、平板计算机业务。

富士康新闻发言人童文欣则从另一层面解读了搬迁原因，除了选择人才集中和物流运输便捷因素之外，外迁是富士康跟随大客户走的必然结果。比如 2009 年 10 月在成都投资 10 亿美元，就是要跟随康宁和索尼的产业转移脚步；而在重庆加大投入，也是为了追随惠普。在富士康人看来，随迁将减少大量成本。

不过，李金明在谈到未来的全国布局时强调，虽然富士康与深圳市政府达成“深圳厂区将以研发＋部分生产为主、人员减至 15 万”的理想状态，但这需要时间。他说："人力成本需要考虑，没错，但这都还不是最重要的。人力在内陆更便宜，但其他的产业链没形成，其他成本远远高过人力成本。"

可以预见，富士康内迁并非一蹴而就之事，至少需要三到五年才能逐步消化深圳厂区的产能和规模压力，不过，一旦这项庞大的工程顺利完成，富士康必将迎来"黄金十年"的繁荣景象。

↘房地产迷局

从我国房地产市场化的那天起，非议与指责就从未停止过。在春寒料峭的 2010 年，一向口无遮拦的王石噤声了，"理论家"冯仑没有动静，"老实人"潘石屹选择沉默，只有任志强还在与"地产斗士"牛刀在互联网上争执不休。尽管地产业的动静不如前两年那般火爆，但是谁都明白，在跑马圈地的狂潮中，雨后春笋般兴起的住宅群彰显的不仅是人民生活水平的提高，它还意味着地产业旺盛的生命力和超高的利润率。看穿"暴利"的绝非王石、冯仑这些精明人，在微利中拼得头破血流的制造业者更渴望得到地产这块"肥肉"的滋养。

在 2009 年的中小企业主聚会中，经常能听到这样的交流——最近又有谁卖了工厂炒房去了？这几乎成了标准的"见面问候语"，在过去的一年内，卖企业炒房的人越来越多，交易节奏在加快，规模在放大。这也不能怪商人太精明，市场经济的法则就是需求出现在哪里，资本就流向哪里。更何况在此前的十多年中，由制造业杀入房地产者比比皆是，其中不乏知名企业：1992 年，美的成立房产公司；1995 年，青岛海信房地产股份有限公司成立；2002 年，海尔地产公司成立；2005 年，四川长虹置业有限公司成立；2008 年，TCL 与万通共同出资 2.5 亿元成立万通新创工业资源投资公司，开发工业地产。此外，联想于 2002 年 6 月成立北京融科智地房地产开发公司，这是柳传志为进军房地产业而专门设立的全资子公司。家电与 IT 都属于微利行业，眼见房地产市场肥水奔流，谁不愿淌一趟，湿湿鞋？

因此，当2010年6月底有媒体爆出富士康进军房地产时，众人都对此深信不疑。尽管郭台铭多次公开表示富士康成立30余年不曾进军房地产业务，未来也不会进军房地产业务，但是他若真要以此培养新的利润增长点，谁会说不应该呢？

据《经济观察报》披露，富士康名下有一家香港轩盛投资有限公司，注册资本为30亿港币，主营业务为房地产综合开发，国内总部在深圳，名为深圳轩盛投资管理有限公司。为了更好地运作轩盛投资的房地产业务，郭台铭请原华侨城集团公司党组书记兼常务副总裁张整魁担任公司董事长。另据轩盛投资的宣传资料描述，该公司将整合前期取得的大量土地资源进行综合成片开发，并且已经在深圳、上海、南京、武汉等国内一线城市取得土地拟开发项目。

轩盛投资在武汉设立鑫龙房地产开发（武汉）有限公司，注册资本为6380万美元。公司在武汉汤逊湖畔开发的低密度住宅项目“轩盛·湾郡”占地15.4万平方米，开盘时间定为2010年8月，据工作人员介绍，“公司隶属郭台铭旗下富士康公司”。另外，据《经济观察报》透露，富士康曾在2009年与成都市政府签约投资建设10亿美元的房地产项目，并计划在重庆投资100亿运作商业地产。

不过，与以上几条波澜不惊的消息相比，媒体似乎对位于上海陆家嘴金融区的“富士康大厦”项目更感兴趣，尤其是在富士康“跳楼事件”的敏感时期以囤地、暴利等热辣字眼集中轰炸，火上浇油，这样才更容易吸引公众的眼球。

据相关资料显示，富士康大厦与东方明珠电视塔、上海水族馆等知名地标建筑为邻，占地约1万平方米，地上建筑物面积约5万平方米，这是2005年富士康以“鸿海集团中国总部”的名义从陆家嘴集团手中拿下B4-2-1地块，郭台铭曾数次亲赴上海考察项目。2006年，富士康曾就该项目进行设计招标，当时包括香港巴马丹拿建筑设计咨询公司、上海同设建筑事务所、中信建筑设计北京研究院有限责任公司等知名设计商都参与投标，富士康最终选择了中信建筑设计院的方案。

尽管前期筹建工作在马不停蹄地运行，但此后几年富士康大厦一直未正式开工，地块长期闲置。有材料显示，直到2010年1月下旬该项目仍处于方案初级阶段，施工设计尚未开始，但材料同时显示富士康大厦项目预计建设周期为2010年11月至2012年12月，大楼主体为钢筋混凝土结构，外墙用玻璃幕墙装饰。建成后有面积达7万平方米的20层办公楼，有1.1万平方米的4层地下停车场，还有2.7万平方米的零售商业用房，总建筑面积为10万平方米。对于未开工原因，不少人猜测或许是审批手续繁琐，或许是富士康对项目的定位尚不清晰，不过有一点可以肯定，随着周围花旗银行、环球金融中心、太平金融大厦等知名建筑先后落成，该地块的价值也会水涨船高，坐地翻番。

“富士康总部大厦，做商业项目比较现实，一部分自用，一部分拿来出租，可以租给供应商，供应商愿意和其一块办公，生意也好做。这种模式是很多公司在做的2.5代产业。”中国房产信息集团分析师薛建雄说，“富士康所到之处，不但能带动当地第二产业的发展，解决就业问题，也能促进第三产业的发展，因此各地政府愿意拿出土地，低溢价招商。富士康用工业优势拿地做房地产既容易又比较划算。”

但是，郭台铭在2010年6月8日股东大会上的态度无异于给热火朝天的炒作富士康进军房地产的媒体泼了一瓢凉水。当有股东批评郭台铭不投资房地产每年少赚百亿元、建议投资房地产时，他却不为所动，明确拒绝这项提议，笑言自己“天生命苦”，只会继续扎根制造业赚辛苦钱，不会涉足不熟悉的领域。不仅如此，郭台铭还多次向台湾当局建言，不要让台商回台只投资房地产，而是鼓励他们做制造业，台湾不能放弃制造业。

回过头来看，这已经不是郭台铭第一次面临发房地产“横财”的机会，早在1977年处于创业初期时，他手头就有50万元人民币的积蓄，既可以投资一路狂飙的地产业，也可以买机器盖厂房专注制造业，最终，郭台铭选择了后者，继续扎根制造业，并且坚持30年未变。以此观之，他一定会继续拒绝房地产，但不可否认，会涉及一些诸如商业大楼、办公大楼等与地产相关联的项目。

虽然各种迹象表明富士康将涉足房地产领域，但这只是猜测而已，尽管猜测看似十分逼真。

↘政府需要做得更多

1987 年 10 月,《人民日报》的祝华新、曹焕荣和罗荣兴三位青年记者在《中国改革的历史方位》一文中写道:“改革是一项特别复杂的社会系统工程，不可能在事先设计得天衣无缝的情况下进行，改革过程中不同利益群体的摩擦和碰撞是不可避免的。”这是知识分子对人们沉浸在改革狂热中的善意提醒，20 多年过去了，改革步伐一直在“摩擦和碰撞”中跌跌撞撞地前行。从某种意义上说，富士康“跳楼事件”就是企业家与工人群体之间的利益冲突，或者说是劳方以对自已极端残忍的方式向资方的粗放式管理做出地反抗。

据《北京晨报》报道，在 2.3 平方公里、45 万人生活、工作的富士康，直到 2007 年年底才成立工会，而且只配备 15 名专职人员，根本无法有效发挥维权职能。据深圳市总工会问卷调查的结果显示，党团、工会组织被富士康员工列为“最少求助”的对象，绝大多数员工与企业产生矛盾时得不到关怀和帮助。

财经作家吴晓波对富士康“跳楼事件”评论说，作为制造业大国，劳资矛盾的尖锐化已成为中国一个无法回避的问题，最重要的是需要一个独立的工会来满足劳工的诉求，如果没有工会以组织形式来谈判，就会出现没有权利的弱势群体和庞大的资本体来谈判的情况，于是就只能是自杀或者暴力反抗。今天的民营、外资企业延续的还是原来国有企业的工会制度，工会偏向资本方，所以如果富士康模式无法替代的话，独立工会势在必行。

事实上不仅是富士康的工会制度无法适应企业快速扩张的步伐，而且连政府都存在管理缺位的问题。1988 年，富士康到深圳投资建厂，劳动力需求量十分庞大，当时政府根本无力承担成千上万南下的外来打工者的公共服务，包吃包住的“企业小社会”模式逐渐形成，加上后来设立保税区等特殊政策，政府就更少过问企业内部管理事务，因而出现问题难以及时、有效处理的现象。

国家行政学院朱国仁教授认为:“富士康事件是一个标本，表明政府和企业在职能上还没有完全厘清。围墙之内，企业的员工实际上成了企业中的社会人，8 小时内外的事企业都要管，但又管不好。当务之急，是政府和企业合力，尽快补上‘短板’。”劳工保护专家、深圳当代社会观察研究所所长刘开明也持相同看法，他强调政府的公共服务应延伸到工人社区里面，比如教育、医疗、图书馆和文化娱乐等公共服务，另外，社团和各种组织的服务也要参与到工人社区中，鼓励他们组织和丰富业余生活。

中欧陆家嘴国际金融研究院副院长刘胜军也对政府缺位予以指责，不过措辞更加严厉：“‘富士康事件’为政府敲响了警钟：未来地方政府需要转变理念，和企业打交道不要单纯地追求 GDP 的增长，而要将重点放在员工的幸福指数提升方面。实际上，这些年很多地区的政府单纯地追求 GDP 的增长，带来的是环境恶化等问题，很多地方政府并没有做出深刻的反思，很多高污染企业依然逍遥法外，而继续这样下去必将带来更大的恶果。”清华大学孙立平教授认为：“我们正处在发展转型的关键点上，不同群体利益诉求多元化等矛盾更为剧烈，更加频繁，管理和协调难度更大。但这是一道绕不过的难题。‘富士康事件’的一个重要警示作用在于，转变发展方式不仅是经济层面，也同样包括社会层面、人文层面。”专家、学者纷纷表示富士康“跳楼事件”不仅是企业自身的责任，而且需要政府、社会各方参与，共同解决。郭台铭对此深表赞同，热切期盼政府、社会力量能介入企业管理，分担压力。

2010 年 6 月 25 日，富士康与深圳市物管行业排名前十强的中航物业和开元物业签订员工宿舍外包管理协议，将深圳地区 22 万人的员工宿舍交由这两家公司管理，富士康发给员工住房补贴，由员工依其需求，选择自己喜欢的住宿环境。中航物业相关负责人说：“现在我们签订的只是意向书，先试行管理其中的七八栋宿舍，磨合到一定时间再正式全面接手。”由富士康员工代表组成委员对物业方给出意见，工会联合会负责监督，以保障员工的权益。

一周之后，富士康又宣布 2010 年正式投产的重庆基地将不自建生活区。富士康科技集团（中国总部）人力资源主管江鸿铭表示，十年前大陆员工希望公司能将衣食住行全管起来，但今天的年轻员工更需要自主的生活空间。重庆基地将放弃以往把工厂和生活区建在一起的规划，向员工提供工作权，并将工作之外的时间交给社会，员工们将生活在厂区附近由政府规划的社区化环境中，完全融入社会，而且加班时间会更短，收入将进一步提高。

除了宿舍环境外，富士康科技集团工会联合会副主席陈宏方还呼吁政府给予更大的投入和支持。他认为24万人组成的群体需要很多公共资源、服务来支持，富士康没有得到这种资源，仅靠企业自身的力量来维系这个庞大群体的管理，根本无法杜绝悲惨事件发生。他希望政府能在厂区周边建立一些篮球场、足球场、电影院等设施，配置一个公园等。深圳市“华为科技城”总规划师张曙也表达了类似看法，他说：“类似华为和富士康这样的工业园区，发展到一定程度，就是一个城市的概念。在做整体规划时，他们需要更多城市配套来支撑企业的发展，而不仅仅是传统意义上的工业园区，政府只管给地建厂房，其实政府需要做得更多。”

富士康和华为必定能得到政府更多的支持，因为它们在深圳——这块具有改革和开拓精神的创业热土上。1980年，中央从深圳市划出327.5平方公里设立“深圳经济特区”，一个边陲小渔村从此发展成拥有千万人口的现代化大城市；2010年7月1日，中央又批准将深圳特区范围扩大至全市，面积扩大到1991平方公里。站在“新30年”的起点，深圳人敢闯敢干的精神并未褪色，而且比当年更具激情与气魄。

在深圳这块重新开垦的改革试验田里，富士康这株病树也将迎来第二春。

↘有一种爱叫做放手

在新世纪初期，受现代管理思想影响，大多数企业家一方面视集权式管理为毒草，嗤之以鼻，彻底抛弃，另一方面又找不到有效的放权手段，不管集权还是放权，中国企业界都不乏令人痛心的案例。

2000年8月，时任创维中国区销售部总经理的陆华强拒绝担任中国区董事总经理职务，在三个月后带着150多名销售骨干集体投奔到对手高路华门下，创维遭到重创，当年亏损1.26亿元，创始人黄宏生如梦初醒，开始反思“舍得”和“放权”的管理之道。创始人高度集权高层会出现集体“哗变”，那放权又如何呢？

1990年，深受柳传志器重的孙宏斌已分管联想北京以外的所有业务，却“结党营私，要从联想独立出去”，无奈之下，柳传志只得亲手将他送进监狱，1992年8月22日，法院以“挪用公款13万元”的罪名判处孙宏斌有期徒刑5年。由此看来，集权是等死，放权是找死，难道改革就一定要置之死地而后生吗？

以“独裁”闻名的郭台铭长期对富士康采取集权式管理，其弊端日益显现，他本人不可能对此毫无觉察，可为何却迟迟不肯放权？他曾说过：“当龙头，就要有随时被摔下来的准备，一半的人要超越你，一半的人要拉你下来。”可见其战战兢兢、如履薄冰的谨慎态度，富士康毕竟有郭台铭毕生的心血和汗水，他当然视企业重过自己的生命，放权并非不可，但必须小心翼翼，否则“天下大乱”就无法收场了。

在2001年的富士康股东大会上，郭台铭高调表态，将晋升20位副总，事业群副总能否受到重用取决于三大标准：成长是否有达到30%的基本要求、集团的计划和命令是否充分配合、发展新计划是否赔钱。可是此后该计划一直未见行动。

2002年，郭台铭再次表示：“在头一个三年里，借着我与他们互动，让他们学习如何管理一个年营收500亿（台币）的集团，等于是把公司缩小，再重新长大一遍。”在郭台铭的规划中，各事业群在2002年起的第一个三年内自由竞争，他在赛马的过程中相马，会在2006年做第二次调整，日常运营还是由各事业部负责人打理；再过三年，也就是在他宣布退休之前，重新调整一次，这样只要花6年时间就能完成放权经营。如今，8年都过去了，富士康分权经营进展如何？

2004年10月，郭台铭在公开演讲中透露，他90%的时间都放在组织的安排与调动上，他说：“组织的切割牵涉到企业内部分工活动的成败与否。系统切割不同，正是为何有人做会成功，但有人做就会失败的原因。”此前以产品为主的事业单位正全速推进，却日益受到整合“3C”产业的挑战，因为原来的利润中心制管理架构无法快速实现综合效益。另外，成熟事业部与新创建事业部之间的磨合也需要耗费精力，而且整合全球各生产基地的资源也是一大难题。所以，郭台铭日渐意识到需要更多的年轻人担负重任，分权迫在眉睫。

分权是富士康制度化的开始，也是企业经营模式的创新，郭台铭认为："产品与技术创新，是成者为王，败者为寇，而经营模式、组织和流程的创新，才能带来长治久安的营运系统。"为防备各事业部发展失控，集团总部仍掌管财政大权，这是郭台铭适度放权的最后保障，由总部提供发展资金和一套完整的跨国企业基础建设。经过事业部重新整合后，鸿海集团成为投资、监控和服务中心，各事业部负责具体经营，职业经理人也将逐步成为主导企业经营的中坚力量。

如今，几乎每位富士康事业部负责人手中都管理着千亿资产，统领数万员工，位高权重，但是，每个人离权力中心的位置却忽远忽近，飘摇不定。因此，富士康内部的权力体系与所呈现的组织结构图并不一致，其盘根错节的关系内部人都未必能看透，虽然同一级主管头衔一样，权力大小却相距甚远，比如每位主管有多大的审批签字权并不因职位而定，而是靠郭台铭的经验判断。有高管透露："有的主管风格比较保守，他送上去的案子，郭先生几乎闭着眼睛就签了。他觉得这么保守的人，做判断之前肯定已经仔细权衡。"

郭台铭惯用内部竞争机制，比如有多家手机机壳模具厂，一年到头都为压低成本、提升效率拼得你死我活，每三年郭台铭就会进行一次优胜劣汰，对经营不佳的事业部合并，将有发展潜力的事业部分解，让各事业部更具激情。

然而，事业部制是一把双刃剑，松下电器可谓运用事业部制的典范，可当事业部数量超过 200 多个时，松下的产品研发、资源共享、部门协调、市场敏感等不可调和的矛盾日益突显，事业部制成为松下发展的枷锁。而富士康的竞争文化早已深入人心，各事业部之间难免不会出现互相争夺资源、责权不清、扯皮推诿等内耗现象，山头主义、诸侯文化也在所难免，富士康又该如何变革，难道让郭台铭以权威和魄力出面调解，这不又重回集权管理的老路了吗?

说到底，集权和分权都是形式，企业管理终归还要回到"制度管人"

的轨道上来。吉姆·柯林斯在《从优秀到卓越》一书中写道："公司从优秀到卓越，跟从事的行业是否在潮流之中没有关系，事实上，即使是一个从事传统行业的企业，即使它最初默默无闻，它也可能卓越。"那跟什么有关呢？他认为，"实现跨越的公司的决策者们通常在转变过程之中并不能意识到转变的伟大意义；只有事后回顾时，转变的伟大之处才变得明显起来。人们没有赋予转变任何名称，没有标签，没有剪彩活动，也没有方案去表明他们到底在做什么。"的确如此，转变是代表未来方向的管理手段。

三十年来，郭台铭从未满足现状，他是名副其实地追求"从优秀到卓越"的企业家，当然也清楚转变对富士康的未来意味着什么。客观说来，留给郭台铭和富士康的日子不多了，他必须在退休之前，将现代化、职业化的企业管理制度在富士康根深蒂固，成为企业文化的重要组成部分。

分权无疑是一条正确的必由之路，尽管富士康已经出发，但还要走很长一段时间。

↘接班人选择：不做家族企业

无论是对于一个国家还是一家企业，"接班人"向来都是敏感性话题。不过，局外人总是比当事人对此更为热衷，太多的悬念给了他们充分发挥想象的空间，传闻甚至辩论成为常见的表达方式。

方太集团董事长、家业长青接班人学院院长茅理翔2009年在某大型论坛上说："家族企业有3G时代，分别是转型期、考验期和危机期。原来大家都是摸着石头过河，没有理论基础，所以碰到了很多难处。而未来5~10年会是中国民营企业接班的高峰期。如果交接不顺利，比这场金融危机还要厉害。"据麦肯锡调查显示，全球范围内家族企业的平均寿命只有24年，其中大约30%的家族企业可以传到第二代，这同时意味着70%的家族企业在找到接班人之前就已经夭亡，"富不过三代"一直是中国家族企业的宿命，如何破除魔咒往往令创始人的晚年充满焦虑。

在IT业界，众人皆知富士康属于家族企业，郭台铭的两个弟弟郭台强和郭台成是其左膀右臂，前者为正崴精密董事长，后者为鸿准精密董事长，能力突出，业绩非凡。2001 年，富士康如日中天，郭台铭对外宣布，他决定在 58 岁，也就是 2008 年正式宣布退休。此后，郭台铭一直对三弟郭台成悉心栽培，真可谓用心良苦，据富士康内部人士透露，早年间郭台成艰辛积累的生产资源，只要其他事业群负责人提出来，郭台铭一句话就会让弟弟退出，再白手起家重新开始。经过多年磨砺，郭台成已成为富士康公认的“精明的老好人”，公司内外也一致认为郭台成将顺利接班。

然而天有不测风云，2007 年 7 月 4 日，郭台成因血癌病英年早逝，郭台铭痛不欲生，接班人的难题再度成为考验。在家族内部，二弟郭台铭已自立门户，儿子郭守正专注于娱乐影视行业，女儿郭晓玲全心做慈善，接班可能性都不大。而经理人团队大概可以分为四类：戴正吴、徐牧基、卢松青、游象富四人为旧部，程天纵、蒋浩良、吕芳铭三人为空降兵，简宜彬、锺依文等为内部培养新秀，李光陆、黄震智、刘灯桂为被并购企业老板。究竟谁会获得更高权力？恐怕不是一朝一夕就能见分晓的。

郭台铭有时会对李金明等部下半开玩笑半认真地批评：“你不能这样子。”要求每位高管要尽快找到接班人，以便能在退休前顶上来。部下们也不无幽默地对曰：“董事长，你也不能这样子。”意在提醒郭台铭也要尽快解决接班人的后顾之忧。

2008 年 2 月，郭台铭对台湾媒体表示，他将从 4 月 1 日起退居二线，富士康未来将由 12 个事业群 12 位总经理领导。他强调自己会“退而不休”，“立言”，“立功”的角色将交给别人，并且以后只会回答是非题，不再回答选择题，不参与决策过程，只是最后把关而已。此外，郭台铭还为接班人设置三大门槛：年龄限制在 50 岁以下；有能力经营一家营业额达 3000 亿元的大公司，并且每年保持 30% 的增长；要有国际运作经验。

按照郭台铭的“交棒”计划，大致可以分为三个阶段：第一阶段、效法他最崇拜的企业家王永庆“退而不休”，12 个事业部总经理组成的 12 人小组各自独立，以邦联制经营，郭台铭将权力下放，自己退居幕后，负责集团最终决策；第二阶段、由 12 人小组中表现突出者晋级为三四人的集团领导者，继续互相竞争，最后胜出者就是郭台铭的真正接班人；第三阶段、完全退出企业管理，很有可能投身慈善事业，将财富分别用于科技研发、教育文艺、医疗生技三大慈善领域。

2008 年 4 月 1 日，是郭台铭承诺退居二线的日子，各大媒体纷纷蹲守富士康大门口，猎取劲爆新闻。尽管“郭台铭正式退居二线”，“鸿海‘十二金刚’争夺接班”等标题漫天飞舞，但富士康内部却无任何变化，也没人对此有丝毫兴趣，有员工甚至表示：或许只是老板跟大家开了个玩笑，4 月 1 日确实是宣布退居二线的好时机，毕竟要退也是“退而不休”，到底是退还是休，其实在愚人节大家都可当做玩笑。记者们显然热情过度，富士康作为世界 500 强企业，接班之事岂是儿戏，怎能以某个具体日期为界限呢？更何况在 2008 年金融危机肆虐的关键时刻，郭台铭怎会选择退居幕后？不过，任何严肃的新闻放在愚人节这个特殊时间点来传播，都会令人生疑，许多人只会一笑了之。

在此后的两年内，关于郭台铭接班人的传闻不绝于耳，却无一件被富士康证实。2010 年 2 月初，郭台铭首度表明将调整退休计划，他说：“鸿海股价今年很有机会完成原来打算的 200 元‘退休价位’，但我面对全球经济的结构性转变、政府需要科技转型，我决定经验传承，继续领航掌舵鸿海 10 年，带领鸿海舰队群安然地度过，预计将退休计划延后到 70 岁。”另外，郭台铭还表示留下来要做四件大事：做好经验传承、领鸿海渡景气波涛、协助台湾科技转型、练身体。2010 年郭台铭正好 60 岁，如果干到 70 岁退休的话，意味着他将再掌舵富士康十年。

几天之后，郭台铭对部下强调，富士康绝不会变成家族企业，他希望年轻员工努力加油，未来成为接班人。他表示未来的主要任务是担任教练，进行经验传承，培育与带领年轻一代。

至此，关于郭台铭接班人的猜想和争论基本告一段落，真正的继任者将在未来十年间日渐明朗，但有一点可以肯定，富士康不会成为家族企业。或许，富士康将逐渐形成股东、董事会、经营层三权分立的方式，家族作为股东，也可以不参与董事会，董事会和经营层都由职业经理人担任。

要想完全职业化，企业家必须具备广阔的胸襟和超脱的气魄，不断优化股权，建立完善的约束和激励机制。诚然，郭台铭正是一个气度不凡的人。

第十二章

不只是一面镜子

↘幸福和尊严比成功更重要

2010年7月，一本名为《日本最了不起的公司：永续经营的闪光之魂》的图书深受读者追捧，在这本并不厚重却思维奇特的读物中，开篇就提出一个简单却极难回答的问题："公司为谁而存在？"作者坂本光司的回答是：公司的使命就是满足包括员工、社区、分包商等等"大多数人"的需求，业绩与成长只是实现永续经营的手段，员工追求的不只是利益，还有幸福感与尊严，当企业尊重了员工的需求，他们就会自发地努力工作，为公司忠诚效力。

一个月之后，创业英雄马云提出"让员工内心幸福应是企业价值观之一"的口号，他说："也许我们的员工不是最有钱、不是收入最高的，但是他们在阿里巴巴工作是最有幸福感的，他们知道自己所做的事情对社会的影响，对家庭的影响。当然，作为公司来说，最终结果要增加他们每个人的收入。和他们讲宏伟理想后，结果员工的收入没增加，自己老婆都娶不起，每天还在吵架，房子也租不起等，我觉得这样的公司是缺乏责任、缺乏应有关爱的。员工必然不会对这样的公司尊重。"

似乎在一夜之间，幸福与尊严已成为企业经营成败的重要参考标准。尤其是在富士康跳楼事件发生后，除了工资、福利之外，幸福感、尊严等充满无限关爱的词汇经常被企业家提及。富士康跳楼事件作为反面教材，在被人们谈论时，无不就幸福的角度予以抨击。著名文化学者胡野秋的观点极具代表性，他说："有些人觉得想做什么就做什么就是幸福，但其实我认为不想做什么可以不做什么才是一种幸福，而富士康的员工就是在工作中不想干什么的权利被剥夺。"在他看来，幸福已经成为当今中国人迫切的追求，富士康频发跳楼事件的背景是工人机械化地重复做同样的劳动，而且高度紧张。

如果将富士康员工缺乏幸福感与尊严归咎于郭台铭过于苛刻小气，不关心员工、社会利益，只在乎企业经营与个人财富积累的话，显然难以服众。事实上，郭台铭不仅怀有远大的商业理想，而且心系天下，长期支持公益和慈善。

据统计，自1994年以来，郭台铭及富士康集团向社会公益事业累计捐款达8亿元，仅山西一地就高达3亿元。在2005年4月发布的“2004年度中国慈善企业”排行榜中，富士康以9690万元捐赠额位居第二，而富士康每年为推动“扶弱济贫、敦亲睦邻、奉献爱心、共铸和谐”理念而举办的义工、义诊、助残、助学、环保等公益活动难以计数。2008年7月23日，郭台铭在订婚宴上宣布，他与妻子曾馨莹已签订婚前协议书，同意捐出自己九成财产做公益。若以不久前福布斯杂志公布的1800亿元新台币的身价估算，郭台铭若捐出九成财产，总金额将超过1600亿元新台币（约54亿美元）。此举创下台湾最高个人捐款纪录，郭台铭将成为仅次于李嘉诚的华人慈善家，并在全球富豪捐款排名第六。

“美国慈善业之父”卡耐基曾说过：“在巨富中死去是一种耻辱。”他非常反对那些将财富留给后代或者自己享受的人，在他看来，如果一个人只是一味地赚取更多的钱财，而不懂得回报和贡献社会，那么这个人无异于在犯罪。如果有一天这个人不幸逝世，没有人会可怜他，因为大家只会认为他的一生只为财富而活，是可耻而卑微的。郭台铭的慈善思想更多是受到圣严法师的影响，他认为圣严法师是一位“不锦上添花，却雪中送炭”的人，当别人有困难时总是带着弟子去关怀，不论贵贱、不论亲疏。这种崇高的道德修养被郭台铭看成是圣严法师给他最宝贵的心灵礼物。

慈善能不能转化成幸福感呢？经济学家茅于轼的答案是：发展慈善事业可以起到增加全社会幸福感的作用。他认为：“施惠的一方帮助别人，精神上得到满足，社会也给予充分肯定，增加了幸福感；受惠的一方不仅在物质上得到帮助，增进了幸福感，在精神上也会感到温暖。整个社会将从慈善事业中得到和谐协调。”在他看来，单纯从经济学看，慈善事业是财富的转移不是财富的增加，但从社会心理学看，慈善事业却可以增加全社会总的幸福感。

除了慈善与公益事业，郭台铭还想为中国做点事，为中国培养一批人才。他曾计划在退休前为中国培养出3万名有国际化视野和技术能力的工程师、管理者，并表示：“我希望20年后，中国乃至世界的IT企业、科技行业、制造行业的高层管理人员，都是富士康培养出来的！”如果郭台铭真能实现这一目标，富士康将会让“员工有尊严地工作、生活”这句话变得具体而清晰，因为尊严虽然包括能力、财富、权力、人品等各个方面，但是最直接、通俗的表现方式就是“凭本事吃饭”，本领越高，越有尊严。

梳理郭台铭在实践慈善公益和社会责任等方面的所思所为时，难免令人产生这样的疑惑：为什么郭台铭对于朝夕相处的员工与素未谋面的困难者会有截然不同的两种态度，对前者严厉苛责，对后者百般慈爱？这也是人们在大型慈善晚会中常有的困惑：舞台上，意气风发的企业家面对罹难者常一掷千金，甚至互相还有攀比之风；工厂内，愁容惨淡的员工难掩失落，工资未长，作业环境未改善。

当然，慈善之举值得提倡，仁爱之人不会为作秀而捐助，可是在公益慈善，员工幸福感与尊严之间，是否有一种两全其美的方式呢？毕竟，与企业家的个人成功相比，员工的幸福和尊严更为重要。

↘破解“中国劫”

管理专家在探讨富士康跳楼事件时，常会提及“危机公关”这个词，似乎只有公关到位，无论多么棘手的危机才能迎刃而解。

不少人认为，在连跳事件过程中，尽管郭台铭并未在第一时间公开道歉，甚至有推卸责任的嫌疑，但他依然敏锐果断地抓住扭转形象的良机，在短时间内连续两次发布加薪消息，向全球媒体开放深圳厂区，积极采取加固护栏、心理咨询、安抚家属等措施，使得媒体舆论得以扭转，由大张旗鼓的声讨跳楼事件的原因变成担忧富士康能否搬迁成功，甚至扩大为探讨中国制造业转型的课题。此后，舆论压力不断释放，关注焦点得到转移，富士康终于转危为安，郭台铭重新隐匿，不再成为各大媒体的头版人物。

如果在分析富士康跳楼事件的案例时只停留在危机公关的层面，无疑是肤浅而不客观的。2010 年，中国企业家群体的悲剧色彩十分浓郁，用惊心动魄来形容并不过分，沉重而刺眼的三个大字也越发明晰——中国劫。在刚刚过去的半年间，企业家出事的消息漫天飞扬，接踵而来。

兰世立因逃避追缴所欠税款5000多万元一审被判有期徒刑4年，东星航空宣布破产，东星集团元气大伤；宋山木因涉嫌强奸罪被警方羁押，一夜间遭千夫所指，企业深受重创；黄光裕一审被判有期徒刑14年，罚金和没收财产共计8亿；李途纯因涉嫌非法吸收公众存款罪被捕，太子奶进入破产重整程序；因学历造假引起轩然大波的唐骏麻烦不断，先是由他担任总裁的新华都集团旗下的紫金矿业深陷污染事故，后来又传出他卷入苏州亿元骗贷案、涉嫌签订虚假购房合同的丑闻……流年不利，各路豪杰纷纷落败，黯然神伤。

如果将时间再往前推十年，就不难发现，“中国劫”并非企业界在2010年的独有现象。早在2001年，财经作家吴晓波就以一部名为《大败局》的财经读物为21世纪商业史的开端定下悲壮的基调，史玉柱、孙宏斌、胡志标、吴炳新、仰融等大名鼎鼎的商界大佬以失败者的形象被作者用煽情的笔墨引得世人动容。在总结中国企业群体共同的失败基因时，吴晓波提出三点见解：政商博弈的败局、创业原罪的困扰和职业精神的缺失。

就郭台铭的商业性格而言，并不存在如吴晓波所说的三大特征，富士康也只是因跳楼事件遭到公众质疑和谴责，远未到大败局的地步。然而，这并不妨碍我们以惩前毖后的态度用更宽广的视野解读在32年改革开放历程中所描绘的企业家群体进退沉浮的浩荡画卷。

对于企业家而言，成功是偶然戴在头顶上的光环，失败是职业生涯中必不可少的部分。马云一直用干瘦的左手温暖右手，鼓励自己“不要倒在明天晚上”；任正非总在华为唠叨“冬天即将来临”，从不以“春天还会远吗”来懈怠危机意识；何享健以“宁愿走慢一两步，不能走错半步”谨慎前行，四十年如一日未敢高声……企业家对失败的敬畏，恰恰折射出他们对成功的珍惜。当胡润榜、福布斯榜逐渐魔咒似的成为中国企业家无处遁形的“杀猪榜”时，民众仇富心理作用下的论战与声讨最后归结为一条结论：企业家是中国最危险的职业！

然而，英雄从未褪色，《大败局》中的主角们在此后的十年间陆续东山再起：史玉柱放下保健品这根金箍棒，将互联网作为点石成金的新兵器；孙宏斌杀回地产行业后再次搅得风生水起，数次拍响上市的门环；胡志标以电子商务为平台做家电连锁，不再局限于VCD行业；吴炳新以药品、化妆品、保健品“三条腿”重新站立，拉开三株复兴的序幕；仰融在大洋彼岸寻得“正道”，为重回故地造车奔波不息……伟大是熬出来的，涅槃重生者尤其值得尊敬。

十年是一段不算太短的等待期限，尤其是对于在逆境中挣扎、蜕变过的人而言。在公众眼中，他们奇迹般的颠覆历程似乎总笼罩着一层无法言说的迷雾，透过他们的苦难和疼痛，我们隐约可见这群人身上共同的成功基因：重视资本的力量、完善现代企业管理制度、创新商业模式、企业家精神升华。在中国向市场经济转型的并不算长的日子里，无论是史玉柱、孙宏斌、胡志标，还是仰融、吴炳新，他们更多以赌徒的形象将企业捆绑在身上孤注一掷，出手豪迈却地位卑微，如草莽英雄一般以胆识和狡黠在“灰色地带”游走，以见不得光的方式迅速在阴暗角落完成原始积累，以至日后总有人被“原罪”的流弹击中，轮番上演富豪“落马事件”。绝处逢生之后，他们逐渐变得独立果敢、坚韧正直，以倔强的顶天立地的姿态维护一个阶层的尊严。

在2010年新诞生的失败者中，黄光裕、兰世立、李途纯三者更符合吴晓波所总结的“失败基因”，尽管都身陷囹圄，却不乏重新崛起的希望，“先烈”们破解“中国劫”的复兴经验也能借鉴。只是卷土重来的路途艰辛而漫长，大多数人选择沉沦、放弃，坚忍不拔者寥寥无几，三人的前路尚无定数。郭台铭、宋山木、唐骏三者属于另一种类型，不能轻言失败，只能说是犯错误，他们遭遇危机，被社会质疑，给企业带来负面影响，但企业远未到无法挽救的地步，只要从容应对危机，日后励精图治，仍能重新赢得对手和公众的尊重。

这是一个包容、开放的时代，失败者在东山再起的过程中，显然无法剥离商业环境的影响。随着社会主义市场经济体制改革进一步深化，市场更加成熟，政商关系不断改善，公众对企业家更为宽容，商业土壤更肥沃，犯错误者也会对梦想再次照进现实信心满怀。

↘中国制造何去何从

在 2010 年 5 月的跳楼事件之前，富士康已在全球经济衰退的阴霾中遭受到前所未有的挑战与危机，被制造业者们以羡慕的目光仰视的代工巨人在订单大幅削减、企业被动裁员、股价一路下泄的狂风巨浪中步履维艰。而这一切并非富士康的独有现象，中国制造在全球化浪潮中踌躇、迷茫的形象，如此定格。

在过去的 30 年里，尽管“打工大军”创造了一个又一个经济奇迹，但到 2009 年为止他们平均每月只拿到 1348 元的工资，只相当于美国工人的 1/12，而且这还是在 2008 年新《劳动法》颁布之后的数据，此前的收入更不堪比较。金融危机固然令许多人失业，但对整个工人群体而言并非全是坏消息，沿海地区的“民工荒”让工人们挺直腰板，终于尝到与老板谈工资时掌握主动的爽快感觉。

尽管工资持续上涨，但人们对幸福感和尊严的追求上涨更快，按照 80 后、90 后的说法，评价一个人“吃苦耐劳、任劳任怨”并不是褒扬，年轻人需要释放个性，独立自主，与收入相比，他们更希望在劳动中得到平等与尊重。据中国企业家网在 2010 年 7 月 30 报道，仅广东一省在 48 天内就发生大小罢工 36 次，密集的罢工频率、长久的持续时间令人惊愕。在此起彼伏的争吵与讨论中，中国制造业转型升级的呼声一路高涨，由“中国制造”转变为“中国创造”已成为迫在眉睫的课题。

正是在转型期的风雨飘摇中，富士康因为跳楼事件站到了风口浪尖，一切看似偶然，却又是必然。富士康的一举一动都会牵动制造业者的神经，它已成为遭遇“天花板”后的中国制造未来走势的风向标。

富士康大陆地区商务长李金明一直认为，外界忽视了富士康在产业转型上的作为。对于在全球拥有十几处大型基地的富士康而言，也在不断迁徙中思考进一步产业转型的布局，为此，曾一度声称退居二线的郭台铭宣布再战十年，并表示未来的主要精力将放在利用大陆资源寻找新兴产业和实现“科技的富士康”的宏大蓝图上。李金明认为：“他在找一些新的、可以做的、对的事情。”

李金明特意强调，中国近年由税收改革、劳动力成本上升导致的总体成本上升并不能扼杀“中国制造”的优势。放眼全球，没有一个地方的整体资源能够像中国这样支撑起大规模的制造能力，另外，庞大的内需市场也不容小视。所以，富士康不会放弃把全球制造主体放在中国的打算，因为要找到一个拥有同样丰富的劳动力、成本结构，良好的基础设施，稳定政体的经济体实在太难。

就产业布局而言，富士康将从光产业、LED 照明、环境工程等领域打开突破口，不再完全沿用此前的 OEM 模式，因为这几大领域与富士康的客户产品布局并不冲突，市场潜力巨大。当然，富士康还在摸索，一步登天并不现实，随着深圳、环渤海湾等基础研发中心和环境工程研发中心等机构的陆续成立，技术和研发人员的人员数量和质量将不断提升，产业转型速度也会加快。对于庞大的代工帝国而言，制定详细的产业转型计划十分困难，也并不现实，因而企业内外对转型细节无从得知，但是，在迁移的过程中转型是毋庸置疑的。

瑞银中国策略师唐志刚对富士康的产业转型评价说：“与其说是一个企业的决策行为，不如说是国家经济发展转型的必然。”他的理由是：工厂招不到工人就得涨工资，涨工资又会侵蚀加工企业原本就单薄的利润，所以把工厂迁移到劳动力成本更低的地方或者把企业由劳动密集型向资本密集型升级转变是每个企业都要面对的正常商业决策。

当然，更多学者选择跳出富士康一家企业、站在中国制造行业乃至经济、社会改革的高度来研究转型、升级课题。

经济学家吴敬琏认为，中国经济应当继续深化改革，升级落后的加工制造等产业，从真正意义上实现变现行的出口导向增长模式为有效率的集约型增长模式。他说：“台湾从代工工厂成功实现产业转型的经验值得我们学习，要推动我国制造业从加工、组装等技术和知识含量低、利润薄的‘微笑曲线’的底端向以研发、设计和品牌、渠道为代表的两端服务业延伸。”在他看来，我国经济能否长期保持增长势头，有效率的增长是问题的核心。

广州社科院彭澎教授为传统制造业指出两条道路：一、向成本更低的地方转移，比如转到中国中西部地区，这种简单的产业转移并不能解决问题，反而是拖延扩散产能过剩、贸易失衡和环境污染等深层次问题；二、实行产业升级，提升产品的质量、档次、技术含量以及自有品牌，进而提高产品的价格。通过彭澎教授的观点可以总结出，实行有升级、提升的产业转移是一条不错的路径，这正是富士康所选的道路。

深圳市都会城市研究院社会发展研究中心主任陈宏认为，当年香港许多企业虽然将加工制造环节转移到珠三角地区，但研发、设计、营销等核心部门仍然留在原地，从而实现产业转出、转入地的经济繁荣。因此，珠三角、长三角的企业转型可以从中借鉴经验。但陈宏强调，不能完全复制二三十年前一线城市走过的路子，因为农村经济在发展，人口红利在逐步消失，二三线城市靠低端产业拉动经济增长的模式不会长久。

也有专家提醒，产业升级不等于抛弃制造业而一味发展尖端科技，从资金、技术与人员来看，不如专心提高质量标准，改良产品性能、外观，培养高素质的人才，深挖市场潜力，中国的劳动生产率就会得到提升，倾举国之力、花费高额成本发展尖端技术的做法对消费型经济反而不利。如果有企业好高骛远逆流而动，就很有可能会被蜂拥而至的“山寨”产品淹没，轰然沉没。

不仅富士康需要思考转型之路，当前“中国制造”正面临着30年未有之大变局，传统的以牺牲个人发展、扼杀人性自由为代价的低成本模式将被彻底抛弃，有效率、充满人文关怀的发展方式才是推动现代化进程的正确道路，否则，共享改革开放果实只会变成一句空话，挑战西方工商文明的宏大理想终究遥不可期。

↘后记

每个人都怀着自己的希望

当这本书行将结尾时，我的脑海中骤然浮现凝重的两个大字，它曾被余华用作小说名字：活着。

在富士康“12连跳”的悲剧发生之前，我们早就耳闻企业员工不堪重负自杀的消息，尤其是在2008年金融危机时，小企业老板债台高筑万念俱灰跳楼、大学生求职受挫前途渺茫割脉……自杀的幽灵像病毒一样在职场内外传染、蔓延，生命以如此沉重的方式黯然凋零，未免令人心酸。人之所以为人，就在于始终要倔强坚韧地站立，以“人”字形象地描述着做人的尊严和骨气。虽然我们如微尘般渺茫，继而在风雨飘摇中迷茫，但终归是历史的创造者与见证者，曾在繁华或苍凉中感受过生，也恐惧过死，重要的是在生死间“活着”过。

对于企业经营而言，“活着”二字同样重要。“跳楼危机”对富士康的打击固然沉重，但尚未到败局的境地，与已经破产的兰世立、李途纯以及忙于争夺国美控制权的黄光裕等人相比，郭台铭尚属幸运。而史玉柱、仰融、吴炳新、王志东等曾经的失败者，一直以忍辱负重艰难复兴的顽强坚韧形象为企业界尊重，他们是解读企业“活着”含义最伟大的实践者。每一位创业者都对成功充满最原始的野心，但并非每个人都能到达幸福的终点，大多数人将在失败的边缘艰难生存，正是有这种挣扎和抗争、欲望与沉沦的渲染，我们的商业故事才如此鲜活，这种向上、不屈的力量才激荡震撼，摄人心魄。

“告诉你吧，世界，我—不—相—信！纵使你脚下有一千名挑战者，那就把我算作第一千零一名。”诗人北岛的《回答》如此坚定，这是乐观者在困顿与逆境中发出的最坚强有力的声音。尽管我们所处的年代存在这样那样的令人悲观失望的现象：贫富差距日益加大、权力与资本日益紧密、网络上各类“门”背后的法律缺失早已泛滥……许多人据此深以为所处的是最坏的时代。其实，众人所谓的困苦和徘徊更多的是个人坎坷，而不是民族和国家的灾难，我们依然处在开元盛世的大好局面中，没有人会将你排除在幸福的大门之外，即使你有偶尔的困顿和挫折，也不必将其放大为时代的不幸与社会的沉疴。黎明已经到来，朝霞还会远吗？

记得1999年《南方周末》在新年献词中这样写道：“总有一种力量它让我们泪流满面，总有一种力量它让我们抖擞精神，总有一种力量它驱使我们不断寻求‘正义、爱心、良知’。这种力量来自于你，来自于你们中间的每一个人。”呈现在您面前的这部《富士康内幕》，就是要传递一种平实而坚定的力量，尽管这种力量不会马上为您带来财富，但当你颗粒归仓时，当你空手而归时，当你笑逐颜开时，当你失落徘徊时……总能听到有人在为你加油呐喊，情真意切的关怀，从你的耳畔激荡至心底。

“每个人都怀着自己的希望，每个人都握紧自己的心事。”在困难和挫折面前，我们每个人都应该迎难而上，敢于成功，没有人愿意辜负这个美好的时代。

↘ 附录

富士康大事年表

1950 年

- 10 月 8 日，郭台铭出生于台北县板桥市，祖籍山西省晋城市泽州县（现属晋城市）南岭乡葛万村。

1966 年

- 16 岁的郭台铭，进入台湾新创办的“中国海事专科学校”船务科学习。

1971 年

- 郭台铭进入当时台湾前三大船务公司——复兴航运实习，负责排船期及押汇工作。

1973 年

- 郭台铭退伍后，进入复兴航运上班，并利用晚上的时间进行英文补习。

1974 年

- 在台湾创业，成立鸿海塑料企业有限公司，资本额 30 万元，生产加工制造塑料成品。

1975 年

- 郭台铭把公司更名为“鸿海工业有限公司”，生产电视机用高压阳极帽组件。

1976 年

- 郭台铭把工厂迁移到板挢市中山路。

1977 年

- 郭台铭挖掘到人生的第一桶金，开始从日本购买模具设备，建立自己的模具厂。

1978 年

- 郭台铭成立塑胶模具制造及开发部门。

1979 年

- 鸿海精密工业获得与大同公司合作开发彩色电视用返驰变压器的高压线框组线的机会。

1980 年

- 鸿海精密扩大中和连城路的工厂生产家电产品，并且成立化学电镀部门，郭台铭为购买模具机器亲自前往日本考察，并在大阪度过 30 岁生日。

1981 年

- 成功开发连接器产品，正式进入连接器领域。

1982 年

- 郭台铭把公司更名为“鸿海精密工业股份有限公司”，继续投资 1600 万元进入计算机线缆装配领域。

1983 年

- 利用从日本进口的新设备开发完成电脑连接器，开始与电脑厂商建立合作关系，这是正式进入 PC 领域的第一步。

1984 年

- 郭台铭直接从美国引进全自动连接线选择性镀金设备和电镀检测设备，以建立金属电镀单位，这套设备耗资将近 250 万元人民币。

1985 年

- 成立美国分公司，创立 FOXCONN 自有品牌；
- 鸿海集团的销售额正式进入台湾《天下》杂志制造业 1000 大排名。

1988 年

- “鸿海集团”年营业额突破 10 亿元；
- 郭台铭在深圳西乡崩山脚下建立了百余平米的“富士康海洋精密电脑插件厂”，台湾地区员工增至 1000 人。

1991 年

- 鸿海以每股 42 元（约合 11 元人民币）的价格挂牌上市，股票代码 2317。

1993 年

- 富士康在昆山城北投资创办富士康接插件（昆山）有限公司；
- 郭台铭签约深圳九华科技园。

1995 年

- 富士康在昆山创办鸿准精密模具（昆山）有限公司、富士康弘精密组件（昆山）有限公司、富士康电子工业发展（昆山）有限公司等 6 家企业。

1996 年

- 深圳龙华科技园开建；
- 个人电脑机壳量产上市，跨足电脑机壳、准系统领域。

1997 年

- 富士康高科技实验室完成建置。

1998 年

- 富士康设立富钰精密组件（昆山）有限公司、康准电子科技（昆山）有限公司等 4 家企业；
- 首次入列美国《商业周刊》全球信息百强；
- 苏格兰厂设立“Foxteq(UK)LTD”，国际化迈进快车道。

1999 年

- 成立组装事业单位，迈入整机生产领域；
- 营业额突破新台币 500 亿元。

2000 年

- 郭台铭宣布“凤凰计划”，投入光通讯，进入手机代工领域。

2001 年

- 鸿海以 1442 亿元台币营收，名列台湾 1000 大民营企业第一名；
- 荣获 S&P 标准普尔 BBB 评等；

- 北京科技园开幕；
- 获得英特尔主机板订单；
- 获美国《商业周刊》“全球科技百强”排名第 16 名；
- 获美国《福布斯》(Forbes)“全球亿万富翁”第 198 名。

2002 年

- 入选美国《商业周刊》评选的“亚洲之星”
- 荣获远东经济评论为亚太区 200 大企业排名第二；
- 荣获亚元杂志 (Asia Money) 评鉴为最佳企业策略；
- 入列富比士 (Forbes) 杂志全球最佳 500 大企业；
- 欧洲营运总部暨制造中心在捷克帕尔杜比采 (Pardubice) 成立。

2003 年

- 富士康完成对国基电子、诺基亚芬兰工厂、摩托罗拉墨西哥工厂的并购；
- 上海松江科技园、山西太原科技园、杭州钱塘科技园开幕。

2004 年

- 集团出口突破百亿美元；
- 获国碁电子加盟，强化集团网通垂直整合能力；
- 首次成为全球第一大 3C 代工厂；
- 富士康在高新区投资设立富翔精密工业（昆山）有限公司；
- 山东烟台科技园、深圳观澜科技园、上海富士迈厂、墨西哥华雷斯厂等基地开幕。

2005 年

- 富士康跻身《财富》全球 500 强，位居第 371 名；
- 美国《商业周刊》全球百强 IT 企业排名中，富士康名列第二；
- 郭台铭成台湾首富；
- 深圳松岗厂开幕；
- 成为全球第一大手机代工厂；
- 获奇美通讯加盟，强化集团手机共同设计 / 开发 (JDSM/JDVM)；

- 获安泰电业加盟，集团正式进军汽车产业，迈向 6C 大道；
- 荣获美国财富杂志评鉴为全球最佳声望 (Most Admired) 标竿电子企业 15 强；
- 成为电子产业行为规范 (EICC) 成员，致力于推广企业社会及环保责任 (SER)；
- 成为全球唯一连续五年入列美国商业周刊全球信息百强前十名；
- 富士康国际控股有限公司 (Foxconn International Holdings，FIH) 在香港上市；
- “中国慈善企业排行榜”推出，富士康集团以 9600 万元的捐赠排名第二。

2006 年

- 富士康跃居《财富》全球 500 强第 206 名；
- 郭台铭以 53 亿美元的身家蝉联台湾首富；
- 天津科技园、印度金奈厂开幕；
- 连续两年荣获中华英才网票选入围最佳雇主 Top50；
- 首次成为全球第一大相机模块代工厂。

2007 年

- 郭台铭获福布斯全球富豪排行榜第 142 位，身价约为 100 亿美元；
- 江苏淮安科技园、河北廊坊科技园、湖北武汉科技园、辽宁营口科技园、河北秦皇岛科技园、江苏南京科技园开幕，越南（北江 / 北宁）投资启动；
- 扩大招集所有志同道合之优质企业，共同建立全球创业平台，经由“构建平台、并肩作战”的理念，共同成就使全人类皆能享有计算机、通讯、消费性电子 (3C) 产品成为便利生活一部份之宏愿；
- 在国际主流大厂纷纷赴越南投资，基于服务客户的需求赴越南考察。

2008 年

- 富士康跃居《财富》全球 500 强第 132 名；
- 富士康在新厂区设立富鹏精密工业（昆山）有限公司；
- 浙江嘉善科技园、江苏常熟厂及俄罗斯圣彼得堡厂等基地开幕；

- 郭台铭举办世纪婚礼，迎娶舞蹈老师曾馨莹。

2009 年

- 富士康跃居《财富》全球 500 强第 109 名；
- 集团大陆厂区召开规模盛大的人才激励动员大会，人才本土化迈入快车道；
- 签约收购日系大厂设在墨西哥蒂华纳的液晶电视工厂，开辟消费性电子产业发展新局；
- 重庆、成都等产业基地开幕；
- 相继宣布牵手统宝光电、奇美电，向世界顶级面板大厂迈进；
- 由郭台铭投资的号称“中国华尔街传奇首次曝光”的晋商史诗大片《白银帝国》在大陆上映；
- 富士康宣布将斥资约 21 亿元在中国三线以下城市开 1 万家 3C 连锁店，正式落实“万马奔腾”计划。

2010 年

- 从 1 月 23 日凌晨 4 点—5 月 27 日凌晨 4 点，在这短短的四个多月时间里，富士康除了 1 名员工在家“猝死生亡”，1 名员工自己割腕自杀外，其他 11 名员工都是不约而同地选择以跳楼的方式来决然的与生命说再见，富士康因此不断地被舆论推到风口浪尖，“血汗工厂”的代名词也由此诞生；
- 富士康在经历了频繁坠楼事件后，“北上西进”的计划开始提速。深圳厂区，正在将近 40 万员工逐渐削减至 10 万 ~ 15 万，与此同时，河南省鹤壁市政府在网站上挂出通知，称“富士康科技集团拟在我省(河南)投资建厂，企业规模 30 万人。近期将需要 10 万人到富士康培训实习，以等待该省工厂建设完成返回当地工作”；
- 6 月初，富士康迫于社会各界的压力，在短短的 4 天时间里，先后两次宣布加薪计划，分别是：从今年 6 月 1 日起，对企业作业员、线长、组长薪资进行调整，员工整体薪资水平提升 30% 以上；从今年 10 月 1 日起，富士康集团深圳地区各厂区，新进员工经三个月考核合格，标准薪资再上调 66%，为每月 2000 元；

- 8 月中旬，富士康 2 万名员工在深圳龙华厂区举行誓师大会，其主题是“珍爱生命、关爱家人”，并希望借此提升员工的凝聚力和向心力，鼓励更多人珍惜生命；
- 美国《财富》杂志发布 2010 年度“世界 500 强”企业最新排名，富士康位于全球 500 强第 112 名；
- 富士康的网络购物平台“飞虎乐购”正式上线运营，开始进军电子商务领域，向供应链下游发展；
- 富士康武汉光谷园区戴尔电脑厂房开建；
- 10 月 8 日，郭台铭迎来 60 岁大寿，鸿海集团为此破天荒提前公布 9 月营收，高达 2535 亿元新台币，创下台湾民营企业营收历史新高。